全国中等职业技术学校汽车类专业通用教材

Qiche Dianqi Shebei Gouzao yu Weixiu
汽车电气设备构造与维修

（第二版）

张茂国　主编

人民交通出版社股份有限公司
China Communications Press Co.,Ltd.

内 容 提 要

本书是全国中等职业技术学校汽车类专业通用教材,依据《中等职业学校专业教学标准(试行)》以及国家和交通行业相关职业标准编写而成。主要内容包括:电工基础、电子技术基础、电源系、起动系、点火系、照明信号及仪表与安全设备、汽车空调系统、汽车总线路,共计8个单元。

本书供中等职业学校汽车类专业教学使用,亦可供汽车维修相关专业人员学习参考。

图书在版编目(CIP)数据

汽车电气设备构造与维修/张茂国主编. —2版. —北京:
人民交通出版社股份有限公司,2016.7
ISBN 978-7-114-13007-6

Ⅰ.①汽… Ⅱ.①张… Ⅲ.①汽车—电气设备—构造—中等专业学校—教材 ②汽车—电气设备—车辆修理—中等专业学校—教材 Ⅳ.①U472.41

中国版本图书馆 CIP 数据核字(2016)第 103403 号

全国中等职业技术学校汽车类专业通用教材

书　　名:	汽车电气设备构造与维修(第二版)
著 作 者:	张茂国
责任编辑:	闫东坡
出版发行:	人民交通出版社股份有限公司
地　　址:	(100011)北京市朝阳区安定门外外馆斜街 3 号
网　　址:	http://www.ccpress.com.cn
销售电话:	(010)59757973
总 经 销:	人民交通出版社股份有限公司发行部
经　　销:	各地新华书店
印　　刷:	北京市密东印刷有限公司
开　　本:	787×1092　1/16
印　　张:	19
字　　数:	452 千
版　　次:	2004 年 9 月　第 1 版
	2016 年 7 月　第 2 版
印　　次:	2020 年 3 月　第 3 次印刷　累计第 17 次印刷
书　　号:	ISBN 978-7-114-13007-6
定　　价:	42.00 元

(有印刷、装订质量问题的图书由本公司负责调换)

第二版前言
FOREWORD

  为适应社会经济发展和汽车运用与维修专业技能型紧缺人才培养的需要,交通职业教育教学指导委员会汽车(技工)专业指导委员会于2004年陆续组织编写了汽车维修、汽车电工、汽车检测等专业技工教材、高级技工教材及技师教材,受到广大中等职业学校师生的欢迎。

  随着职业教育教学改革的不断深入,中等职业学校对课程结构、课程内容及教学模式提出了更高的要求。《教育部关于深化职业教育教学改革全面提高人才培养质量的若干意见》提出:"对接最新职业标准、行业标准和岗位规范,紧贴岗位实际工作过程,调整课程结构,更新课程内容,深化多种模式的课程改革"。为此,人民交通出版社股份有限公司根据教育部文件精神,在整合已出版的技工教材、高级技工教材及技师教材的基础上,依据教育部颁布的《中等职业学校汽车运用与维修专业教学标准(试行)》,组织中等职业学校汽车专业教师再版修订了全国中等职业技术学校汽车类专业通用教材。

  此次再版修订的教材总结了全国技工学校、高级技工学校及技师学院多年来的汽车专业教学经验,将职业岗位所需要的知识、技能和职业素养融入汽车专业教学中,体现了中等职业教育的特色。教材特点如下:

  1."以服务发展为宗旨,以促进就业为导向",加强文化基础教育,强化技术技能培养,符合汽车专业实用人才培养的需求;

  2.教材修订符合中等职业学校学生的认知规律,注重知识的实际应用和对学生职业技能的训练,符合汽车类专业教学与培训的需要;

  3.教材内容与汽车维修中级工、高级工及技师职业技能鉴定考核相吻合,便于学生毕业后适应岗位技能要求;

  4.依据最新国家及行业标准,剔除第一版教材中陈旧过时的内容,教材修订量在20%以上,反映目前汽车的新知识、新技术、新工艺;

  5.教材内容简洁,通俗易懂,图文并茂,易于培养学生的学习兴趣,提高学习效果。

《汽车电气设备构造与维修》是汽车运用与维修专业课之一,教材主要内容包括:电工基础、电子技术基础、电源系、起动系、点火系、照明信号及仪表与安全设备、汽车空调系统、汽车电气线路,共计8个单元。本书由山东交通技师学院张茂国主编,山东交通技师学院多位专业教师参加了编写。编写分工为:张茂国编写绪论、单元三、单元八,李兴华编写单元一、单元二,杜国庆编写单元四,段德军编写单元五,郇延建编写单元六,徐春良编写单元七。

限于编者经历和水平,教材内容难以覆盖全国各地中等职业学校的实际情况,希望各学校在选用和推广本系列教材的同时,注重总结教学经验,及时提出修改意见和建议,以便再版修订时改正。

编　者
2016 年 3 月

目 录
CONTENTS

绪论 ··· 1

单元一　电工基础 ··· 4
　　课题一　电路的组成与基本定律 ··· 4
　　课题二　电磁感应定律及应用 ·· 14
　　课题三　正弦交流电路与照明电路 ·· 21
　　课题四　变压器、直流电动机与安全用电 ································· 31

单元二　电子技术基础 ·· 41
　　课题一　PN 结、晶体二极管与晶体三极管 ································ 41
　　课题二　整流电路、滤波电路与稳压电路 ································· 51
　　课题三　放大电路与集成电路 ·· 58

单元三　电源系 ··· 65
　　课题一　蓄电池 ·· 65
　　课题二　硅整流发电机的构造、拆卸、工作原理与特性 ················ 76
　　课题三　电压调节器 ·· 84
　　课题四　硅整流发电机的检修与试验 ······································· 88
　　课题五　电源系的线路连接 ··· 94

单元四　起动系 ··· 98
　　课题一　起动系概述 ·· 98
　　课题二　起动机的构造、拆卸、工作原理与特性 ························ 100
　　课题三　减速起动机与永磁起动机 ·· 108
　　课题四　起动机的检修与试验 ·· 112
　　课题五　起动机的使用、起动系电路连接及起动预热装置 ············ 119

单元五　点火系 ··· 125
　　课题一　传统点火系 ·· 125
　　课题二　电子点火系 ·· 132
　　课题三　微机控制点火系 ·· 140
　　课题四　点火系的维护与故障诊断 ·· 149

单元六　照明、信号、仪表与安全设备 ·· 154
　　课题一　照明装置 ··· 154
　　课题二　信号装置 ··· 167
　　课题三　汽车常见仪表及电子显示装置 ···································· 175

课题四　电动车窗、电动后视镜及电动座椅 ……………………………… 185
　　课题五　刮水器与洗涤装置 …………………………………………………… 191
　　课题六　中央门锁与防盗报警系统 …………………………………………… 201
　　课题七　汽车音响、视频和导航装置 ………………………………………… 208
单元七　汽车空调系统 …………………………………………………………… 216
　　课题一　汽车暖风装置 ………………………………………………………… 216
　　课题二　汽车制冷系统的组成与工作原理 …………………………………… 220
　　课题三　汽车制冷系统主要部件 ……………………………………………… 223
　　课题四　汽车空调系统控制电路 ……………………………………………… 234
　　课题五　汽车空调系统常见故障 ……………………………………………… 239
单元八　汽车总线路 ……………………………………………………………… 250
　　课题一　汽车线路常用部件及选用 …………………………………………… 250
　　课题二　典型汽车线路图的识读及全车线路 ………………………………… 259
参考文献 …………………………………………………………………………… 296

绪 论

一、汽车电气设备的作用及其发展

随着汽车工业的不断发展,汽车电气设备也迅速发展。在早期的汽车上,电气设备只处在附属地位,不但数量少,而且性能低下,仅仅作为辅助设备,完成一些基本的工作任务,它们的自动化、可靠性都比较差。随着电子工业及计算机技术的飞速发展,某些新的电子、计算机及航空航天技术很快被引用到汽车上,对汽车的安全、能源、污染控制及汽车的舒适、免维护、智能化等许多方面都起着十分重要的作用,汽车电气设备的发展促进了汽车的进步与发展,电气设备在很大程度上决定了汽车的性能,也标志着汽车的先进性。例如,目前汽车上使用的电子控制点火装置、电子控制燃油喷射系统、电子控制自动变速器、电子制动防抱死装置、安全气囊等,对汽车的使用、节能、安全、排污控制起着决定性的作用;再如,现代汽车上使用的汽车空调装置、汽车声像设备及电动门窗、电动座椅等为驾驶员及乘员提供了良好的工作与乘坐环境。它们通常作为现代汽车的主要标志为人们所公认。可以预见,汽车今后的发展将主要是其电气设备及自动控制设备的发展,而电气设备的发展方向将使汽车逐步实现自动化和智能化。

二、课程的性质、任务

本课程是汽车维修、驾驶专业的一门专业课。其主要内容包括汽车电气设备的构造、工作原理、使用与维护方法,主要电器的检测、维修,新型电器的结构特点与检修。通过学习达到以下目的:掌握汽车电气设备的构造、原理及各大总成的修理和全车线路的分析方法;掌握主要电器的使用、维护、调整方法;熟悉汽车电气设备检测、维修专用仪器、设备的原理,并掌握其使用方法;掌握新型汽车电器的构造特点及检修方法。

三、课程的特点

本课程有自己的特点,在学习时应注意以下几点:

①汽车电气设备是以电工、电子学为理论基础的,许多东西是看不见、摸不着的,如果不掌握有关理论,许多内容是无法真正学懂弄通的,因此要重视有关理论的学习,并以理论指导实践。

②本课程是汽车维修、驾驶专业的主要专业课,要求我们具有较强的实际操作技能,因此,要勤于动手,熟练操作,切实掌握实际技能。

③要勤于思考,善于将学到的内容与实际结合,与生产结合,与生活联系,并不断归纳、

总结,逐步培养举一反三的能力。

④汽车电气设备的飞速发展,要求我们将电器新技术、新知识的学习放在重要位置上,要注重培养继续学习的能力。

四、汽车电气设备的构成

现代汽车上的电气设备很多,按照各电器的作用,可将汽车电气系统划分为以下 8 个子系统。

(1)电源系(也称充电系):由蓄电池、发电机与调节器、充电指示装置等组成。其作用是向用电设备提供低压直流电能。

(2)起动系:包括电力起动机及其控制电路。其作用是在发动机起动时,带动发动机曲轴转动,并使其达到起动转速。

(3)点火系:用于汽油发动机上,分为传统点火系和电子点火系两种类型。其作用是将电源提供的低压电变为高压电,适时点燃发动机气缸内的可燃混合气。

(4)照明系:包括汽车内、外的照明灯具及其控制电路。其作用是为车内、外提供照明。

(5)信号系:包括灯光和音响两类信号。其作用是指示车辆行驶趋向,提醒行人或其他车辆,指示汽车操纵部分运行状态,报警运行故障。是汽车安全性、可靠性的警示或指示信号。

(6)仪表系:主要有冷却液温度表、燃油表、气压表、车速里程表、机油压力表、电流表或电压表、发动机转速表等。其作用是显示汽车的运行参数。

(7)舒乐系:主要包括汽车空调、声像设备、点烟器、电动车窗、电动座椅等。这是为了给驾驶员和乘员提供一个舒适的工作与乘坐环境。

(8)微机控制系:包括汽车的动力传动控制中心、底盘行驶控制中心、车身控制中心和信息与通讯控制中心四部分,如前述的电子控制燃油喷射系统等均属该系统。其作用主要是解决目前汽车面临的能源、安全、污染三大问题和提高舒适性、方便通讯与信息交流。

五、汽车电气设备的特点

汽车电气系统除具有一般电气系统的共性外,还有以下特点:

(1)两个电源:即蓄电池与发电机。蓄电池主要是在发动机起动时对起动机提供大电流;发电机则是在发动机正常工作时为用电设备供电,并对蓄电池充电。

(2)低压直流:汽车电系的标称电压有 3 个等级:6V、12V 和 24V,但以 12V 和 24V 居多,一般汽油发动机汽车电系的标称电压为 12V,柴油发动机汽车则多为 24V。由于蓄电池的充、放电电流均为直流,所以发电机输出的也是直流电。

(3)并联单线:汽车电系的用电设备很多,为了使各电器相互独立、便于控制和提高电气线路的可靠性,用电设备和电源间均为并联连接。由于汽车的车架、发动机机体多为金属材料,为了方便布线及电器安装、方便检修和节省导线,将电源及用电设备的一个电极直接接在金属机体上(称为"搭铁"),而金属机体作为公共导体使用,将电源与用电设备的另一个电极用导线连接,这就形成了单线制。

(4)负极搭铁:为减少蓄电池电缆端子在车架连接处的电化学腐蚀,提高搭铁的可靠性和统一标准,便于电器的生产、使用与维护,JB 2261—77 和 QC/T 413—2002《汽车电气设备基本技术条件》规定,汽车电气系统采用单线制时,必须统一电源负极搭铁。

汽车电路方框图如图 0-1 所示。

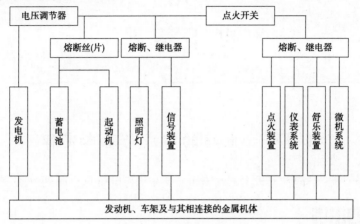

图 0-1　汽车电路方框图

单元一
电 工 基 础

课题一 电路的组成与基本定律

学习目标

完成本课题学习后,你应能:
1. 掌握电路的组成、相关物理量及电路的状态,会画电路图;
2. 掌握电路元件的连接方式及其特点;
3. 掌握欧姆定律、基尔霍夫定律等电路基本定律。

建议课时:4 课时。

一、电路的组成及作用

把一个灯泡通过开关、导线与干电池连接起来,就组成了一个最简单的照明电路,如图 1-1 所示。当开关闭合后,电路中就有电流通过,灯泡发光。

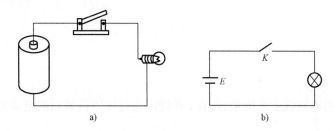

图 1-1 照明电路与电路图

各种电气设备和元件,按一定的连接方式构成的电流通路称为电路。或者说,电路就是电流所流过的路径。

照明等电路的作用是实现能量的传输和转换;扩音机等电路的作用是传递和处理信号。无论哪一种电路,都由电源(或信号源)、负载和中间环节三部分组成。

电源是将化学能、机械能等非电能转换成电能的供电设备,如干电池、蓄电池、发电机等;信号源是为信号处理电路提供信号的部分。

负载也称为用电设备,它是将电能转换成其他形式能量的装置。如白炽灯、电炉、电动机等;在信号处理电路中,负载是接受或转换信号的设备。

中间环节由连接导线、辅助设备(如开关、继电器、保护装置)等构成。用来控制或保护电路。

电路可以用电路图来表示。用国家统一规定的图形符号来表示电路连接情况的图称为电路图(见图1-1)。

电路图中部分常用的图形符号,见表1-1。

部分常用电路图形符号　　　　　　　　　　表1-1

符号	名称	符号	名称	符号	名称
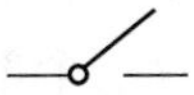	开关		电阻		接机壳
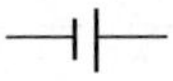	电池	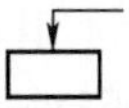	电位器		搭铁
	发电机	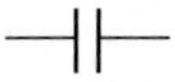	电容		端子
	线圈		电流表	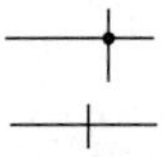	连接导线 不连接导线
	铁线圈		电压表	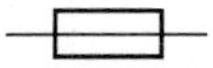	熔断器
	抽头线圈	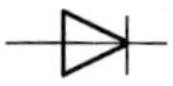	二极管		电灯

二、电路中的基本物理量

1. 电流

电荷(或带电离子)有规则的定向运动形成电流。在金属导体中,电流是自由电子在外电场作用下有规则运动形成的。在某些液体或气体中,电流是正离子或负离子在外电场作用下有规则运动形成的。

电流的大小用电流强度来衡量,若在t秒钟内通过导体横截面的电量是Q库仑,则电流强度I为:

$$I = Q/t \tag{1-1}$$

在国际单位制中,电流强度的单位是安培(A)。如果在1s内通过导体横截面的电量为1库仑(C),则通过该导体的电流强度为1安培(A)。常用的电流强度单位还有毫安(mA)、微安(μA),其换算关系为:

$$1A = 10^3 mA = 10^6 \mu A$$

电流不但有大小,而且有方向。习惯上规定正电荷移动的方向为电流的方向。在金属导体中,形成电流的是带负电荷的电子,因此,电流的方向与电子运动方向相反,如图1-2所示。

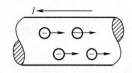

图1-2 电流的方向

电流分直流和交流两大类。凡大小和方向都不随时间变化的电流称为直流电流(记作DC);凡大小和方向都随时间变化的电流称为交变电流,简称交流(记作AC)。

2. 电位

物体受力的作用时,如果在受力的方向移动了一段距离,我们说力对物体做了功。我们知道,带电体的周围存在着电场,电场对处在场内的电荷也有力的作用,当电场力使电荷移动时,我们说电场力对电荷做了功。

与物体在某一高度位置上具有一定的位能相类似,电荷在电路或电场的某一点上具有一定的电位能。和位能的确定相似,要确定电位能的大小,也必须在电路上选择一个参考点作为基准点,该点称为零参考点。

在图1-3所示的电路中,把 b 点作为零参考点(用符号"⊥"表示),正电荷在 a 点所具有的电位能 W_a 与正电荷所带电量 Q 的比值,称为电路中 a 点的电位,用 U_a 表示,即:

$$U_a = W_a/Q \qquad (1-2)$$

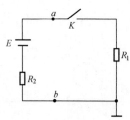

图1-3 电路的零参考点及电位

参考点的电位规定为零,因而低于参考点的电位为负,高于参考点的电位为正。

如果功的单位是焦耳(J),电荷的单位是库仑(C),则电位的单位就是伏特(V)。

3. 电压

电路中任意两点间的电位之差,称为这两点间的电压,用 U 表示。例如 a、b 两点间的电压为:

$$U_{ab} = U_a - U_b \qquad (1-3)$$

电压的单位也是伏特(V),常用的还有千伏(kV)、毫伏(mV)等,换算关系为:

$$1kV = 10^3 V = 10^6 mV$$

电压和电流一样,不但有大小,也有方向。电压的方向规定为由高电位指向低电位。如 U_{ab} 表示电压方向是从 a 点指向 b 点。

例1-1 在图1-4中,设 $U_{CO} = 3V$,$U_{CD} = 2V$,试分别以 C 点和 O 点作参考点,求 D 点的电位和 D、O 两点间的电压。

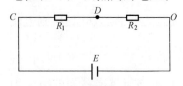

图1-4 电压与电位

解:(1)以 C 点为参考点,即 $U_C = 0$

∵ $U_{CD} = U_C - U_D$

∴ $U_D = U_C - U_{CD} = 0 - 2 = -2V$

又∵ $U_{CO} = U_C - U_O$

∴ $U_O = U_C - U_{CO} = 0 - 3 = -3V$

则 $U_{DO} = U_D - U_O = -2 - (-3) = 1V$

(2)以 O 点为参考点,即 $U_O = 0$

∵ $U_{CO} = U_C - U_O$

∴ $U_C = U_{CO} + U_O = 3 + 0 = 3V$

又∵ $U_{CD} = U_C - U_D$

∴ $U_D = U_C - U_{CD} = 3 - 2 = 1V$

则 $U_{DO} = U_D - U_O = 1 - 0 = 1V$

由此可见,参考点变了,电位的值也变了,但两点间的电压是不改变的,这一性质称为电位的相对性和电压的绝对性。

4. 电动势

电动势是衡量电源将非电能转换成电能本领的物理量。其定义为:在电源内部,电源力(非电场力)将单位正电荷从电源负极 b 移到电源正极 a 所做的功,用字母 E 表示。

若电源力将电荷 q 从负极 b 移到正极 a 所做的功是 A_{ba},则电动势的表达式为:

$$E = A_{ba}q \tag{1-4}$$

电动势的单位和电压相同,也是伏特(V)。

对一个电源来说,既有电动势又有电压。电动势存在于电源内部,其方向规定为在电源内部由负极指向正极;电源两端开路时的电压(即电源两端不接负载时的电压)等于电源电动势。显然,在电源中,电动势的方向与电压的方向相反,如图 1-5 所示。

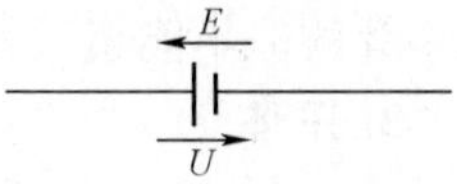

图 1-5 电源的电动势与电压方向

5. 电阻

导体对电流的阻碍作用称为电阻,用字母 R 或 r 表示。在国际单位制中,电阻的单位是欧姆(Ω)。

若导体两端的电压为 1V,通过的电流是 1A,则该导体的电阻就是 1Ω。

除欧姆外,电阻单位还有千欧($k\Omega$)和兆欧($M\Omega$),其换算关系是:

$$1M\Omega = 10^3 k\Omega = 10^6 \Omega$$

电阻是反映导体对电流起阻碍作用大小的物理量,是导体客观存在的,不随导体两端电压的大小变化。即使没有电压,导体仍然有电阻。实验证明,在一定的温度下,导体的电阻与其长度 L 成正比,与导体的横截面积 S 成反比,并与材料的性质有关。其表达式为:

$$R = \rho \frac{L}{S} \tag{1-5}$$

式中的 ρ 是与材料性质有关的物理量,称为电阻率或电阻系数。当导体的长度 L 的单位为 m,截面积 S 的单位为 m^2,则导体的电阻率 ρ 的单位为 $\Omega \cdot m$。表 1-2 是几种常用导体材料在 20℃ 时的电阻率。

几种常见材料的电阻率　　　　表 1-2

材料	电阻率	电阻温度系统 α	材料	电阻率	电阻温度系统 α
银	1.6×10^{-8}	0.0036	铁	10×10^{-8}	0.006
铜	1.7×10^{-8}	0.004	碳	35×10^{-8}	0.0005
铝	2.9×10^{-8}	0.004	锰铜	44×10^{-8}	0.000005
钨	5.3×10^{-8}	0.0028	康铜	50×10^{-8}	0.000005

例 1-2 某截面积为 7.06mm^2 的架空铜导线,从甲地通到乙地。两地间的距离为 5km,这根导线的电阻是多少?

解: 已知 $L = 5km = 5000m$,$S = 7.06mm^2 = 7.06 \times 10^{-6} m^2$,由表 1-2 查得,铜的电阻率 $\rho = 1.7 \times 10^{-8} \Omega \cdot m$

则两地间导线的电阻为:
$$R = \rho L/S = 1.7 \times 10^{-8} \times 5000 / 7.06 \times 10^{-6} = 12\ (\Omega)$$

导体电阻的大小还与它所处的环境温度有关,对金属导体,当温度升高时,其电阻值会增大。表 1-2 中的电阻温度系数 α 是指,温度每升高 1℃,电阻所产生的变化量与原电阻的比值。

三、电路的三种状态

1. 通路

通路就是电路中开关闭合,电源和负载接成闭合回路,负载中有电流流过。通路是电气设备或电路处于正常工作的前提,但必须注意,处于通路状态的各种电气设备的电压、电流、功率等数值不能超过其额定值,否则,会因过载而烧坏电器。

2. 开路

开路即断路,是指电源和负载未接成闭合回路,电路中没有电流通过,电源不向负载输送电能。对电源来说,这种状态叫空载。开路分控制开关正常断开和元件之间、元件与导线之间连接时的接触不良而使电路断开,前者属电气设备或电路正常工作状态;后者属非正常工作状态,即故障。

3. 短路

短路是指电源未经负载而直接由导线(导体)构成通路,如图 1-6 所示。短路时,电路中会产生很大的电流,这将使电源或其他设备烧坏。因此,应采取措施(如在电路中安装熔断器等),避免短路的发生。

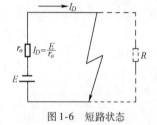

图 1-6 短路状态

四、电路的基本定律

(一)欧姆定律

1. 部分电路欧姆定律

在图 1-7 所示的一段电阻电路中,电路上的电流强度 I 与加在这段电路两端的电压 U 成正比;与这段电路的电阻 R 成反比。这一结论是德国科学家欧姆从实验中得出的,因此叫作欧姆定律。由于该结论是对部分电路讲的,故称为部分电路欧姆定律,其表示式为:

$$I = \frac{U}{R} \tag{1-6}$$

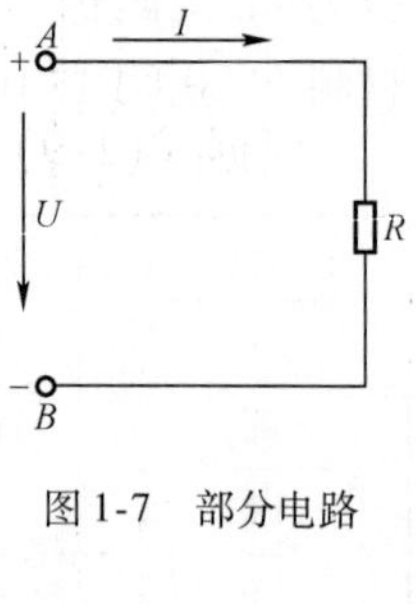

式中:I——导体中的电流(A);

U——导体两端的电压(V);

R——导体的电阻(Ω)。

图 1-7 部分电路

欧姆定律揭示了电路中电流、电压、电阻三者之间的联系,是电路的基本定律之一,应用非常广泛。

由公式(1-6)还可得到:

$$U = RI \tag{1-7}$$

上式说明电阻元件在电路中的特性:当电流流过电阻时,就会沿着电流的方向出现电位下降。在图 1-7 中,电流从 A 点流向 B 点,也就是电位由 U_A 下降到 U_B,其下降的数值等于电流与电阻的乘积。这种电位的下降称为电位降,由于它的数值等于电阻两端的电压,也叫电压降,简称压降。

例 1-3 图 1-7 中,已知 A、B 两端的电压为 24V,电阻为 150Ω,试求电路中的电流是多少毫安?

解:已知 $U = 24V$,$R = 150Ω$

由式(1-6)可得:

$$I = \frac{U}{R} = \frac{24}{150} = 0.16(A) = 160(mA)$$

2. 全电路欧姆定律

在图 1-8 所示的闭合电路中,电流强度 I 与电源的电动势 E 成正比,与全电路总电阻成反比。该结论称为全电路欧姆定律。其表达式为:

$$I = \frac{E}{R + r} \qquad (1-8)$$

式中:I——电路中的电流(A);

E——电源电动势(V);

R——外电路总电阻(Ω);

r——内电路总电阻(Ω)。

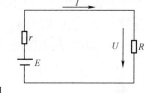

图 1-8 最简单的全电路

从图 1-8 可见,全电路是指含有电源的闭合电路,它包含内电路和外电路两部分,由式(1-8)可得:

$$E = IR + Ir = U_外 + U_内 \qquad (1-9)$$

式中 $U_外$ 是外电路电压,$U_内$ 是内电路电压。外电路电压是指电路接通时电源两端的电压,又称路端电压或端电压。于是,全电路欧姆定律又可叙述为:电源电动势在数值上等于闭合电路中各部分的电压之和。

例 1-4 在图 1-8 所示的电路中,设电源电动势为 24V,负载两端电压 $U_外$ 为 14V,电源内阻 r 为 1Ω。试求电流 I、负载电阻 R 及电源内部电压降 $U_内$。

解:已知 $E = 24V$,$U_外 = 14V$,$r = 1Ω$

根据式(1-9)可得:

$$U_内 = E - U_外 = 24 - 14 = 10(V)$$
$$I = U_内/r = 10/1 = 10(A)$$
$$R = U_外/I = 14/10 = 1.4(Ω)$$

(二)电阻的串、并联及应用

1. 电阻的串联及应用

两个或两个以上电阻依次相连,中间无分支的连接方式叫电阻的串联,如图 1-9 所示。

电阻串联电路具有如下性质:

(1)串联电路中流过每个电阻的电流都相等,即:

$$I = I_1 = I_2 = \cdots\cdots = I_n \qquad (1-10)$$

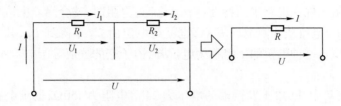

图1-9 电阻的串联及等效电路

(2)串联电路两端的总电压等于各电阻两端的电压之和,即:

$$U = U_1 + U_2 + \cdots\cdots + U_n \tag{1-11}$$

(3)串联电路的总电阻等于各串联电阻之和,即:

$$R_总 = R_1 + R_2 + \cdots\cdots + R_n \tag{1-12}$$

推论1:若串联的 n 个电阻的阻值都相等,则式(1-11)和式(1-12)可变为:

$$U_1 = U_2 = \cdots\cdots = U_n \qquad R_总 = nR \tag{1-13}$$

推论2:根据欧姆定律 $U_1 = I_1 R_1$,$U_n = I_n R_n$,$U_总 = I_总 R_总$,及性质(1)可得:

$$U_1/R_1 = U_n/R_n \qquad U_n/U_总 = R_n/R_总 \tag{1-14}$$

上式表明,串联电路中,电压的分配与电阻大小成正比,即阻值越大的电阻分配到的电压越大;反之电压越小。这个结论称为电阻串联的分压原理。

在已知串联电路的总电压 U 和电阻 R_1、R_2 时,由式(1-14)可直接得到:

$$U_1 = \frac{R_1}{R_1 + R_2} U \qquad U_2 = \frac{R_2}{R_1 + R_2} U \tag{1-15}$$

该式称为串联电阻的分压公式。

电阻串联经常应用在以下场合:

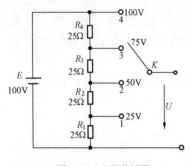

图1-10 电阻分压器

(1)用几个电阻串联来获得阻值较大的电阻。

(2)采用几个电阻构成分压器,使同一电源能供给几种不同的电压。如图1-10所示的分压器可输出四种不同的电压。

(3)当负载的额定电压低于电源电压时,可用串联的办法来满足负载的使用需要。

(4)利用串接电阻的方法来限制和调节电路中电流的大小。

(5)用于多量程的电压表中,以达到扩大量程的目的。

2. 电阻的并联及应用

两个或两个以上的电阻接在电路中相同的两点之间的连接方式,叫电阻的并联,如图1-11所示。

电阻并联时,电路具有如下性质:

(1)并联电路中各电阻两端的电压相等,且等于电路两端的电压,即:

$$U = U_1 = U_2 \cdots\cdots = U_n \tag{1-16}$$

(2)并联电路中的总电流等于各电阻中的电流之和,即:

$$I = I_1 + I_2 + \cdots\cdots + I_n \tag{1-17}$$

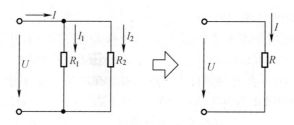

图 1-11　电阻的并联及等效电路

(3) 并联电路的总电阻的倒数等于各并联电阻的倒数之和，即：

$$1/R_总 = 1/R_1 + 1/R_2 \cdots\cdots + 1/R_n \tag{1-18}$$

推论 1：若并联的 n 个电阻值都是 R，则式(1-17)和式(1-18)变为：

$$I_1 = I_2 = \cdots\cdots = I_n \quad R_总 = R/n \tag{1-19}$$

推论 2：若是两个电阻并联，则由式(1-17)可得并联后的总电阻为：

$$R = \frac{R_1 R_2}{R_1 + R_2} \tag{1-20}$$

可见，并联后的总电阻比任何一个并联电阻的阻值小。

根据并联电路的性质(1)可得：

$$I_1/I_n = R_n/R_1 \quad I_n/I = R/R_n \tag{1-21}$$

上式表明，在并联电路中，电流分配和电阻大小成反比，阻值越大的电阻所分配到的电流越小。这个结论称为电阻并联的分流原理。

在已知并联电路的总电流 I 和电阻 R_1、R_2 时，由式(1-21)可直接得到：

$$I_1 = \frac{R_2}{R_1 + R_2}I \quad I_2 = \frac{R_1}{R_1 + R_2}I \tag{1-22}$$

该式称为并联电阻的分流公式。

电阻并联经常应用在下列情况下：

(1) 照明负载及其他电力负载，因工作电压相同，为保证任何一个负载的工作情况不影响其他负载，也不受其他负载的影响，几乎都采用并联。

(2) 用并联电阻来获得较小的电阻。

(3) 利用并联分流原理，扩大电流表的量程。

(三) 基尔霍夫定律

在分析计算电路时，能利用电阻串联、并联的方法进行简化，并用欧姆定律求解的电路称为简单电路。但实际中的电路，往往是比较复杂的。一个复杂电路是由多个电源和多个电阻组成，如图 1-12 所示，这种电路显然无法把它简化成简单的串、并联电路，因而不能直接用欧姆定律来求解，基尔霍夫定律便是解决复杂电路的基本定律。

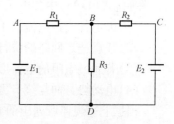

图 1-12　复杂电路

复杂电路中的常用术语：

(1) 支路。电路中流过同一电流的分支叫作支路。图 1-12 中有三条支路，分别为 BAD、BCD、BD。其中 BAD 支路和 BCD 支路分别含有电源 E_1、E_2，称为有源支路，而 BD 支路不含电源,称为无源支路。

(2)节点。三个或三个以上支路的汇交点叫作节点。图1-12中的 B 点和 D 点都是节点。

(3)回路。电路中任一闭合路径称为回路。图1-12中有3个回路,分别是 $ABDA$、$BCDB$ 和 $ABCDA$。最简单的回路称为网孔,如 $ABDA$ 和 $BCDB$。

1. 基尔霍夫第一定律

基尔霍夫第一定律也叫作节点电流定律。它的内容是:对电路中任一节点,流进节点的电流之和等于流出这个节点的电流之和。即:

$$\sum I_入 = \sum I_出 \tag{1-23}$$

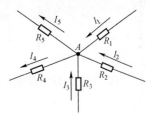

图1-13 节点电流

在图1-13所示的电路中,I_1、I_2 和 I_3 是流入节点 A 的电流,I_4 和 I_5 是流出节点 A 的电流,根据节点电流定律,节点 A 的电流关系为:

$$I_1 + I_2 + I_3 = I_4 + I_5$$

或

$$I_1 + I_2 + I_3 - I_4 - I_5 = 0$$

即:

$$\sum I = 0 \tag{1-24}$$

该式说明,如果流入节点的电流为正,流出节点的电流为负,则对任一节点,流入(或流出)此节点的电流的代数和等于零。这是基尔霍夫第一定律的又一种表述。

若某一支路的电流是未知的,在分析问题时,我们可以为它任意设定一个方向(称为参考方向)。若最后求解出的电流数值为正,表明该电流的实际方向与参考方向相同;若为负,表明该电流的实际方向与参考方向相反。

若电路中共有 n 个节点,最多只能列出 $(n-1)$ 个独立的节点电流方程。

2. 基尔霍夫第二定律

基尔霍夫第二定律也叫作回路电压定律。内容是:对电路中任一闭合回路,沿回路绕行一周,各电动势的代数和等于各电阻上电压降的代数和。即:

$$\sum E = \sum IR \tag{1-25}$$

确定式(1-25)中各电压和电动势正负的方法如下:

(1)确定各支路电流的正方向(参考方向);

(2)任意选定回路的绕行方向,一旦确定,解题过程中不得改变;

(3)若通过电阻的电流方向与绕行方向一致,则该电阻上的电压取正,反之取负;

(4)电动势方向与绕行方向一致时取正,反之取负。

根据上述规律所列出的方程式叫作回路电压方程式。由于沿电路中任一闭合回路绕行一周时,电位有升有降,起点和终点的电位相等,即电位差(电压)等于零。而这个电压又等于回路中各段电压的代数和,所以,在电路的任何闭合回路中,各段电压的代数和等于零。这是基尔霍夫第二定律的第二种表达形式,即:

$$\sum U = 0 \tag{1-26}$$

式中,电动势也作为电压来处理。在确定了各支路电流的参考方向后,按回路的绕行方向,遇电压降取正,遇电压升取负。如图 1-14 所示的回路中,流过各支路电流的参考方向如图所示,设回路的绕行方向为顺时针方向。

按基尔霍夫第二定律第一种表达式 $\sum E = \sum IR$,得回路电压方程为:
$$E_1 - E_2 = I_1R_1 - I_2R_2 - I_3R_3 + I_4R_4$$

按基尔霍夫第二定律第二种表达式 $\sum U = 0$,得回路电压方程为(仍以 A 点为起点):
$$E_2 - I_3R_3 + I_4R_4 + I_1R_1 - E_1 - I_2R_2 = 0$$

应用时,上述两种表达式任意确定一种即可。

若电路中共有 n 个节点、m 条支路,最多能列出 $[m-(n-1)]$ 个独立的回路电压方程。

例 1-5 在图 1-15 所示的电路中,已知 $E_1 = 18V, E_2 = 9V, R_1 = R_2 = 1\Omega, R_3 = 4\Omega$。求各支路电流。

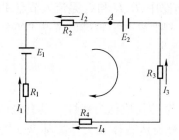
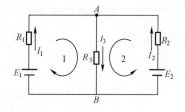

图 1-14 基尔霍夫第二定律　　　　图 1-15 双回路电路图

解:(1)设各支路电流参考方向和回路方向如图 1-15 所示。
(2)电路中有两个节点 A、B,所以只能列出一个独立的节点电流方程。对节点 A 有:
$$I_1 + I_2 - I_3 = 0$$
(3)电路中有 3 个回路,只需两个回路方程。

对回路 1:
$$I_1R_1 + I_3R_3 = E_1$$

对回路 2:
$$I_2R_2 + I_3R_3 = E_2$$

(4)代入已知数得联立方程式:
$$I_1 + I_2 - I_3 = 0$$
$$I_1 + 4I_3 = 18$$
$$I_2 + 4I_3 = 9$$

解联立方程组得:
$$I_1 = 6A$$
$$I_2 = -3A$$
$$I_3 = 3A$$

从计算结果来看,电流 I_1、I_3 为正,说明它们的实际电流方向与参考方向相同;电流 I_2 为负,说明 I_2 的实际方向与参考方向相反。E_2 不是输出电流,而是电流 I_2 从 E_2 正极流入、负极流出,即 E_1 向 E_2 充电,I_2 是充电电流。

课题二 电磁感应定律及应用

学习目标

完成本课题学习后,你应能:

1. 掌握磁、磁场的基本知识以及磁场基本物理量;
2. 了解电与磁的关系,掌握磁场对通电导体的作用,掌握电磁感应定律及其应用;
3. 了解电磁铁和继电器的基本原理,了解霍尔效应在汽车上的应用。

建议课时:4 课时。

一、磁的基本知识

1. 磁体与磁极

我们把具有吸引铁、钴、镍等金属或它们的合金的性质称为磁性。具有磁性的物体叫磁

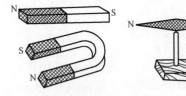

图 1-16 人造磁体

体。磁体分天然磁体和人造磁体两大类。常见的人造磁体(见图 1-16)有条形、蹄形和针形等。

磁体上磁性最强的地方叫磁极。任何磁体都有两个磁极,即南极 S 和北极 N。实验证明,无论怎样分割,磁体仍总是保持两个不同的磁极,也就是说,N 极和 S 极总是成对出现的。

与电荷间的相互作用力一样,磁极间也具有相互作用力:同性磁极相互排斥,异性磁极相互吸引(见图 1-17)。磁极间的相互作用力叫磁力。

2. 磁场与磁力线

就像电荷周围存在电场一样,磁体周围存在着磁场。它们都是特殊物质,磁极间的相互作用力就是通过磁场这一特殊物质传递的。

磁场和电场一样也有强弱和方向,为了形象地描述磁场的强弱和方向而引入假想的线,称为磁力线,如图 1-18 所示。磁力线有如下特点:

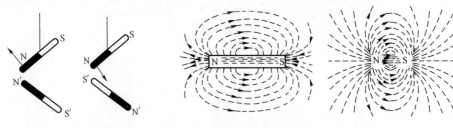

图 1-17 磁极的相互作用　　　　　　图 1-18 条形磁铁的磁力线

(1)磁力线是不相交的闭合曲线。在磁体外部由 N 极指向 S 极,在磁体内部由 S 极指向 N 极。

(2)磁力线上任意一点的切线方向,就是该点的磁场方向(即小磁针 N 极的指向)。

(3)磁力线的疏密程度反映了磁场的强弱。磁力线越密磁场越强,反之磁场越弱。

3. 电流的磁效应

1820 年,丹麦科学家奥斯特在一根导线的下方放了一个静止的磁针,当导线通电时,磁针立刻偏转一个角度,如图 1-19 所示。实验证明:通电导线的周围和磁体的周围一样,存在磁场,使磁针发生了偏转。我们把载流导体周围产生磁场的现象叫电流的磁效应。

图 1-19 奥斯特实验

(1)通电直导体周围的磁场 在垂直于一根直导体的平面上,放几个小磁针,当直导体通有电流时,小磁针会旋转到一定方位而有规则地排列起来。当电流方向改变时,小磁针的方向也会改变,如图 1-20a)所示。这就说明导体周围有磁场存在,也说明磁场是有方向的。

确定通电导体中电流方向与导体周围磁场方向的关系,用安培定则(又称右手螺旋定则),如图 1-20c)所示:右手握住通电导体,伸直大拇指,且拇指指向电流的方向,四指弯曲方向就是磁场方向。

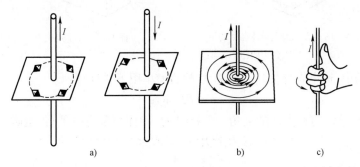

图 1-20 通电直导体的磁场
a)磁针与电流方向;b)磁力线;c)安培定则

(2)通电螺线管的磁场 通电螺线管可以看成是许多环形电流的组合,在它的周围存在的磁场,其方向也由安培定则确定(见图 1-21b):右手握住螺线管,伸直大拇指,四指弯曲的方向为电流方向,拇指所指方向就是其磁场方向。

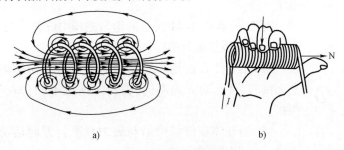

图 1-21 通电螺线管的磁场
a)磁力线;b)安培定则

4. 磁场对电流的作用

由于磁体之间存在着作用力,而载流导体周围存在着磁场,因此将载流导体放在磁场中也会受到力的作用。

如图 1-22 所示,在蹄形磁铁的两极中悬挂一根直导体并使该导体与磁力线垂直。当导体中没有电流时,它静止不动;当电流流过导体时,它就会向磁体内部移动,若改变电流方向,导体向相反方向移动。

通电导体在磁场中移动的原因是受到磁场的作用力,我们把通电导体在磁场中受到的作用力叫电磁力。

电磁力的方向可用左手定则来判断,如图 1-23 所示,平伸左手,拇指与四指垂直,手心对准 N 极,四指指向电流方向,拇指的指向就是通电导体的受力方向。

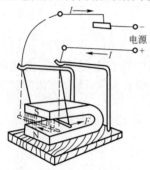
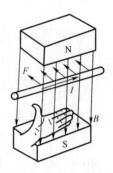

图 1-22　通电导体在磁场中
受到力的作用

图 1-23　左手定则

在均匀磁场中,通电直导体所受电磁力 F 的大小用下式计算:
$$F = BIL\sin\alpha \tag{1-27}$$

式中,α 为直导体与磁力线的夹角,当 $\alpha = 0$ 时,导体与磁力线平行,电磁力 $F = 0$;当 $\alpha = 90°$ 时,导体与磁力线垂直,此时电磁力最大,$F_m = BIL$。

二、电磁感应定律

1. 电磁感应现象及产生的条件

电流能够产生磁场,即"动电生磁",反过来磁是否能生电呢?1831 年英国科学家法拉第发现变化的磁场能够在导体中产生电动势,这一现象称为电磁感应。

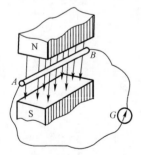

实验一:在图 1-24 所示的均匀磁场中放置一根导体 AB,导体两端接一个灵敏检流计 G。

(1) 当导体在磁场中沿与磁力线垂直方向运动时,检流计指针发生偏转,且运动方向不同,偏转方向也不同。表明回路中有电流存在。

(2) 当导体在磁场中沿与磁力线平行方向运动时,检流计指针不动。表明回路中无电流。

图 1-24　电磁感应实验一

实验二:在图 1-25 所示的空心螺线管上接入灵敏检流计 G。

(1) 当用一条形磁铁迅速插入线圈时(图 1-25a),检流计指针有偏转。

(2) 当条形磁铁在线圈中静止不动时(图 1-25b),检流计指针也不动。

(3) 当条形磁铁由线圈内迅速拔出时(图 1-25c),检流计指针反向偏转。

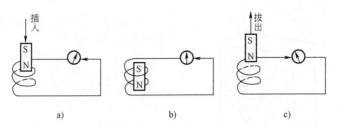

图 1-25 电磁感应实验二
a)插入；b)磁铁静止不动；c)拔出

上述实验现象表明,当导体相对于磁场运动而切割磁力线或者线圈中的磁通(指通过与磁场方向垂直的某一截面积的磁力线根数)发生变化时,在导体或线圈中会产生感应电动势。若导体或线圈构成闭合回路,则导体或线圈中将有电流流过。上述两个实验现象虽然表现形式不同,但它们本质都是相同的。如果把图 1-24 中的直导体回路看成是一个单匝线圈,则导体中的电流也是由于磁通的变化而引起的。这种由于磁通变化而在导体或线圈中产生感应电动势的现象称为电磁感应。由此产生的电动势叫感应电动势(也叫感生电动势)。由感应电动势引起的电流叫感应电流(也叫感生电流)。

因此,产生电磁感应的条件是:通过线圈回路的磁通量必须发生变化。

2. 电磁感应定律

电磁感应定律是定量计算和确定由于电磁感应而产生的感应电动势大小和方向的定律。它的内容是:不论任何原因使通过回路所包围的面积的磁通量变化时,回路上产生的感应电动势跟穿过回路的磁通量的变化率成正比,感应电动势方向总是阻碍磁通量的变化。其表达式为

$$e = -\frac{\Delta\phi}{\Delta t} \tag{1-28}$$

式中 e 表示感应电动势,$\Delta\phi/\Delta t$ 表示回路里磁通量的变化率,负号表示感应电动势的方向总是阻碍磁通量的变化。该式表明,线圈中感应电动势的大小决定于线圈中磁通的变化率,而不决定于线圈中磁通本身的大小。如果 $\Delta\phi/\Delta t = 0$,则 $e = 0$；$\Delta\phi/\Delta t \neq 0$,则 $e \neq 0$；$\Delta\phi/\Delta t$ 越大,则 e 越大。若 $\Delta\phi/\Delta t = 0$,即使线圈中磁通再大,也不会产生感应电动势。

如果通过一个线圈中的磁通发生变化(参见图 1-25),线圈有 N 匝,则该线圈中产生的感应电动势的大小为:

$$e = \left| -N\frac{\Delta\phi}{\Delta t} \right| = \left| -\frac{\Delta\Phi}{\Delta t} \right|$$

式中:N——线圈的匝数；

$\Delta\phi$——单匝线圈的磁通变化量(Wb)；

Δt——磁通变化所需要的时间(s)；

$\Delta\Phi$——N 匝线圈磁通变化量(Wb)。

式(1-28)是计算感应电动势的普遍公式。对于直导体在磁场中沿着与磁力线垂直方向,以速度 V 运动而切割磁力线时,如图 1-26 所示,实验证明,在导体中产生的感应电动势 e,其大小与导体的有效长度 L、导体运动的速度 V 及磁场的磁感应强度 B 成正比,即:

$$e = BLV \tag{1-29}$$

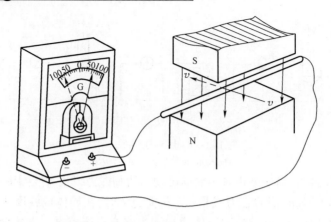

图 1-26　直导体中的感应电动势和感应电流

如果运动方向与磁力线不垂直而成 α 角,此时感应电动势为

$$e = BLV\sin\alpha \tag{1-30}$$

显然:当 $\alpha = 0$ 时,即导体运动方向与磁力线平行,则 $e = BLV\sin\alpha = 0$;当 $\alpha = 90°$ 时,即导体运动方向与磁力线垂直,则 $e = BLV$(最大)。

B 的单位为特斯拉(T),V 的单为米/秒(m/s),L 的单位为米(m),则 e 的单位为伏特(V)。

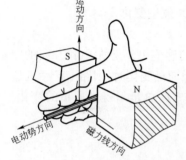

图 1-27　右手定则

直导体中感应电动势的方向可用右手定则来确定,如图 1-27 所示。伸开右手,四指并拢并与拇指垂直,磁力线从手心穿入,拇指指向导体运动方向,则四指所指方向就是感应电动势的方向。

在电磁感应中,确定感应电动势方向的普遍适用规律是楞次定律:在闭合回路中,感应电流所产生的磁场,总是阻碍回路中原磁通量的变化。如图 1-28 所示,当磁铁向下运动时,线圈中的磁通量增加,则感应电流的方向是使它所产生的磁场跟原磁场的方向相反;当磁铁向上运动时,线圈中的磁通量减少,则感应电流的方向是使它所产生的磁场跟原磁场的方向相同。

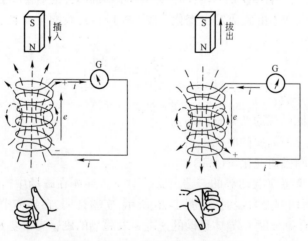

图 1-28　用楞次定律判定感应电流的方向

例1-6 在图1-29中,已知导体的有效长度为0.8m,电阻为0.5Ω,磁感应强度为1.2T,导体以2m/s的速度与磁力线成30°角的方向做匀速运动,并且导体与负载连接成闭合回路,电路中的电流为320mA,求导体两端的电压。

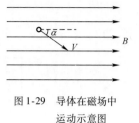

图1-29 导体在磁场中运动示意图

解: (1) 导体中的感应电动势为

$$e = BLV\sin\alpha$$
$$= 1.2 \times 0.8 \times 2 \times \sin30°$$
$$= 0.96(V)$$

(2) 导体两端的电压为

$$U = e - Ir = 0.96 - 320 \times 10^{-3} \times 0.5 = 0.8(V)$$

该例说明,若将产生感应电动势的直导体与负载连接成闭合电路,导体中就会有感应电流产生,此时,产生感应电动势的导体起着电源的作用,导体的电阻就是电源的内电阻。根据全电路欧姆定律,导体两端电压等于感应电动势减去导体电阻上的电压降。

三、电磁铁和继电器

1. 电磁铁

电磁铁是利用通电的铁芯线圈对衔铁产生吸引力,把电能转换成机械能的一种电器。

虽然电磁铁的形式很多(见图1-30),一般由励磁线圈、铁芯和衔铁3个主要部分组成,如图1-31所示。励磁线圈由漆包线或纱包线多层绕制在线圈骨架上,经绝缘处理后套在铁芯上。励磁线圈中如果通入交流电,就可形成交流电磁铁;如果通入直流电,就可形成直流电磁铁。直流电磁铁的铁芯和衔铁一般用整块铸钢、软钢或工程纯钢制成;而交流电磁铁却采用经过绝缘处理后的多层薄硅钢片叠制而成,以减小涡流损耗。

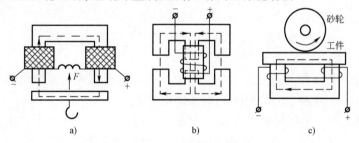

图1-30 几种形式的电磁铁
a) 起重电磁铁; b) 控制电磁铁; c) 平面磨床磁吸盘

当励磁线圈通过一定数值的电流时,铁芯被磁化并对衔铁产生电磁吸力,将衔铁吸向铁芯。线圈断电后,电磁力消失,衔铁借助反作用弹簧的作用力返回原来位置。

电磁铁在生产中应用较为普遍。例如,在汽车起动机电磁式控制装置中,通过起动开关接通电磁线圈电路,产生电磁吸力吸入电磁铁芯,铁芯推动推杆使接触盘接通主接线柱,起动机开始工作,如图1-32所示。

2. 继电器

继电器是一种小信号控制电器,它利用输入的电压、电流、频率等电量或温度、速度、压力等非电量来接通或断开所控制或保护的电路,实现自动控制和保护的目的。

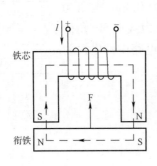
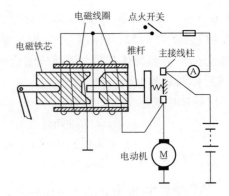

图 1-31　电磁铁的组成及原理　　　　图 1-32　汽车起动机控制电路

继电器的种类很多,按工作原理可分为电磁式继电器、机械式继电器、热继电器、晶体管式继电器等。

电磁式继电器是电气控制中应用最多的一种继电器,属有触点自动切换电器。其外形、结构、图形符号如图 1-33 所示。当线圈通电时,电磁铁芯产生吸力克服弹簧的拉力,使衔铁绕支点转动并被铁芯吸合,继电器的常开触点闭合,常闭触点打开;当线圈断电时,衔铁在弹簧力的作用下打开,继电器常开触点恢复断开,常闭触点恢复闭合。

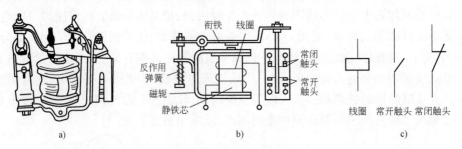

图 1-33　电磁式继电器
a)外形;b)结构原理;c)图形符号

电磁式继电器按线圈通过电流的种类可分为交流继电器和直流继电器;按继电器反映的参数可分为中间继电器、电流继电器、电压继电器等。

(1)中间继电器　中间继电器是将一个输入信号变成一个或多个输出信号的继电器。它输入的信号是线圈的通电或断电,输出的信号是多对触点通断动作。因此,它主要用于增加控制信号的数目。

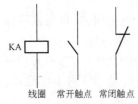

图 1-34　中间继电器的图形符号

中间继电器的图形符号如图 1-34 所示。

(2)电流继电器　根据线圈中电流大小而动作的继电器称为电流继电器。它的线圈串接在被测量的电路中,继电器所反映的是电路中电流的变化。

电流继电器的图形符号如图 1-35 所示。

(3)电压继电器　根据线圈两端电压大小而动作的继电器称为电压继电器。它的线圈并联在被测量的电路中,继电器所反映的是电路中电压的变化。

电压继电器的图形符号如图 1-36 所示。

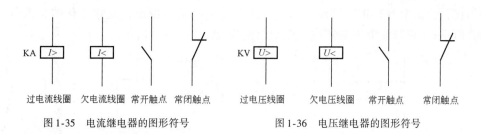

| KA $I>$ | $I<$ | | | KV $U>$ | $U<$ | | |

过电流线圈　欠电流线圈　常开触点　常闭触点　　　过电压线圈　欠电压线圈　常开触点　常闭触点

图1-35　电流继电器的图形符号　　　　　图1-36　电压继电器的图形符号

四、霍尔效应基本原理

如图1-37所示,厚度为 d 的半导体磁电元件,放在垂直于它的磁感应强度为 B 的匀强磁场中,当电流 I 垂直于磁场 B 方向通过该半导体磁电元件时,在垂直于电流 I 和磁场 B 方向的两侧将产生电势差 U_H,这种现象称为霍尔效应,该电压称为霍尔电压。实验表明,当磁场不太强时,霍尔电压 U_H、电流 I 和磁感应强度 B 的关系式为:

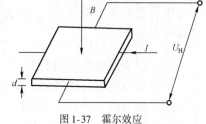

图1-37　霍尔效应

$$U_H = \frac{KIB}{d} \quad (1-31)$$

上式表明,霍尔电压的大小与电流 I 和磁感应强度 B 的乘积成正比,与导体沿磁场方向的厚度成反比。式中 K 为比例系数,称为霍尔系数。

利用霍尔效应做成的检测元件叫霍尔元件。霍尔元件具有简单、小型、输出电压范围大以及寿命长等优点,因此,已在测量技术、自动化技术和信息处理等方面得到广泛的应用。汽车电子点火系统中,霍尔式电子点火装置就使用了具有霍尔效应的传感器,产生点火信号,达到控制点火系统工作的目的。

课题三　正弦交流电路与照明电路

 学习目标

完成本课题学习后,你应能:
1. 理解正弦交流电的概念,掌握正弦交流电三要素及有效值的概念;
2. 了解三相电源及三相负载的连接方法和应用;
3. 了解常见照明电路。

建议课时:2课时。

一、正弦交流电的基本概念

1. 什么是交流电

所谓交流电是指大小和方向都随时间作周期性变化的电动势(或电流、电压)。交流电可分为正弦交流电和非正弦交流电两类。正弦交流电是指按正弦规律变化的交流电,如图1-38c)所示;非正弦交流电却不按正弦规律变化,如图1-38d)所示。

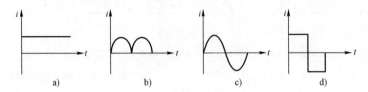

图1-38 直流电和交流电的波形
a)直流电;b)脉动直流电;c)正弦交流电;d)非正弦交流电

由于交流电机比直流电机简单、成本低、工作可靠,更主要的是可用变压器改变交流电的大小以满足输配电的需要,所以交流电在产生、输送和分配方面比直流电优越。在工农业生产和日常生活中,交流电的应用极为广泛,就是一些需要用直流电的场合,也往往是将交流电经过整流变换成直流电。

2. 正弦交流电动势的产生

用交流发电机可以得到正弦交流电动势。图1-39是交流发电机的示意图。在静止不动的磁极间装着一个能转动的圆柱形铁芯,上面绕有一匝线圈a、b。线圈的两端分别接到两个互相绝缘的铜环上,铜环固定在转轴上,并通过电刷与外电路相接。我们把由铁芯、线圈、铜环等组成的能转动的部分叫转子。

由于采用了特定形式的磁极形状,磁极与转子之间的空气隙中的磁感应强度按以下规律分布:

(1)磁力线垂直于转子表面。

(2)磁感应强度B在转子表面按正弦规律分布,即转子表面任一点的磁感应强度为:

$$B = B_m \sin\alpha \tag{1-32}$$

α为线圈平面与中性面的夹角。磁感应强度的分布情况如图1-40所示。当$\alpha = 0°$及180°时,转子表面该处的磁感应强度$B=0$。当$\alpha = 90°$及270°时,转子表面该处的磁感应强度最大,即$B = B_m$。当转子旋转时,导线a和导线b在磁场内切割磁力线,产生出感应电动势(方向由右手定则确定)。

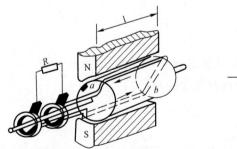
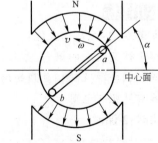

图1-39 交流发电机示意图　　图1-40 磁感应强度的分布

由于B垂直于转子表面,因此导线a在任何位置时,其运动速度V始终与B垂直,所以在a等于任何角度时,感应电动势的大小为:

$$e_a = BLV = B_m LV\sin\alpha$$

同理，导线 b 切割磁力线所产生的感应电动势大小为：
$$e_b = BLV = B_m LV\sin\alpha$$
若发电机线圈有 N 匝，则总电动势 e 为：
$$e = 2NB_m LV\sin\alpha$$
当 $\alpha = 90°$ 及 $\alpha = 270°$ 时，电动势 e 具有最大值。设最大值为 E_m，则：
$$E_m = 2NB_m LV$$
于是，电动势可表示为：
$$e = E_m\sin\alpha \tag{1-33}$$
如果使线圈在磁场内从中性面开始，以角速度 ω 作等速运动，那么：
$\omega = \alpha/t$ 即 $\alpha = \omega t$，这时，电动势又可表示为：
$$e = E_m\sin\omega t \tag{1-34}$$
由此可见，线圈中的感应电动势是按正弦规律变化的（见图 1-41）。因此叫正弦交流电。

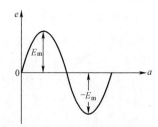

图 1-41 感应电动势的变化曲线

3. 正弦交流电的三要素

（1）**最大值** 正弦交流电是随时间按正弦规律不断变化的，所以它在不同时刻的数值不一定相同。我们把任意时刻正弦交流电的数值称为瞬时值，分别用小写字母 e、u、i 表示。瞬时值有正有负，也可能为零。

最大的瞬时值称为最大值。最大值也称为振幅或峰值。由于发电机中磁极的对称性，所以波形的正半周和负半周也是对称的，即最大值的绝对值是一样的。在式 $e = E_m\sin\omega t$ 中，由于 $\sin\omega t$ 的最大值等于 1，所以正弦交流电的电动势最大值为 E_m（电压、电流最大值分别为 U_m、I_m）。

（2）**频率、周期和角频率** 正弦交流电随时间不断地由正到负交替变化，我们用频率、周期或角频率来衡量变化的快慢。

频率 f：每秒内交流电变化的次数。单位是赫兹（简称赫，用 Hz 表示）。比赫大的单位有千赫（kHz）和兆赫（MHz），其关系为：
$$1\text{MHz} = 10^3\text{kHz} = 10^6\text{Hz}$$
周期 T：交流电完成一次变化所需的时间。单位是秒（s），比秒小的单位有毫秒（ms）、微秒（μs）等，其关系为：
$$1\text{s} = 10^3\text{ms} = 10^6\text{μs}$$
由频率和周期的定义可知，它们互为倒数，即：
$$f = 1/T \text{ 或 } T = 1/f \tag{1-35}$$
在我国和其他多数国家，电力工业的标准频率为 50Hz，也就是说，我们日常所用的交流电频率都是 50Hz。50Hz 的频率在工业上应用最广，所以叫工频（少数国家的工频采用 60Hz）。

角频率 ω：交流电每秒钟变化的角度。单位是弧度/秒（rad/s）。

若交流电在 1s 内变化了 1 次，则交流电变化的角度为 2π 弧度，也就是说该交流电的角频率 $\omega = 2\pi\text{rad/s}$。

若交流电1s内变化了f次,则角频率与频率的关系为:
$$\omega = 2\pi f = 2\pi/T \tag{1-36}$$

可见,f、T、ω 所表示的都是正弦交流电变化的快慢程度,只要知道了其中的一个,就可由式(1-36)求出另外两个,所以这三者属于一个要素。

例1-7 已知某交流发电机所产生的感应电动势为 $e = 310\sin 314t$(V)。试求该电动势的最大值、频率和周期。

解:将已知式 $e = 310\sin 314t$ 与公式 $e = E_m\sin\omega t$ 比较得:

最大值 $E_m = 310$(V)

角频率 $\omega = 314$(rad/s)

则 $f = \omega/2\pi = 314/2 \times 3.14 = 50$(Hz)

$T = 1/f = 1/50 = 0.02$(s)

(3)初相角 在分析正弦交流电动势产生时,为便于说明它的变化,我们是以线圈平面自中性面开始转动,由于此时 $\alpha = 0$,所以感应电动势 $e = E_m\sin\omega t = 0$。但实际上正弦交流电的变化是连续的,并没有肯定的起点和终点。如果在开始转动(即 $t = 0$)时,线圈平面与中性面的夹角不为零而等于某一角度 ψ,如图1-42a)所示,则线圈中的感应电动势可表示为:
$$e = E_m\sin(\omega t + \psi) \tag{1-37}$$

我们以线圈平面与中性面的夹角为 ψ 的位置作转动起点,根据式(1-37)可做出图1-42b)所示的曲线。

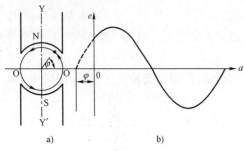

显然,角度 $\alpha = \omega t + \psi$ 是随时间变化的,有一确定的时间 t,就有一确定的感应电动势与之对应。也就是说,$(\omega t + \psi)$ 表示了正弦交流电在任意时刻的角度 α,通常把它称为相位角,也叫作相位。而把线圈刚开始转动瞬时($t = 0$)的相位角称为初相角,也叫初相位或初相,用字母 ψ 表示。在式(1-37)中,正弦电动势的初相角就等于 ψ。

图1-42 初相角示意图

例1-8 在图1-42中,如果初相角 $\psi = 60°$,$E_m = 5$V,$f = 50$Hz。试求 $t = 0$ 和 $t = 5$ms 时的感应电动势的值。

解:由初相角 $\psi = 60° = \pi/3$(rad)

(1)$t = 0$ 时

$e = E_m\sin\psi = 5\sin 60° = 5 \times \sqrt{3}/2 \approx 4.3$(V)

(2)$t = 0.2$ms 时

$e = E_m\sin(\omega t + \psi)$

$= 5\sin(2\pi f t + \psi)$

$= 5\sin(2\pi \times 50 \times 5 \times 10^{-3} + \pi/3)$

$= 5\sin(\pi/2 + \pi/3)$

$= 5\sin 5/6\pi = 2.5$(V)

4. 相位差

两个同频率交流电的相位之差称为相位差,用 ϕ 表示,例如,已知 $u = U_m\sin(\omega t + \psi_u)$ 和 $i = I_m\sin(\omega t + \psi_i)$,则两者之间的相位差为

$$\phi = (\omega t + \psi_u) - (\omega t + \psi_i) = \psi_u - \psi_i \tag{1-38}$$

从上式可以看出,两个同频率交流电的相位差就是它们的初相位之差。

如图 1-43 所示,若相位差 ϕ 为正,则称 u 超前 i 一个 ϕ 角,(或 i 滞后 u 一个 ϕ 角);若 ϕ 为 0,则称 u 与 i 同相位,简称同相;若 ϕ 为 90°,则称 u 与 i 正交;若 ϕ 为 180°,则称 u 与 i 反相位,简称反相。

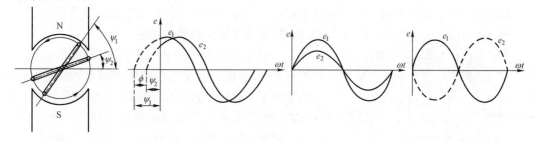

图 1-43　交流电的相位差

5. 正弦交流电的有效值

我们经常接触到 220V 或 380V 的交流电源、220V 的灯泡、5A 或 10A 的熔断器等说法。我们知道,交流电的大小是在不断变化的,那么,上面所说的电压、电流大小是什么意思呢? 为此,我们引入一个既能准确反映交流电大小,又方便计算和测量的物理量,即交流电的有效值。

如图 1-44 所示,让交流电和直流电分别通过阻值相等的两个电阻 R,如果在相同的时间内,它们产生的热量相等,则我们把该直流电的数值定义为此交流电的有效值。也就是说,把热效应相等的直流电流(电压、电动势)定义为交流电流(电压、电动势)的有效值。显然,有效值是不随时间变化的。

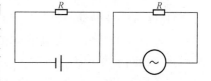

图 1-44　交流电的有效值

正弦交流电动势、电压和电流的有效值分别用大写字母 E、U、I 表示。

正弦交流电的有效值和最大值的关系如下:

$$E = E_m/\sqrt{2} \approx 0.707 E_m$$

$$U = U_m/\sqrt{2} \approx 0.707 U_m$$

$$I = I_m/\sqrt{2} \approx 0.707 I_m \tag{1-39}$$

用交流电表测量得到的电动势、电压和电流都是有效值。一般电器、仪表上所标注的交流电压、电流数值也都是指有效值。今后在分析和计算交流电路时,如不加特殊说明,都是指它们的有效值。

二、三相交流电及其线路的连接

1. 三相交流电的优点

前面讨论的交流电路中,由于电源只有一个交变电动势,我们称其为单相交流电路。如

果在交流电路中有几个电动势同时作用,每个电动势的大小相等、频率相同,但初相角不同,这种电路称为多相制电路。目前,在电力系统中应用最为广泛的是三相制交流电路。这是因为,三相制交流电路同单相交流电路比较有以下优点:

(1)三相发电机比同样尺寸的单相发电机的输出功率大;

(2)在输送功率、电压相同和距离、线路损失相等的情况下,三相制输电比单相输电节省约25%的线材。

(3)三相发电机的结构、制造都较简单,便于使用和维护,运转时比单相发电机的振动小。

(4)生产中广泛使用的三相交流电动机比单相电动机结构简单、性能好、工作可靠。

2. 三相交流电动势的产生

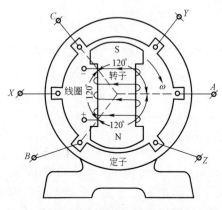

图1-45 三相交流发电机的原理

三相交流电动势是由三相交流发电机产生的。图1-45为三相交流发电机的原理示意图,它主要由转子和定子构成。转子是电磁铁,其磁极表面的磁场按正弦规律分布。定子铁芯槽中放置了三个几何尺寸与匝数相同的线圈(也叫定子绕组),分别用 A-X、B-Y、C-Z 表示,且相对应地称为第一相、第二相和第三相绕组,彼此在空间相隔120°。各绕组对称的 A、B、C 表示每相绕组的首端,X、Y、Z 表示每相绕组的末端。

当原动机(汽轮机、水轮机等)带动转子顺时针以角速度 ω 匀速转动时,相当于每相绕组逆时针旋转作切割磁力线运动,因而产生感应电动势 e_A、e_B、e_C。由于三个绕组结构相同,空间相差120°,因此 e_A、e_B、e_C 三个电动势最大值相等、频率相同而相位差为120°。这样的三个电动势称为三相对称电动势(简称三相电动势)。若以 e_A 为参考量,则三相电动势瞬时值表达式为:

$$e_A = E_m \sin\omega t$$
$$e_B = E_m \sin(\omega t - 120°)$$
$$e_C = E_m \sin(\omega t - 240°) = E_m \sin(\omega_t + 120°) \tag{1-40}$$

它们的波形图如图1-46所示。

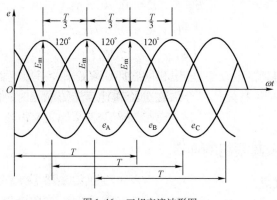

图1-46 三相交流波形图

由波形图可以看出，e_A 超前 e_B 120°达到最大值，e_B 又超前 e_C 120°达到最大值，这种三相电动势达到最大值的先后顺序叫相序。习惯上三相交流电的相序为 A-B-C。

3. 三相四线制

将交流发电机中三相绕组的末端 X、Y、Z 连接在一起，称为中性点，用"N"表示；从中性点引出的一根输电线叫作中性线，简称中线；由于中线通常与大地相接（大地的电位为零），所以又把中性点称为零点，把接地的中线称为零线。再由三个绕组的首端 A、B、C 引出三根导线，称为相线（俗称火线），分别用黄、绿、红三种颜色表示。这种由三根相线和一根中线组成的供电体系称为三相四线制（图 1-47）。

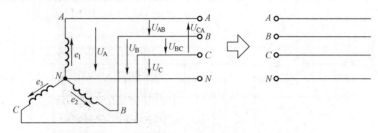

图 1-47 三相四线制电路

三相四线制可输送两种电压，一种是相线与中线之间的电压（U_A、U_B、U_C），称为相电压，其关系为：$U_A = U_B = U_C = U_{相}$（如日常生活中的照明电压 220V，就是指的相电压）；另一种是相线与相线之间的电压（U_{AB}、U_{BC}、U_{CA}）称为线电压，其关系为：$U_{AB} = U_{BC} = U_{CA} = U_{线}$（如动力电 380V 就是指线电压）。

在三相四线制供电系统中，三个相电压和三个线电压均为三相对称电压；线电压的有效值等于相电压有效值的 $\sqrt{3}$ 倍（$U_{线} = \sqrt{3} U_{相}$）；线电压在相位上总是超前与它相应的相电压 30°。

4. 三相负载的连接

电力系统中的负载，从它们的连接方法来看可分为两类：一类是像白炽灯、日光灯、电风扇、单相电动机等只有两条接线，叫作单相负载；另一类像三相电动机等，必须接在三相电压上才能工作。我们把接在三相电路中的三相用电器和分别接在各相电路中的三组单相用电器统称为三相负载。

三相电路中的三相负载可分为对称三相负载和不对称三相负载。各相负载的大小和性质完全相同的叫对称三相负载（如三相电动机、三相变压器等）。各相负载不同的就叫不对称三相负载（如三相照明电路中的负载）。

（1）三相负载的星形（Y）连接　把三相负载分别接在三相电源的一根相线和中线之间的接法称为三相负载的星形连接。如图 1-48 所示。图中 Z_A、Z_B、Z_C 分别为各负载的阻抗，N 为负载的中性点。

我们把负载两端的电压称为负载的相电压，用 $U_{Y相}$ 表示。在忽略输电线上的电压降时，负载的相电压就等于电源的相电压，即 $U_{Y相} = U_{相}$；三相负载的线电压就是

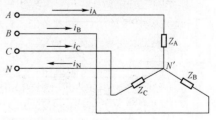

图 1-48 三相负载的星形连接

电源的线电压,仍用 $U_{线}$ 表示,且负载的线电压与负载的相电压的关系为 $U_{线}=\sqrt{3}U_{Y相}$;流过每相负载的电流叫相电流,以 $I_{Y相}$ 表示;流过相线的电流叫线电流,以 $I_{Y线}$ 表示;流过中线的电流叫中线电流,以 I_N 表示。

当三相负载对称时,即 $Z_A=Z_B=Z_C$,在对称三相电压作用下,通过每相负载的电流应相等,即:

$$I_{Y相}=I_A=I_B=I_C=U_{Y相}/Z_Y \tag{1-41}$$

而每相电流间的相位差仍为120°,三相对称负载作星形连接时,中线电流为零。此时取消中线也不影响三相电路的工作。如三相电动机、三相变压器等负载,可不接中线,如图1-49b)所示。

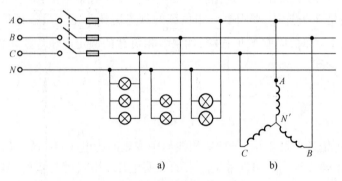

图1-49 单相负载和三相负载的星形连接
a)不对称星形连接;b)对称星形连接

当三相负载不对称时,各相电流的大小不一定相等,相位差也不一定为120°,因此,中线电流就不为零。在三相四线制的配电系统中,照明线路中的中线粗细应该和相线一样;而在动力和照明混用的线路中,中线的截面积可以比相线的小一些。由于低压供电系统中的三相负载经常变动(如照明电路中的灯具经常开关),当中线存在时,它能平衡各相电压,保证三相负载成为三个互不影响的独立电路,此时各相负载电压等于电源的相电压,不会因负载的变动而变动。但当中线断开后,各相电压就不再相等了,这时,阻抗小的相电压低,阻抗大的相电压高,使负载不能正常工作,甚至烧坏电器。所以在三相四线制中,规定中线不准安装熔断器和开关,而且中线常用钢心导线来加强机械强度。另一方面,要力求三相负载平衡以减小中线电流。如在三相照明线路中,就应将照明负载平均连接在三相上,而不要过分集中在某一相或两相上。

(2)三相负载的三角形(△)连接 把三相负载分别接在三相电源的两根相线之间的接法,称为三相负载的三角形连接,如图1-50所示。

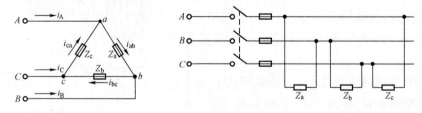

图1-50 三相负载的三角形连接

由于作三角形连接的各相负载是接在两根相线之间,因此,不论负载是否对称,各相负载的相电压等于电源的线电压,即 $U_{\triangle 相} = U_{线}$。在对称三相电压作用下,流过三相对称负载(这里只讨论三相对称负载的情况)的电流相等,即:

$$I_{ab} = I_{bc} = I_{ca} = U_{\triangle 相}/Z = U_{线}/Z_{\triangle} \tag{1-42}$$

而每相电流间的相位差仍120°,三相对称负载作三角形连接时,线电流的大小是相电流的$\sqrt{3}$倍,即:

$$I_{\triangle 线} = \sqrt{3} I_{\triangle 相} \tag{1-43}$$

且线电流的相位总是滞后与它对应的相电流30°。

由以上分析可知,负载作△形连接时的相电压是Y形连接时的相电压的$\sqrt{3}$倍。因此,三相负载作△形还是Y形连接,要根据三相负载的额定电压来定。当各相负载的额定电压等于电源线电压的$1/\sqrt{3}$时,应作Y形连接;如果各相负载的额定电压等于电源的线电压时,则应作△形连接。例如,我国低压三相配电系统中,线电压大多是380V,若三相电动机各相绕组的额定电压为220V,此电动机应作Y形连接;若各相绕组的额定电压为380V,则应作△形连接。若误将Y形连接的负载接成△形,会因过压而烧坏负载;反之,会因电压不足而使负载不能正常工作。

三、常见照明电路

1. 白炽灯照明电路

白炽灯就是普通的钨丝灯泡,它是利用电流流过高熔点的钨丝时,使其发热到白炽程度而发光。由于输入灯泡的电能大部分变成热能,小部分变成光能,因此白炽灯的发光效率很低。

白炽灯分真空灯泡和充气灯泡两种。真空灯泡是将灯泡内的空气抽出,使灯泡内部接近真空;充气灯泡是将灯泡内的空气抽出后,充以氩和氮的混合气体,使钨丝的蒸发和氧化作用减缓,提高灯泡的发光效率和使用寿命。

白炽灯有螺口式和插口式两种,其结构和图形符号如图1-51所示。

使用白炽灯时,应使灯泡的额定电压与供电电压相符。否则,若误将低额定电压灯泡(如36V)接入高电压(如220V),就会烧坏灯泡。反之,灯泡不能正常发光。

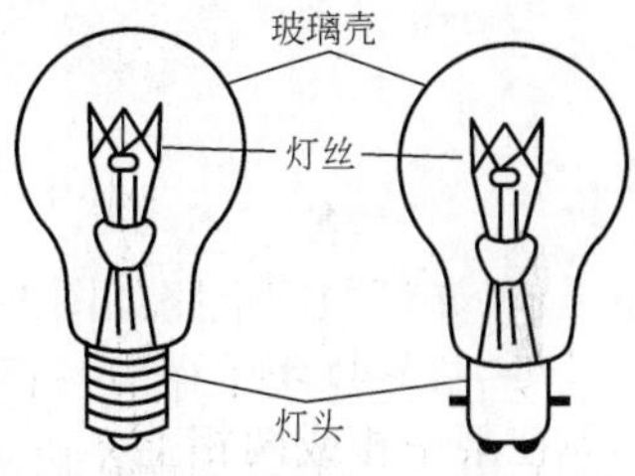

图1-51 螺口式和插口式白炽灯

白炽灯的照明电路分单开关控制和双联开关控制电路。图1-52a)为常见的单开关控制电路,只要将白炽灯与开关串联后再并接到供电线路上即可。图1-52b)为双联开关控制电路,它具有在两个不同地方控制一盏灯的作用,常用于走廊、过道及楼梯处的照明。

安装照明电路的口诀是:火线地线并排走,地线直接进灯头,火线通过开关进灯头。对螺口灯头,火线经开关后应接在灯头底座的中心接线柱上,以防触电。

2. 日光灯照明电路

日光灯具有发光效率高(约白炽灯的4倍)、省电、使用寿命长(是白炽灯的两倍)、光线更接近自然光等特点,因此,在电气照明中应用十分广泛。

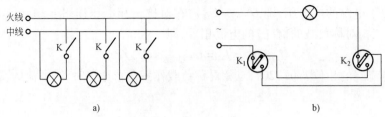

图 1-52 白炽灯照明电路
a)一般白炽灯电路;b)双联控制电路

日光灯照明电路主要由灯管、启动器、镇流器 3 个部件组成。

灯管,如图 1-53a)所示。是一根抽成真空的玻璃管,在管内壁涂有一层薄而均匀的荧光粉,管内充有少量氩气和水银,灯管两端各有一组用钨丝制成的灯丝。

启动器,如图 1-53b)所示。它由铝制(或塑料)外壳、小玻璃泡、电容组成。在充有氖气的小玻璃泡内,有一条静触片与一条呈 U 形的双金属动触片,平时,动、静触片由于 U 形双金属片未变形而分离。与小玻璃泡并联的小电容,用于减少对电子设备的干扰。

镇流器,如图 1-53c)所示。它是一个带有铁芯的电感线图。在电路中有两个作用,一是与启动器配合使用来起动日光灯;二是在日光灯点亮后限制灯管电流。使用时镇流器的规格必须与日光灯管的规格相符,不能随便代替使用。

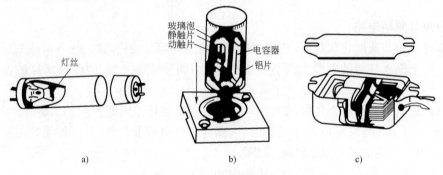

图 1-53 日光灯各部件的构造
a)灯管;b)启动器;c)镇流器

日光灯照明电路如图 1-54 所示,工作原理如下:

当日光灯未工作时,灯管的灯丝、镇流器、启动器和开关串联在一起。刚接通开关时,220V 电压几乎全部加在启动器的动、静触片之间,使之产生辉光放电;放电时所产生的热量使双金属片伸展而与静触片接触,整个电路接通,灯管内的两组灯丝因电流流过而受热发射电子,同时,动、静触片因接触后电压为零、辉光立即消失,温度下降而恢复分离状态。此时镇流器因突然断电而产生 400~600V 的瞬时自感电动势,并与电源电压叠加在一起加在灯管两端。于是灯丝发射的电子在高压下加速运动,使管内的氩气电离而导电,进而使管内的水银变为蒸气,也被电离导电,辐射出紫外线,激励管内壁的荧光粉,发出近似日光的光线。

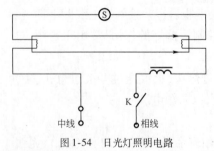

图 1-54 日光灯照明电路

日光灯一旦正常工作,电源、开关、镇流器和日光灯管组成串联电路,此时启动器就不起作用了;镇流器由于灯管的气体被电离,管内电阻减小、电流增大而又起限流作用。

课题四　变压器、直流电动机与安全用电

完成本课题学习后,你应能:
1. 了解变压器的基本结构和工作原理;
2. 了解直流电动机的结构及工作原理;
3. 掌握安全用电相关常识。
建议课时:4 课时。

一、变压器

变压器是利用电磁感应现象制成并保持其频率不变的静止电气设备。它能将交流电压升高或降低;也可以改变交流电流的数值及变换阻抗或改变相位。

变压器的种类很多,结构上也各有特点,但其基本结构和工作原理是相同的。以下主要讨论单相变压器。

1. 变压器的基本结构

单相变压器主要由一个闭合的软磁铁芯和两个套在铁芯上而又互相绝缘的绕组所组成,如图 1-55 所示。

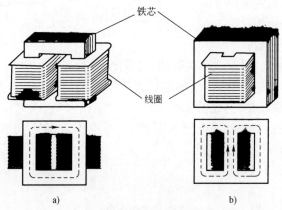

图 1-55　单相变压器
a)芯式变压器;b)壳式变压器

铁芯是变压器的磁路部分,为了尽可能减小涡流及磁滞损耗,铁芯常用磁导率较高而又相互绝缘的厚度为 0.35～0.5mm 的硅钢片叠压而成。

绕组(也称为线圈)是变压器的电路部分,由绝缘良好的漆包线或纱包线绕制而成。我们把与电源连接的绕组称为初级绕组(也叫原绕组),与负载连接的绕组叫次级绕组(也叫

副绕组)。

2. 变压器的工作原理

在一个闭合的铁芯上,绕上两个匝数不等的绕组,就形成了一个最简单的单相变压器,它的原理图及符号,如图 1-56 所示。

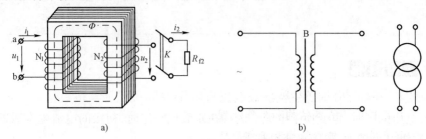

图 1-56 变压器的原理及图形符号
a)原理图;b)符号

(1)变压原理 当变压器的初级绕组接入交变电压 u_1 时,在初级绕组中就有交变电流流过,并产生交变磁通。由于铁芯的磁导率远大于空气的磁导率,所以绝大部分磁通沿铁芯而闭合,并且同时穿过初、次级绕组,这部分磁通称为主磁通。它随着电源的频率而变化。在产生的交变磁通中,还有很少一部分通过周围空气闭合,称为漏磁通。由于该漏磁通很小,可忽略不计。

当主磁通穿过初、次级绕组时,就在两个绕组中分别产生与电源频率相同的感应电动势 e_1 和 e_2,忽略初、次级绕组的电阻和漏磁通,感应电压 u_1、u_2 的大小与感应电动势近似相等。设初、次级绕组的匝数分别 N_1 和 N_2,则电压与匝数的关系为:

$$U_1/U_2 = N_1/N_2 = n \tag{1-44}$$

式中:U_1——初级电压有效值(V);
U_2——次级电压有效值(V);
N_1——初级绕组匝数;
N_2——次级绕组匝数;
n——初、次级的电压比,或称匝数比、变压比。

上式表示,变压器的初、次级绕组的电压比等于它们的匝数比。当比值 $n > 1$ 时,$N_1 > N_2$,$U_1 > U_2$,成为降压变压器;当比值 $n < 1$ 时,$N_1 < N_2$,$U_1 < U_2$,成为升压变压器。

例 1-9 已知某变压器的初级电压为 220V,次级电压为 24V,初级的匝数为 1100 匝,试求该变压器的变压比和次级绕组的匝数。

解:由题意,并根据 1-44 式得:

变压比

$$n = U_1/U_2 = 220/24 \approx 9.17$$

次级绕组匝数

$$N_2 = U_2 N_1/U_1 = 24 \times 1100/220 = 120(匝)$$

(2)变流原理 当变压器初级从电网中获得电能,通过电磁感应进行能量转换,然后以另一个电压等级把电能输送给负载。在这个过程中,如果忽略变压器内部损耗,则变压器只起一个传递能量的作用。根据能量守恒定律,变压器输出的功率 P_2 和它从电网中获取的功

率 P_1 相等,即 $P_1 = P_2$。当变压器次级为一个绕组时有 $P_1 = I_1 U_1$,$P_2 = I_2 U_2$。

即
$$I_1 U_1 = I_2 U_2$$

或
$$I_1/I_2 = U_2/U_1 = N_2/N_1 = 1/n = n_i \tag{1-45}$$

式中:I_1——初级电流(A);

I_2——次级电流(A);

n_i——电流比,它是电压比的倒数。

上式表明,变压器工作时,其初、次级电流与初、次级电压或匝数成反比。由此可见,变压器在变换电压的同时,也变换了电流。而且在匝数比一定时,初级的电流随次级的电流变化而变化,次级电流越大,初级电流也越大。

例 1-10 在例 1-9 中,如果在次级接上一个电压 24V,功率 15W 的灯泡,试求灯光正常发光后,初、次级绕组的电流各为多少?

解: 由 $P = IU$ 得
$$I_2 = P_2/U_2 = 15/24 = 0.625(\text{A})$$

又由 1-45 式得
$$I_1 = I_2 U_2/U_1 = 0.625 \times 24/220 = 0.068(\text{A})$$

变压器除能进行电压、电流变换外,还能进行阻抗变换。

二、直流电动机

把直流电能转换成机械能,输出机械转矩的电动机称为直流电动机。直流电动机因为起动转矩大、调速平滑和高速范围广等特点,广泛用于动力设备,如汽车上用于起动发动机的起动机就是直流电动机。

1. 直流电动机的工作原理

不论直流电动机的结构多么复杂,其工作原理都是根据通电线圈在磁场中受到电磁转矩的作用而旋转的。图 1-57 是直流电动机工作原理图,它是在一对静止的磁极 N、S 之间装有线圈 $abcd$,线圈两端分别接在两块互相绝缘的半圆形铜片上,铜片固定在转动轴上,与轴绝缘。铜片也叫作换向片,它们组成最简单的换向器。换向器通过两个电刷与外电路的电源接通。由铁芯、线圈和换向器组成的旋转部分叫转子,也叫电枢。

当电枢通以直流电时,在图示的瞬间,导线 ab 中的电流方向是从 a 到 b,导线 cd 中的电流方向是从 c 到 d。

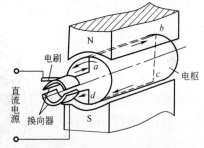

图 1-57 直流电动机的工作原理

由左手定则可判断导线 ab 受到的电磁力向左,导线 cd 受到的电磁力向右。这样在电枢上就产生了逆时针方向的电磁转矩,电枢就按逆时针方向旋转起来。当转过 90°时,线圈中无电流,电磁力消失,但由于惯性作用使电枢继续转动。这样电刷又与换向器接触,使电流又流入线圈,但电流的方向却改变了。导线 ab 转到了 S 极区,电流从 b 到 a,受力方向向右;导线 cd 转到了 N 极区,电流从 d 到 c,受力方向向左,因此电枢仍按逆时针方向旋转。由于电流经换向器能自动改变在线圈中的流动方向,所以线圈受到的电磁转矩方向始终不变,这样电枢就沿逆时针方向不断地运转。

2. 直流电动机基本结构

直流电动机的结构如图 1-58 所示,它由定子(静止部分)和转子(即电枢,转动部分)两部分组成。

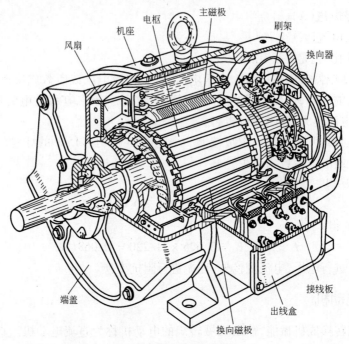

图 1-58　直流电动机的结构

(1)定子　定子的结构如图 1-59 所示。

主磁极由铁芯、极掌和励磁绕组构成。其主要作用是产生磁场(当励磁绕组通入直流电时,铁芯就成为一个极性固定的磁极)。

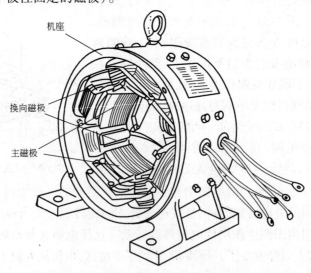

图 1-59　直流电动机定子的结构

主磁极的铁芯一般采用0.3~1mm厚的硅钢片叠成,并用螺栓固定在机座上。极掌是使气隙中的磁通能均匀分布,并挡住套在铁芯上的励磁绕组不致脱落。

主磁极的数目有2极、4极、6极、8极等。

换向磁极在电枢绕组中,当通过绕组的电流换向时,换向片与电刷之间会产生火花。为减小火花,改善换向性能,于是在两个主磁极之间安装一个换向磁极。换向磁极的励磁绕组匝数较少、导线较粗,与电枢绕组串联。

机座:通常用铸铁或钢板焊接成型,用以固定主磁极、换向磁极、电刷架、端盖等部件。机座也是构成直流电动机磁路的一个组成部分。

(2)电枢 电枢的结构如图1-60所示。

电枢铁芯,采用0.3~0.5mm厚的硅钢片冲压而成,在它的两面都涂有绝缘漆,然后叠压成铁芯。电枢铁芯的外圆上有均匀分布的槽,供嵌放电枢绕组用。

电枢绕组:由铜线或扁铜线绕制,然后嵌放在铁芯槽内。电枢绕组的作用是利用电流在磁场中的受力,将电能转换成机械能。

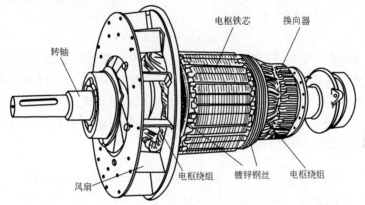

图1-60 直流电动机电枢的结构

换向器:由许多楔形铜片组成,并在铜片之间用云母隔开,组成一个圆柱体,装在电枢的一端,其结构如图1-61所示。换向器的作用是使外部的直流电变成电枢绕组中的交流电,从而保证电动机的旋转方向不变,保持连续运转。

3. 直流电动机的分类

直流电动机根据电枢绕组与励磁绕组之间连接方式的不同,一般可分为并励、串励和复励三种。

(1)并励式电动机 并励式电动机的励磁绕组与电枢绕组并联,由同一直流电源供电,如图1-62所示。由于励磁绕组匝数较多、导线细,则直流电阻较大,这样可以减小励磁电流和铜损耗(电流在绕组导线上的损耗叫铜损耗),而电枢绕组的电阻较小,可见,励磁电流比电枢绕组中的电流小得多。

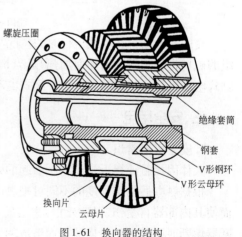

图1-61 换向器的结构

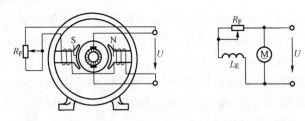

图 1-62　并励式电动机

（2）串励式电动机　串励式电动机的励磁绕组与电枢绕组串联，如图 1-63 所示。励磁绕组的特点是导线粗、匝数少、电阻小，这样可以减少励磁绕组的电压降和铜损耗。

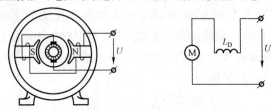

图 1-63　串励式电动机

由于励磁绕组与电枢绕组串联，通过励磁绕组与电枢绕组的电流是相等的。由此可得串励式电动机的特点是：起动特性好，起动转矩大，起动时间短，可以过载起动。因此，在起动特别困难的场合（如汽车发动机的起动）就采用串励式电动机。

（3）复励式电动机　复励式电动机的主磁极上有两个励磁绕组，一个与电枢绕组串联，另一个与电枢绕组并联，如图 1-64 所示。

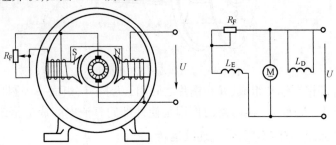

图 1-64　复励式电动机

复励式电动机在空载运行时的情况与并励式电动机一样，而在加了负载后，由于串联绕组的磁场将随负载的增加而加强，运行情况接近串励式电动机，因此，复励式电动机具有串励式电动机良好的起动性能和并励式电动机转速稳定等优点。

三、安全用电

1. 安全用电常识

人体因接触或接近带电体所引起的死亡或局部受伤的现象称为触电。

根据触电后伤害程度的不同可把触电分为电击和电伤两种。电击是指因电流通过人体而使其内部器官受伤，以致死亡，这是最危险的触电事故；电伤是指人体外部由于电弧或熔断器熔断时飞溅起的金属沫等而造成的烧伤现象。

实践证明,频率为 50～100Hz 的电流最危险,随着频率的升高危险性将减小。通过人体 1mA 的工频电流就会使人有麻的感觉;50mA 时就会使人有生命危险;100mA 则足以使人死亡。实验还证明,电流通过人的心脏和大脑时最容易死亡,所以头部触电及左手到右脚触电是最危险的;同时,人体通电时间越长危险越大。

触电伤人的主要因素是电流,但电流大小又决定于作用在人体上的电压和人体的电阻值。通常人体电阻为 800Ω 至几万欧不等,当皮肤出汗时,电阻还要降低。若人体电阻以 800Ω 计算,当触及 36V 电源时,通过人体的电流值是 45mA,对人体安全不构成威胁,所以,规定 36V 为安全电压。

常见的触电方式有单相触电和两相触电两种。图 1-65a)为单相触电,它是指人体在地面上,而身体的某一部位触及一相电源,电流通过人体流入大地造成触电。此时,人体承受 220V 相电压作用。图 1-65b)为两相触电,此时人体承受 380V 线电压的作用,最为危险。

某些电气设备由于导线绝缘破损而漏电时,人体触及外壳也会发生触电事故。

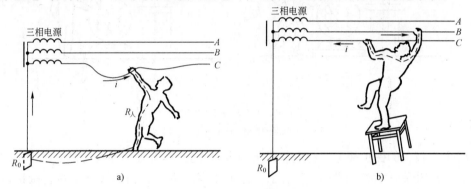

图 1-65 单相与两相触电
a)单相触电;b)两相触电

2. 安全用电防护措施

为了防止触电事故的发生,可采用以下防护措施。

(1)火线必须进开关 这样当开关处于分断状态时,用电器不会带电,有利于维修和减少触电机会。

(2)合理选择照明电压 一般工厂和家庭的照明灯具多采用悬挂式,人体接触机会较少,可选用 220V 电压供电;对于接触较多的机床照明灯或移动的灯具,则应选用 36V 安全电压供电;在潮湿、有导电灰尘、有腐蚀性气体的情况下,则应选用 24V、12V 甚至更低的电压供电。

(3)合理选择导线和熔断丝 导线工作时不允许过热,所以导线的额定电流应比实际输电的电流要大一些。而熔断丝是起保护用的,要求电路发生短路或过载时能迅速熔断,所以不能用额定电流大的熔断丝来保护小电流电路。

(4)电气设备要有一定的绝缘电阻 电气设备的金属外壳与内部带电体之间必须有一定的绝缘电阻,否则将危及操作人员的安全。电气设备的绝缘性能随着使用年限的增长、温度过高、湿度增大而下降,同时还会出现绝缘材料老化和破损,因此要经常检测绝缘性能。

(5)电气设备的安装要根据安装说明进行,不得马虎从事。

(6) 采用各种保护用具，确保工作人员的操作安全。

(7) 电气设备的保护接地　将电气设备在正常情况下不带电的金属外壳或构架，用足够粗的导线与大地连接起来叫作保护接地。保护接地适用于电压小于 1000V、而电源中线不接地的电气设备。如图 1-66a)，说明不采取保护接地，人触及带电外壳时，由于输电线与大地之间存在分布电容而构成回路，使人体有电流通过而触电。

在采取了保护接地后（见图 1-66b)，当人体触及带电外壳时，人体相当于接地电阻的并联支路，而人体电阻远大于接地电阻，所以绝大部分电流经接地电阻流入大地，从而保证了人身安全。接地电阻越小，流入人体的电流也越小，一般规定接地电阻不得大于 4Ω。

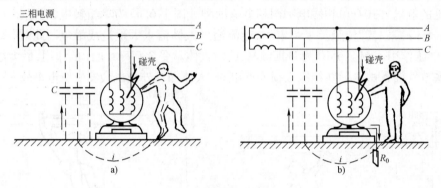

图 1-66　电气设备的保护接地
a) 不采取保护接地；b) 采取了保护接地

(8) 电气设备的保护接零　将电气设备的金属外壳、构架等用导线与供电系统中的零线可靠地连接，叫保护接零，如图 1-67 所示。保护接零适用于三相四线制中线直接接地系统中的电气设备。

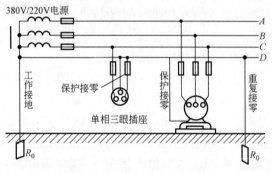

图 1-67　电气设备的保护接零

接零后，如果电气设备某相绝缘损坏漏电时，则该相短路，短路电流将使电路中的保护电器动作或使熔断丝熔断而切断电源，从而避免触电事故发生。

电气设备接零时不能接错，否则起不到保护作用。如图 1-68 是几种错误的接零方法。其错误在于将用电器的外壳直接与用电器的零线相接，这样不仅不能起到保护作用，还将带来触电的危险。在图 1-68a)、b) 中，若中线或中线熔断丝断，则用电器外壳带电，这是非常危险的。在图 1-68c) 中表示，插座或接线板上的相线和零线接反的情况，此时，用电器正常运行时，金属外壳也会带电，所以是不允许的。

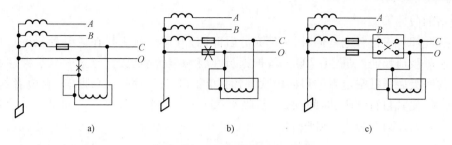

图 1-68 单相电器保护接零的错误接法
a)、b) 用电器外壳带电;c) 相线和零线接反

必须注意的是,在同一供电线路上,不允许一部分电气设备保护接地,另一部分电气设备保护接零,如图 1-69 所示。当接地设备绝缘损坏,外壳带电时,会使同时触到接地设备外壳和接零设备外壳的人承受相电压而触电。

3. 触电急救常识

人触电以后不一定立即死亡,而往往呈"假死"状态,如现场抢救及时,方法得当,呈"假死"状态的人就可以获救,因此,触电急救应争分夺秒。

(1) 使触电者尽快脱离电源 人触电后,由于痉挛或失去知觉等原因而紧紧抓住带电体,不能自行摆脱。这时,应尽快使触电者脱离带电体。根据现场情况采用以下方法:

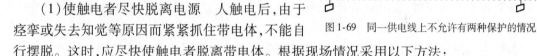

图 1-69 同一供电线上不允许有两种保护的情况

① 立即关断电源或拔出电源插头,将人从触电处移开。

② 如果附近没有电源开关或插头,可用有绝缘柄的电工钳或有干燥木柄的斧头、刀等切断电源线,也可用干木板插入触电者身下,以隔断电流。

③ 当电线搭落在触电者身上或被压在身下时,可用干燥的衣服、手套、绳索、木板、木棒等绝缘物作为工具,拉开触电者或挑开电线,使触电者脱离电源。

④ 如果触电者的衣服是干燥的,又没有缠在身上,救护人员应穿绝缘鞋或站在干燥的木板上,用一只手(不能用双手)抓住触电者的衣服,将其拉离电源。

(2) 脱离电源后的急救方法 根据触电者的具体情况,迅速对症救护并同时向医务部门求救。现场应用的主要救护方法是人工呼吸法和胸外心脏按压法。

① 对症救护:对触电者的救护,大体按以下三种情况:

第一种情况,触电者没有失去知觉,只是一度昏迷。这时应一面迅速请医生治疗,一面保持环境的安静,让其静卧休息,注意观察触电者的变化,等待医生治疗。

第二种情况,触电者已失去知觉,但呼吸尚存。在迅速请医生的同时,应将触电者安放在凉爽、空气流通的地方安静平卧,如果发生痉挛、呼吸困难,应立即施行人工呼吸。

第三种情况,触电者出现呼吸、脉搏、心脏均已停止工作等死亡象征,很可能是假死,应立即进行人工呼吸和胸外心脏按压,并迅速请医生治疗,没有医生确诊,不得轻易做出死亡判断。

② 人工呼吸法:人工呼吸是在触电者出现痉挛、呼吸逐渐急促,显得非常困难,以至于停止呼吸时应用的急救方法。各种人工呼吸法中,以口对口(鼻)人工呼吸法效果最好。进行人工呼吸前,应将触电者身上妨碍呼吸的衣领、上衣、裤带等解开,清出口腔中内妨碍呼吸的

食物、脱落的假牙等。

人工呼吸时,应使触电者仰卧,头部充分后仰(最好用一只手托在触电者颈后),使鼻孔朝上,以利呼吸道畅通(见图 1-70)。救护人员在将触电者嘴巴掰开后,一只手捏住触电者的鼻子,深呼吸后紧贴触电者的口向内吹气,时间约 2s,吹气完毕,立即离开触电者的口,并松开其鼻子,使其自行呼吸,时间约 3s,每隔 4~5s 进行一个呼吸循环。如果无法使触电者把口张开,可改用口对鼻人工呼吸。

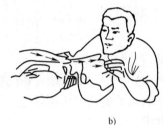

图 1-70 人工呼吸
a)吹气;b)换气

③胸外心脏按压法:这是触电者心脏跳动停止后的急救方法。

作胸外心脏按压时,应使触电者仰卧在比较坚实的地方,姿势与人工呼吸法相同。操作方法如下:

救护人员跪在触电者一侧或跪骑在其腰部两侧,两手相叠(对儿童可只用一只手),手掌根放在心窝上方、胸骨下 1/3~1/2 处(见图 1-71)。

掌根用力均衡地垂直向下(脊背方向)挤压,压出心里的血液(图 1-72a);对成年人应压胸骨 3~4cm,每秒钟挤压一次,每分钟挤压 60 次为宜;对儿童用力要轻一些,以免损伤胸骨,每分钟挤压 100 次左右为宜。

挤压后掌根迅速全部放松,让触电者胸部自动复原,血液充满心脏。放松时掌根不必完全离开胸部(图 1-72b)。

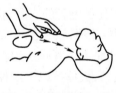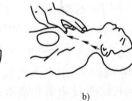

图 1-71 胸外心脏按压点(区)   图 1-72 胸外心脏按压法
a)挤压;b)放松

应当注意,心脏跳动和呼吸是互相联系的,心脏跳动停止了,呼吸很快就会停止;呼吸停止了,心脏跳动也维持不了多久。一旦呼吸和心跳都停止了,应当同时进行人工呼吸和心脏按压。如果现场只有一个人抢救,两种方法应交替进行:吹气 2~3 次,再挤压 10~15 次,而且吹气和挤压的速度都应提高一些,以不降低抢救效果。进行人工呼吸和胸外挤压抢救需要坚持不懈,切不可轻率中止,送往医院的途中,也不能中止抢救。

单元二
电子技术基础

课题一　PN结、晶体二极管与晶体三极管

 学习目标

完成本课题学习后,你应能:
1. 了解半导体及PN结基本知识;
2. 了解晶体二极管的内部结构和二极管性能的检测方法,掌握二极管的伏安特性;
3. 了解三极管的结构和三极管管脚及性能的判别,掌握三极管的电流放大作用。
建议课时:5课时。

一、半导体的基本知识

1. 半导体及其特性

导电能力介于导体和绝缘体之间的一类物质,称为半导体,如硅、锗、砷化镓等。

制作半导体元件的半导体材料具有以下独特的特性:

①导电能力随外界温度升高而明显地加强。

②导电能力随光照强度的不同而显著地变化。

③导电性能对杂质非常敏感。在纯净的半导体中,掺入微量的杂质元素,其导电能力会成百上万倍的增加。

我们把前两条称为半导体的敏感特性;第三条称为半导体的掺杂特性。

2. 半导体的内部结构

物质由原子组成,原子由带正电的原子核和带负电的电子组成,电子分几层围绕原子核不停地运动。其中,内层电子受原子核的吸引较大,外层电子受原子核的吸引力较小,影响物质导电性能的主要是外层电子。

硅和锗的原子结构平面图如图2-1所示。以硅原子为例,它有14个电子,这些电子按一定规律分布在三层电子轨道上,由于原子核所带的正电荷与14个电子所带的负电荷的电量相等,所以正常情况下原子呈电中性。

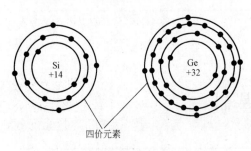

图 2-1 硅和锗的原子结构平面示意图

靠近原子核的内层电子,由于受原子核的束缚力较大,很难有活动的余地,而最外层的 4 个电子,受原子核的束缚力较小,称为价电子。

用于制作半导体管的硅(锗)材料,都必须经过加工提炼成纯净的单晶半导体。其内部的原子排列得非常整齐,如图 2-2 所示。由于每个原子最外层有 4 个价电子,而原子的外层要有 8 个价电子才是稳定状态。因此,在单晶体内,每个硅(锗)原子必须和四周相邻的 4 个原子组成 4 对共用的价电子,才能组成稳定状态,这种组合方式称为共价键结构。

3. 半导体的导电特性

半导体共价键内的共有价电子受到的束缚力并不很强,在一定温度下或光的照射下,由于热能或光能转化成电子的动能,少数电子就会挣脱束缚而成为自由电子,在它原来的位置上留下一个空位,如图 2-3 所示。附近的共有价电子就很容易地过来填补,当然过来的电子又会在原址留下新的空位,这个新空位又会被附近的共价电子所填补,依次递补,必然形成一种共有价电子的运动。由于空位的出现是原子失去电子的结果,而原子失去电子必然要显正电性,因此可以认为空位是带正电的粒子。所以上述共有价电子的运动,可以想象成一个带正电的空位在半导体中作与价电子反向的移动。为了区别于带负电的自由电子的运动,我们将其称为空穴运动。

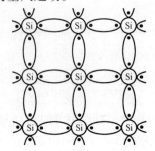

图 2-2 晶体中原子的排列

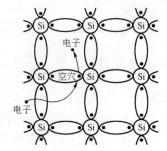

图 2-3 空穴的形成和运动

因此,半导体中存在着两种载流子(即参与导电的粒子),一种是带负电的自由电子,另一种是带正电的空穴。

4. P 型半导体和 N 型半导体

(1) P 型半导体 在单晶半导体中掺入少量 3 价元素(如硼),由于硼原子的最外层只有 3 个价电子,在同硅(锗)原子组成共价键时,因缺少一个价电子而形成一个空穴。使掺杂半导体中空穴数增加,空穴成为多数载流子,自由电子则成为少数载流子,这种半导体主要靠空穴导电,故称为空穴型半导体,简称 P 型半导体。

(2) N 型半导体 在单晶半导体中掺入少量 5 价元素(如磷),由于磷原子的最外层有 5 个价电子,在同硅(锗)原子组成共价键时,因多出一个价电子成为自由电子,使掺杂半导体中自由电子数增多。自由电子成为多数载流子,空穴则成为少数载流子,这种半导体主要靠电子导电,故称为电子型半导体,简称 N 型半导体。

二、PN 结及晶体二极管

1. PN 结的形成及其基本特性

（1）PN 结的形成　用特殊工艺将 P 型半导体和 N 型半导体结合在一起时，由于它们交界面处存在载流子浓度差，即 P 区空穴多、电子少；N 区电子多、空穴少。于是 P 区的空穴要向 N 区扩散，扩散中，P 区一侧因失去空穴（正电）而带负电；同时，N 区的电子要向 P 区扩散，扩散中，N 区一侧因失去电子（负电）而带正电。于是在 P 区和 N 区的交界面形成一个空间电荷区，这个空间电荷区就是 PN 结，如图 2-4 所示。

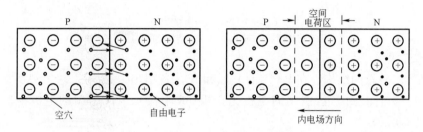

图 2-4　PN 结的形成

由于空间电荷区交界面两侧分别存在正电荷和负电荷，因此，在空间电荷区内，形成了一个方向由 N 区指向 P 区的电场，它是由 PN 结内部的电荷产生的，所以叫作内电场。

内电场对多数载流子的扩散运动起阻挡作用，对少数载流子（P 区的自由电子和 N 区的空穴）则推动它们越过 PN 结，进入对方。这种少数载流子在内电场作用下有规则的运动称为漂移运动。

随着扩散运动的进行，内电场越来越强。内电场的加强使扩散运动逐渐减弱，漂移运动逐渐加强，最后，扩散运动和漂移运动达到动态平衡时，空间电荷区的宽度基本稳定下来，PN 结也就处于相对稳定的状态。

（2）PN 结的基本特性　PN 结的基本特性就是单向导电性。正是这种特性，半导体才得到了广泛的应用。

在 PN 结的 P 区接电源正极，N 区接电源负极（见图 2-5a），这样加上的电压叫正向电压或正向偏置（简称正偏）。正偏时外电场的方向和 PN 结的内电场的方向相反，因而削弱了内电场，空间电荷区变薄，原来相对稳定的状态遭到破坏，则 P 区的空穴和 N 区的电子继续扩散而形成正向电流，该电流等于空穴电流和电子电流之和，且随着正向电压增大而增大。所以 PN 结正偏时，其电阻很小。

在 PN 结的 P 区接电源负极，N 区接电源正极（见图 2-5b），这样加上的电压叫反向电压或反向偏置（简称反偏）。PN 结反偏时外电场的方向和内电场的方向相同，因而使内电场加强，空间电荷区变宽，则 P 区的空穴和 N 区的电子难以进行扩散，只有 P 区和 N 区的少数载流子越过 PN 结，形成反向电流。因为少数载流子浓度低，并在温度一定时基本不变，所以反向电流很小，并且不随反向电压增大而增大，故也称它为反向饱和电流。

综上所述，PN 结正偏时，电阻很小，呈导通状态；PN 结反偏时，电阻很大，呈截止状态。这就是 PN 结的单向导电性。

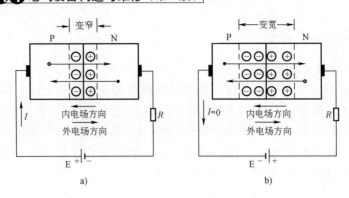

图 2-5 PN 结的单向导电性
a) PN 结加正向电压；b) PN 结加反向电压

2. 晶体二极管

（1）晶体二极管的结构 在 PN 结的 P 区和 N 区各引出一条引线，经特殊封装后，就制成一只晶体二极管。由 P 区引出的电极为正极（或阳极），N 区引出的电极为负极（或阴极），如图 2-6 所示。

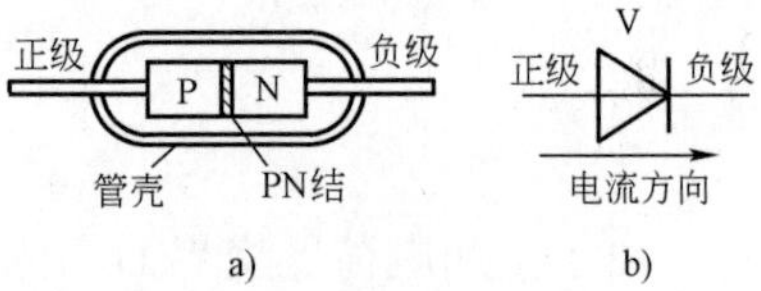

二极管的文字符号为"V"，图形符号如图 2-6b）所示，箭头所指方向为 PN 结正向电流方向，表示二极管具有单向导电性。

图 2-6 晶体二极管的结构与符号
a) 结构；b) 符号

二极管的种类很多，按所用材料可分为硅二极管和锗二极管；按 PN 结的结构可分为点接触型和面接触型；按用途的不同可分为普通二极管、整流二极管、开关二极管、稳压二极管和光敏二极管等。

二极管外壳上一般印有符号表示极性，正、负极的引线与符号一致。此外还有用一端制成圆角形或一端印有色圈表示负极，也有的在正极端打印标记或用红点来表示正极。图 2-7 是几种常见二极管的外形。

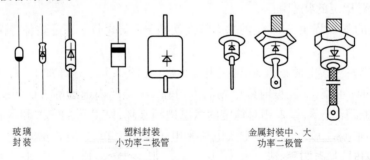

图 2-7 几种常见二极管的外形

（2）晶体二极管的伏安特性 二极管的伏安特性是指加在二极管两端的电压和流过二极管的电流之间的关系。典型二极管的伏安特性曲线如图 2-8 所示。

① 正向特性 曲线 $OA(OA')$ 段表示正向电压值很小时，流经二极管的正向电流也较小；当二极管两端电压上升到一定数值后，内电场被削弱，二极管电阻变小，电流增长很快（AB、$A'B'$ 段），此时二极管导通。导通时，硅管正向电压降约为 0.7V，锗管约为 0.3V；随着电压的继续上升，正向电流将随正向电压的增大而急剧上升（B、B' 点以上部分）。

②反向特性　曲线 $Oc(Oc')$ 段表示当反向电压刚开始增大时(约在 $0\sim1V$),反向电流略有增加;但当反向电压继续增大时,反向电流几乎保持原来的数值不变(曲线 cd、$c'd'$ 段),这时的电流称为反向饱和电流,它和二极管的特性及温度有关。

③反向击穿特性　当反向电压增加到一定数值时,反向电流突然增大(曲线 e、e' 以下部分),这时,只要反向电压稍有增加,反向电流就会急剧增大,这种现象称为击穿。发生击穿时,加在二极管两端的反向电压称为击穿电压。

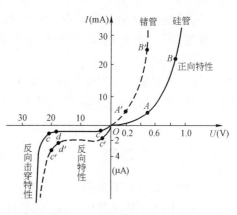

图 2-8　二极管伏安特性曲线

(3) 晶体二极管的主要参数　二极管的参数有特性参数和极限参数两类,前者反映二极管的特性,后者反映二极管所能承受的限额。

①最大整流电流 I_{OM}　二极管长期工作时,允许通过的最大平均电流。因为电流通过 PN 结要引起管子发热,电流过大,发热量超过限度就会烧坏 PN 结。所以在使用二极管时,通过管子的正向平均电流不允许超过它的 I_{OM} 值。

②最大反向工作电压 U_{RM}　指保证二极管不被击穿的反向电压最大值,通常是反向击穿电压的 1/2 或 2/3,以保证二极管在使用中不致击穿损坏。

③最大反向电流 I_{CM}　指在二极管上加最大反向工作电压时的反向电流值。反向电流大说明管子的单向导电性能差。硅管的反向电流一般在几微安,而锗管的反向电流为硅管的几十到几百倍。

(4) 晶体二极管的简易判别　根据正向电阻小,反向电阻大这一特点,可利用万用表的电阻挡大致测出二极管的极性和好坏。

①好坏的判别　对小功率二极管,采用 R×100 或 R×1k 挡,然后用两根表笔测量二极管的正、反向电阻值,如图 2-9 所示。

在图 2-9a)中,由于红表笔和万用表内电池的负极相连,黑表笔和万用表内电池的正极相连,故此时加在二极管上的是反向电压,因此测量出的是反向电阻,阻值较大。如小功率二极管的反向电阻一般为 $100\sim200k\Omega$。

在图 2-9b)中,加在二极管上的是正向电压,测出的是正向电阻,阻值较小。一般锗管为几百欧姆,硅管为 $1.5k\Omega$ 左右。

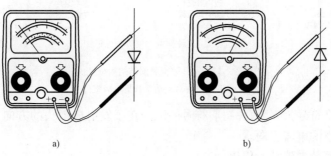

图 2-9　二极管的简单判别

若测出正、反向电阻均为无穷大,说明管子内部已断路;若测出正、反向电阻都很小或为零,说明管子内部已短路;若测出正、反向电阻接近,说明管子性能不好。上述三种情况的管子都不能使用。

②极性判别 在测量二极管的正、反向电阻时,若测出的电阻很小,则红表笔所接电极为二极管的负极,黑表笔所接电极为二极管的正极;反之,若测得的电阻很大,红表笔所接电极为二极管的正极,黑表笔所接电极为二极管的负极。

三、晶体三极管

1. 晶体三极管的结构

在一块半导体基片上,通过一定的工艺制作出两个距离很近的 PN 结,并从两个 PN 结所构成的三层半导体上分别引出电极,再封装在管壳里就制成了晶体三极管(简称三极管)。常见的几种三极管外形如图 2-10 所示。

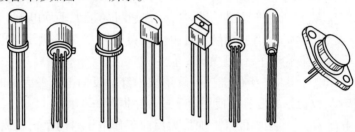

图 2-10 晶体三极管的外形

每个三极管有三个区:发射区、基区、集电区;两个 PN 结:发射结和集电结;三个电极:发射极 e、基极 b、集电极 c。根据结构的不同,可分为 NPN 和 PNP 两种类型,其结构和符号如图 2-11 所示。按材料的不同分为硅管和锗管两种,目前我国生产的硅管以 NPN 型为主,锗管则以 PNP 型为主。

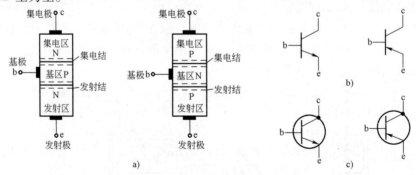

图 2-11 晶体三极管的结构和符号
a)结构;b)符号;c)大功率管集电极接外壳

三极管的文字符号为 V,两种图形符号的区别在于发射极箭头的方向,箭头的方向代表发射结正向偏置下的电流方向。

2. 晶体三极管的电流放大作用

要使三极管具有电流放大作用,必须给三极管的两个 PN 结加上合适的直流电压,即在发射结上加正向偏置电压,在集电结上加反向偏置电压。对 NPN 型和 PNP 型三极管,外加直流电压的极性如图 2-12 所示。

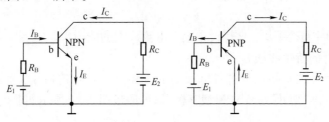

图 2-12　三极管的工作电压

对 NPN 型三极管,e、b、c 三个电极的电位必须满足 $U_e < U_b < U_c$;对 PNP 型三极管,由于电源极性与 NPN 相反,应满足 $U_e > U_b > U_c$。这是保证三极管具有放大作用的外部条件。当三极管加上工作电压时,三个电极流过的电流大小和分配关系可通过图 2-13 所示的实验电路来说明。

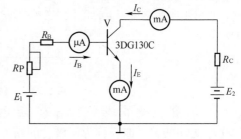

图 2-13　晶体三极管放大实验电路

以 3DG130C(NPN) 为例,通过调节电位器 RP 的阻值改变基极电流 I_B 的大小,而 I_B 的变化将引起集电极电流 I_C 和发射极电流 I_E 的变化。每改变一次 I_B,就可得到一组与之相应的 I_C 和 I_E 的值,见表 2-1,由表中的数据可以看出:

(1)三极管中各电流的关系　发射极电流 I_E 等于集电极电流 I_C 与基极电流 I_B 之和,即:

$$I_E = I_C + I_B \tag{2-1}$$

该式表明流入三极管的电流等于流出三极管的电流,符合基尔霍夫第一定律。同时也说明三极管实质上是一个电流分配器,它把发射极电流 I_E 分为两部分:一部分给集电极,作为集电极电流 I_C;另一部分给基极,作为基极电流 I_B。

三极管电流分配关系的测试数据　　　　　表 2-1

	1	2	3	4	5	6
I_B(mA)	0.00	0.05	0.10	0.15	0.30	0.45
I_C(mA)	0.01	0.10	3.50	6.50	18.50	29.30
I_E(mA)	0.01	1.15	3.60	6.65	18.80	29.75

由于 I_B 很小,I_C 和 I_E 都较大,可把式(2-1)简化为:

$$I_E \approx I_C \tag{2-2}$$

(2)三极管的电流放大作用　由表 2-1 可知,当基极电流 I_B 从 0.15mA 变化到 0.30mA 时,集电极电流 I_C 却从 6.50mA 变到 18.50mA,该两个的变化量之比为:

$$\Delta I_C / \Delta I_B = 18.50 - 6.50 / 0.30 - 0.15 = 12/0.15 = 80$$

即,集电极电流 I_C 的变化量是基极电流 I_B 变化量的 80 倍。

由此可见,当基极电流有一微小变化时,能引起集电极电流的较大变化。也就是说基极电流对集电极电流具有小量控制大量的作用。这就是三极管的电流放大作用。

如果集电极电流的变化量用 ΔI_C 表示,基极电流的变化量用 ΔI_B 表示,两者之比用符号 β 表示,该比值称为三极管的交流电流放大系数,即:

$$\beta = \Delta I_C / \Delta I_B \tag{2-3}$$

β 是三极管的主要参数之一,其大小表示电流放大的能力。

3. 晶体三极管的特性曲线

三极管的特性曲线是指三极管各电极的电压和电流之间的相互关系的曲线,常用的是输入和输出特性曲线,对小功率 NPN 型三极管,可通过图 2-14 所示实验电路测得。

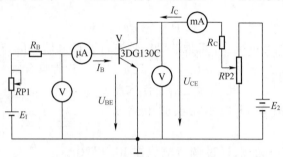

图 2-14 三极管输入输出特性曲线实验电路

(1)输入特性曲线 当 U_{CE} 为一定值时,加在三极管基极与发射极的电压 U_{BE} 与基极电流 I_B 之间的关系曲线称为三极管的输入特性曲线,图 2-15 就是 3DG130C 的输入特性曲线。

当 $U_{CE}=0$ 时,调节电位器 RP_1,测得相应的 U_{BE} 和 I_B,由此得到一条输入特性曲线 A。可见三极管的输入特性曲线与二极管的正向特性曲线相似。

当 $U_{CE}=1V$ 时,重复上述实验,可得另一条输入特性曲线 B。比较曲线 A 和曲线 B 可见,曲线 B 只是相对曲线 A 向右移动了一段距离。

当 $U_{CE}>1V$ 后,所得的各曲线与曲线 B 很接近,所以通常三极管的输入特性曲线只画出 $U_{CE}=1V$ 时的那一条,并以此分析放大电路。

当 U_{BE} 小于某一值时,基极电流 I_B 为零,发射结处于截止状态,这个范围称为死区。硅管的死区电压约为 0.5V;锗管的死区电压约为 0.2V。当三极管处于正常工作状态时,硅管发射结的正向电压降约为 0.7V,锗管约为 0.3V,该电压也称为三极管发射结的导通电压。

(2)输出特性曲线 当基极电流 I_B 为一定值时,集电极电流 I_C 与集电极-发射极之间的电压 U_{CE} 之间的关系曲线称为三极管的输出特性曲线,如图 2-16 所示。

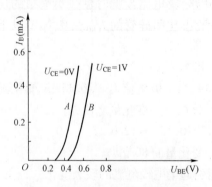

图 2-15 3DG130C 的输入特性曲线

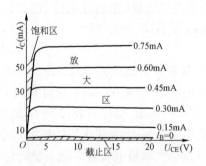

图 2-16 三极管的输出特性曲线

如实验电路图 2-14 所示,当基极电流 I_B 取某一固定值时,调节电位器 RP_2 可测得一组相应的 I_C 和 U_{CE},即得到一条输出特性曲线;调节 RP_1,改变基极电流 I_B 后,又可测出一组相应的 I_C 和 U_{CE}。于是在不同的基极电流 I_B 时,可测出相应的 I_C 和 U_{CE}。由此可见三极管的输出特性曲线不是一条而是一族。在这一族曲线中,每条曲线都有上升、弯曲线和平直部分,各条曲线的上升部分很陡,几乎重合在一起,而平直部分则按基极电流 I_B 的值从小到大、由下向上排列。

三极管具有电流放大作用,但这种放大作用并不是在任何情况下都能实现的,当三极管各极上电压和电流发生变化时,它的工作状态也就不同。根据三极管的输出特性曲线,可分为 3 个区域:

①截止区 当 $I_B=0$ 时,I_C 很小,三极管处于截止状态。从特性曲线上看,$I_B=0$ 的那条曲线以下的区域叫作截止区。截止区的主要特征是:三极管的发射结和集电结均处于反向偏置,失去了放大作用。

②饱和区 当 $U_{CE}<U_{BE}$,即集电极电位低于基极电位时。即使 I_B 再增大,I_C 也很少增大或不再增大,也就是说 I_C 达到饱和状态。饱和区的主要特征是:三极管的发射结和集电结均处于正向偏置,三极管同样失去了放大作用。

③放大区 当 U_{BE} 大于发射结的正向压降,集电极与发射极间的电压 U_{CE} 也大于某一值 ($U_{CE}>1V$) 后,基极电流 I_B 有较小的变化,就能引起 I_C 有较大的变化,这就是三极管的电流放大作用。

在特性曲线上,除去饱和区和截止区,余下的部分就是放大区,即图 2-16 的中间部分。放大区的主要特征是:发射结正向偏置,集电结反向偏置。

4. 晶体三极管的主要参数

(1)电流放大系数。

①交流电流放大系数 β 当 U_{CE} 为某一定值时,集电极电流的变化量 ΔI_C 与基极电流的变化量 ΔI_B 的比值称为三极管的交流电流放大系数。

$$\beta = \Delta I_C / \Delta I_B$$

②直流电流放大系数 $\bar{\beta}$ 当放大电路无信号输入时,U_{CE} 为某一定值时,集电极直流电流 I_C 与基极直流电流 I_B 的比值,称为三极管的直流电流放大系数。

$$\bar{\beta} = I_C / I_B$$

(2)极间反向电流。

①集电结反向饱和电流 I_{CBO} 指发射极开路,集电结反偏时流过集电结的反向电流。I_{CBO} 越小,集电结质量(单向导电性)越好。一般小功率硅管的 I_{CBO} 在 $0.1\mu A$ 以下;锗管的 I_{CBO} 在 $10\mu A$ 左右。

②穿透电流 I_{CEO} 指基极开路,U_{CE} 为某一规定值时,集电极与发射极之间的反向漏电流。I_{CEO} 受温度影响很大,I_{CEO} 大的管子工作不稳定,因此 I_{CEO} 越小越好。一般硅管的 I_{CEO} 比锗管的小得多,所以能适应在温度较高的场合。

(3)极限参数。

①集电极最大允许电流 I_{CM} 当集电极电流 I_C 过大时,三极管的电流放大系数 β 将明显下降,我们把 β 值下降到 2/3 时的集电极电流规定为集电极最大允许电流。

②反向击穿电压 BU_{CEO} 当基极开路时,集电极与发射极之间的最大允许电压,三极管

工作时,必须使三极管的 $U_{CE} < BU_{CEO}$,否则会使其损坏。

③集电极最大耗散功率 P_{CM} 由于集电极电流在流经集电结时将产生热量,使结温升高,从而引起三极管参数变化。当三极管因受热而引起的参数变化不超过允许值时,集电极所消耗的最大功率称为集电极最大耗散功率。

通常把 P_{CM} 小于 1W 的管子叫小功率管;大于 1W 的管子叫大功率管。

在选用三极管时,应同时考虑到 I_{CM}、BU_{CEO} 和 P_{CM},由于 $P_C = I_C U_{CE}$,所以实际选用时除 I_C 和 U_{CE} 不得大于 I_{CM} 和 BU_{CEO} 外,I_C 和 U_{CE} 的乘积还不得大于 P_{CM}。

5. 晶体三极管的识别和简单测试

(1)三极管管脚极性的识别。

①根据管脚排列识别 由于三极管的种类较多,封装形式也不一样,因此,管脚的排列也有多种形式。常见的三极管管脚排列方式如图 2-17 所示。

②用万用表判别管脚极性 测小功率管时,一般使用 R×100 或 R×1k 挡;测大功率管时,一般使用 R×1 或 R×10 挡。

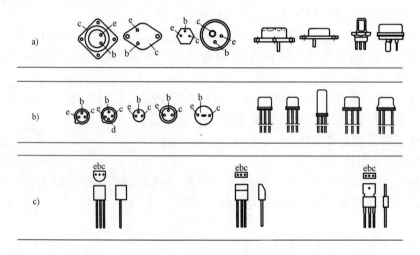

图 2-17 常见三极管的管脚排列

a)大功率三极管(金属封装);b)小功率三极管(金属封装);c)小功率三极管(塑料封装)

由于三极管内部包含二个 PN 结,因此,根据 PN 结的单向导电性就很容易把基极判断出来,其方法如图 2-18 所示。以红笔为准,黑笔分别接另外两个管脚,如果测得两个阻值均较小,则该管为 PNP 型,红笔所接为基极;如果两次阻值均较大,则该管为 NPN 型,红笔所接仍是基极。

基极判别出来后,其余两个管脚不是发射极就是集电极。假设一脚为集电极,管型为 NPN,将黑笔接集电极,红笔接发射极。然后用手捏住基极和集电极(两极不能相碰),观察指针偏转情况并记下偏转位置,再将两表笔交换极性,重复上述过程,则偏转角大的一次黑笔所接脚为集电极。如果是 PNP 型管,只需将红笔接假设的集电极,其余和 NPN 型管的测试完全相似。

(2)三极管好坏的大致判别 根据 PN 结的单向导电性,检查三极管内各极间 PN 结的正反向电阻,如果相差较大,说明三极管基本上是好的。如果正反向电阻都很大,说明三极管内部有断路或 PN 结性能不好;如果正反向电阻都很小,说明三极管极间短路或击穿了。

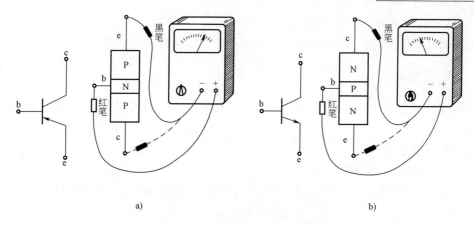

图 2-18 用万用表判别三极管管脚极性
a) 测 PNP 型晶体三极管；b) 测 NPN 型晶体三极管

课题二　整流电路、滤波电路与稳压电路

完成本课题学习后，你应能：
1. 掌握整流电路的基本概念和组成，了解单相、三相整流电路的基本原理；
2. 掌握滤波电路的组成、类型，了解其工作原理；
3. 掌握稳压电路的概念、类型和工作原理，掌握直流稳压电路的组成及结构。

建议课时：3 课时。

在各种电子设备和自动控制装置中，都需要稳定的直流电源供电。常用的直流电源有干电池、蓄电池和直流发电机。但最经济实用的办法是将正弦交流电变换成直流电。

如图 2-19 是小功率直流稳压电源的原理框图，各部分功能如下。

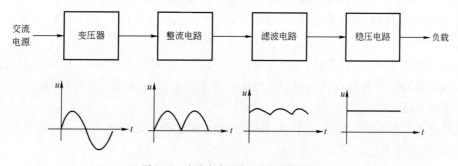

图 2-19 小功率直流稳压电源的原理图

电源变压器：将交流电源电压变换成所需要的交流电压值。
整流电路：利用二极管的单向导电性，将交流电压变换成脉动直流电压。
滤波电路：利用电容、电感线圈的贮能特性，把脉动直流电压中的脉动部分（交流分量）

滤掉,使输出电压成为平滑的直流电压。

稳压电路:使输出的直流电压在电源波动和负载变化时保持稳定。

一、整流电路

整流电路就是利用二极管的单向导电特性,把交流电变换成方向不变、大小变化的脉动直流电。

1. 单相半波整流

单相半波整流电路如图 2-20a)所示。

变压器 T 将电源电压 u_1 变为整流电路所需的正弦交流电压 u_2,其波形见图 2-20b)。

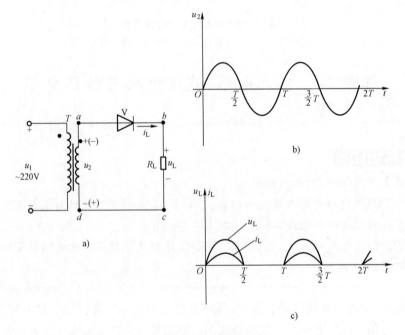

图 2-20 单相半波整流
a)原理电路;b)输入正弦电压波形;c)负载(输出)电压和电流波形

当 u_2 为正半周时,极性如图 2-20a)所示:a 点为正,d 点为负。二极管 V 承受正向电压而导通,有电流 i_L 通过 R_L。其路径为 $a\to V\to b\to RL\to c\to d$。

当 u_2 为负半周时,a 点为负,d 点为正,二极管承受反向电压而截止,负载 R_L 上无电流。由于流过负载的电流和加在负载两端的电压只有半个正弦波,如图 2-20c)所示,所以这种整流叫作半波整流。

经半波整流后,在负载 R_L 上得到的是单相脉动电压。这个电压在一个周期中的平均值,叫作它的直流电压。其大小为:

$$U_L = 0.45 U_2 \tag{2-4}$$

根据欧姆定律,可得负载上的直流电流为:

$$I_L = U_L/R_L = 0.45\ U_2/R_L \tag{2-5}$$

半波整流电路虽然简单,但输出电压低,脉动大,效率低(只利用了电源的一半)。

2. 单相桥式整流

单相桥式整流电路如图 2-21 所示。因其四只整流二极管接成电桥形式,故称为桥式整流电路。

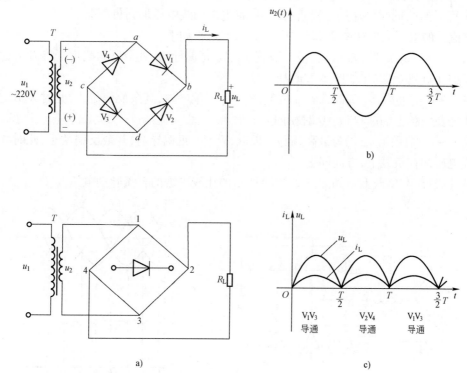

图 2-21 单相桥式整流
a) 原理电路及简化画法；b) 输入正弦电压波形；c) 负载电压和电流波形

当 u_2 为正半周时,其极性如图 2-21a) 所示,即 a 点为正,d 点为负,二极管 V_1 和 V_3 承受正向电压而导通,V_2、V_4 承受反向电压而截止。此时有电流 i_L 通过负载 R_L,其路径为 $a \rightarrow V_1 \rightarrow b \rightarrow R_L \rightarrow c \rightarrow V_3 \rightarrow d$。

当 u_2 为负半周时,a 点为负,d 点为正,V_1 和 V_3 承受反向电压而截止,V_2 和 V_4 承受正向电压而导通。此时又有电流 i_L 通过负载 R_L,其路径为 $d \rightarrow V_2 \rightarrow b \rightarrow R_L \rightarrow c \rightarrow V_4 \rightarrow a$。

在 u_2 一个周期内,V_1、V_3 和 V_2、V_4 两组二极管轮流导通半个周期,而负载上得到的电流总是由 b 点流向 c 点,即负载上得到的总是 b 端正、c 端为负的全波脉动电压,如图 2-21c) 所示。

单相桥式整流电路的整流电压的平均值比半波整流时增加了一倍,即：

$$U_L = 0.9 U_2 \tag{2-6}$$

流经负载 R_L 的电流：

$$I_L = U_L / R_L = 0.9 U_2 / R_L \tag{2-7}$$

桥式整流电路具有变压器利用率高、平均直流电压高、脉动小等优点,所以得到了广泛的应用。

3. 三相桥式整流

将三相交流电变为直流电的过程称为三相整流。常用的三相整流电路是三相桥式整流电路,如图 2-22a)所示。

三相桥式整流电路中二极管导通的原则是,在某一瞬间,只有与电位最高的一相绕组相连的一只正极管(图中的 V_1、V_3、V_5)和与电位最低的一相绕组相连的一只负极管(图中的 V_2、V_4、V_6)导通,同时导通的二极管有两只,将电源的线电压加到负载上。

整流后的电压波形如图 2-22b)所示,其整流过程如下:

在 $t=0$ 时,u_B 最低,u_C 最高,故二极管 V_5、V_4 正偏导通,其余反偏截止。将 B、C 之间的线电压加在负载上,方向如图 2-22a)所示。

在 $t_1 \sim t_2$ 时间内,u_A 最高,而 u_B 最低,V_1、V_4 正偏导通,其余反偏截止,此时 A、B 之间的线电压加在负载上,方向与 $t=0$ 时相同。

在 $t_3 \sim t_4$ 时间内,u_A 仍为最高,而 u_C 最低,V_1、V_6 正偏导通,其余反偏截止,此时 A、C 之间的线电压加在负载上,方向同上。

依此类推,在负载上得到如图 2-22b)所示的比较平缓的直流脉动电压。

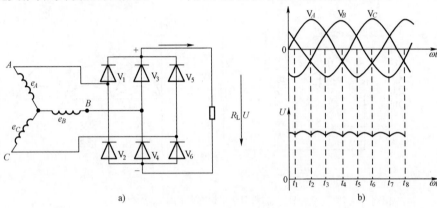

图 2-22 三相桥式整流
a)原理电路;b)电压波形

显然,该整流电路中输出直流电压的平均值为:

$$U_L = 1.35 U_{线} \tag{2-8}$$

式中:$U_{线}$——电源线电压的有效值。

二、滤波电路

由于整流得到的是脉动直流电,输出电压不够平稳,所以在一些要求电压比较平稳的负载如电子仪器、自动控制设备中不能直接使用它,还需要通过某种方式将脉动直流电中的交流成分滤掉,这就叫滤波。完成滤波过程的电路叫滤波电路。滤波电路接在整流电路的后面,它通常由电容器、电感线圈、电阻按照一定的方式组合而成,如图 2-23 所示。

1. 电容滤波电路

图 2-24a)是带有电容滤波器的单相半波整流电路。其工作原理为:当电路接通电源时,变压器次级电压 u 从正半周的零值开始增大,二极管 V 因为正偏而导通,电流分为两路,一路流经负载 R_L,另一路对电容 C 充电而贮存能量,如图 2-24c)中的 oa 段,使电容 C 两端电压 u_c 很快达到交流电的峰值电压;当 u 下降到小于电容 C 两端电压 u_c 时(图中 m 点),二极

管 V 处于反偏而截止,电容 C 与变压器被隔断,于是已充电的电容 C 对负载 R_L 放电,由于放电速度缓慢,则 u_c 不能迅速下降,如图 2-24c)中 mb 段。与此同时,交流电压继续按正弦规律变化,在 u 的负半周,二极管反偏而截止。直到第二个正半周出现,使二极管 V 再次正偏而导通时,电容 C 又被充电。如此周而复始地进行充、放电,使负载 R_L 上的电压趋于平稳。

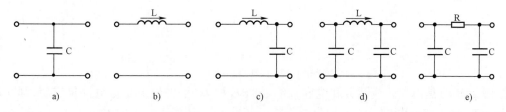

图 2-23 滤波电路的几种形式

a)电容滤波器;b)电感滤波器;c)Γ 型滤波器;d)π 型滤波器;e)电阻 π 型滤波器

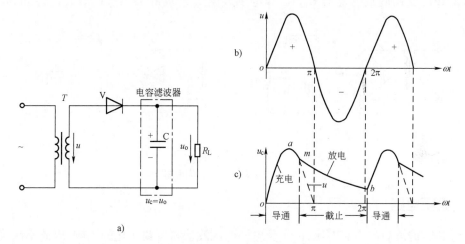

图 2-24 电容滤波

a)原理电路;b)输入波形;c)输出波形

电容滤波器只适用于负载变动小及小电流的场合。

2. 电感滤波电路

图 2-25a)是带有电感滤波器的单相桥式整流电路,滤波器由电感 L 和负载 R_L 串联组成。其工作原理为:当通过电感线圈的电流发生变化时,根据楞次定律,在电感线圈中将产生感应电动势以阻碍电流的变化。当电流增大时,感应电动势的方向与电流的方向相反,阻碍电流的增大,同时电感把一部分电能转换成磁场能而储存起来;当电流减小时,则感应电动势的方向与电流方向相同,阻碍电流减小,同时把储存的磁场能转换成电能释放出来,补偿流过负载的电流。于是输出电流和电压的脉动减小了,波形如图 2-25b)所示。

电感滤波器一般适用于负载变化较大,负载平均电流较大的场合。

3. 复式滤波器

为了进一步提高滤波效果,得到更加平稳的直流电,可采用由两个或两个以上滤波元件组成的滤波器。

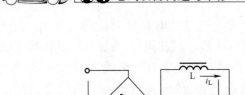
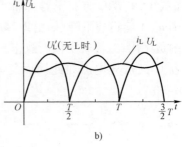

图 2-25 电感滤波
a) 原理电路;b) 输出波形

图 2-26a) 是由电感线圈 L 和电容 C 组成的 Γ 型 LC 滤波器。交流电经整流后,其交流成分大部分被电感线圈 L 阻止,即使有一部分通过了 L,还要经过电容 C 的旁路,因此,输出到负载 R_L 上的直流电就更加平稳了。

图 2-26b) 是由两只电容器 C_1、C_2 和电感线圈 L 组成的 Π 型 LC 滤波器,其滤波效果更好。

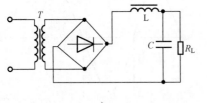
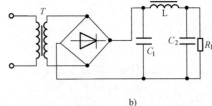

图 2-26 复式滤波器
a) Γ 型 LC 滤波器;b) π 型 LC 滤波器

三、稳压电路

经过整流滤波后的直流电压,由于受电网电压波动和负载变化的影响,因此不能确保它是稳定的。对于某些要求直流电压很稳定的电子电路,就得采取稳定电压的措施。

使整流滤波后的直流电压保持稳定的电路称为稳压电路。含稳压电路的电源称为直流稳压电源。

1. 硅稳压二极管

(1) 稳压管及其伏安特性。

硅稳压二极管简称稳压管,它是一种特殊的晶体二极管,当它处于反向击穿状态时,只要电流不超过一定范围,就不会损坏,且它的反向击穿是可逆的,即切断外加反向电压后,其单向导电性仍能恢复。同时,在反向击穿后,其反向电流在较大的范围内变化时,反向击穿电压值几乎不变,保持稳定。

稳压管的图形、文字符号和伏安特性曲线,如图 2-27 所示。

从伏安特性曲线可以看出:

稳压管的正向特性与普通二极管相似。

稳压管的反向特性曲线比普通二极管陡,当反向电压较小时,二极管中只有很小的反向电流;当反向电压达到一定值(U_Z)时,只要电压稍有增加,反向电流就会剧增,此时,电流虽然在很大范围内变化,但稳压管两端的电压都几乎保持不变。

由于稳压管工作在反向击穿区域,因而它在电路中应当反向连接,即它的正极接电源的负极;它的负极接电源的正极。

使用时需要注意的是,由于稳压管在工作时,随着反向电流的急剧增大,PN结的温度将迅速升高,如果不加以限制,稳压管会因过热而损坏。因此,为了保证它能长期安全地工作在反向击穿状态,需要在电路中串联限流电阻。

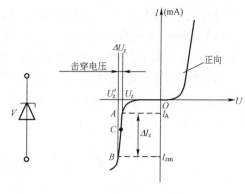

图2-27　稳压管的图形符号和伏安特性曲线

(2)稳压管的主要参数。

①稳定电压 U_Z　指稳压管在正常工作时,两端的反向电压。如图2-27中的 U_Z 到 U_Z' 范围。对同一型号的稳压管,它们的稳压值并不完全相同。

②稳定电流 I_Z　指稳压管在正常工作时流过它的电流。一般指最小稳定电流和最大稳定电流的平均值,即图2-27中 C 点处的电流。

③最大稳定电流 I_{ZM}　指稳压管允许通过的最大反向电流,即图2-27中 B 点处的电流。稳压管工作时的电流应小于这个电流,否则管子会因电流过大而发热损坏。

2. 硅稳压管稳压电路

在图2-28所示的稳压电路中,由于稳压管 V 与负载 R_L 并联,故也称为并联型稳压电路。在电路中,电阻 R 用来限制电路中的电流,避免稳压管因电流过大而烧坏,故称 R 为限流电阻。在各种不同情况下,稳定电压的原理是:

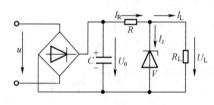

图2-28　硅稳压管稳压电路

(1)负载 R_L 不变,电网电压波动　当 u 增加时,经整流滤波后的 U_0 也增加,由 R 和 R_L 分压后使 U_L 也增加,而 U_L 就是稳压管两端的反向电压 U_Z,由稳压管的伏安特性曲线可知,U_Z 增加会引起 I_Z 显著增加,而 $I_R = I_Z + I_L$,故 I_R 也会增加。由于 $U_R = I_R R$,因而 U_R 增大。又因为 $U_L = U_0 - U_R$,从而使 U_L 下降。如果限流电阻 R 的阻值选择适当,则 U_R 的增加量正好抵消 U_0 的增加量,从而保持负载电压 U_L 的稳定。上述稳压过程可表示如下:

$$u\uparrow \to U_0\uparrow \to U_L\uparrow \to I_Z\uparrow \to I_R\uparrow$$
$$U_L\downarrow \to U_R\uparrow$$

反之,u 减小时,负载电压 U_L 也减小,稳压管电流 I_Z 减小,限流电阻 R 上的电压也减小,仍然保持负载电压 U_L 的稳定。

(2)电网电压 u 不变,负载 R_L 变化　当负载电阻 R_L 减小时,负载电流 I_L 增大,则限流电阻 R 上的电压降 U_R 增加,导致负载电阻 R_L 上的电压 U_L 下降。而 UL 的下降很快引起稳压管电流 I_Z 的显著减小,使已经下降的负载电压 U_L 回升,从而保持负载电压 UL 的稳定。该稳压过程可表示如下:

$$R_L\downarrow \to I_L\uparrow \to U_L\downarrow \to I_Z\downarrow \to I_R\downarrow$$
$$U_L\uparrow \to U_R\downarrow$$

反之，R_L增大时，则上述过程正好相反，同样可保持负载电压U_L的稳定。

由此可见，不论是电网电压的变化，还是负载的变化，通过稳压管的电流调节作用和限流电阻的电压调节作用配合，都能最终实现稳压。

硅稳压管稳压电路具有结构简单，使用元件少，在负载变化较小时可达到较高的稳定度等优点，因而在小功率设备中被广泛采用。它的缺点是：输出电流受稳压管最大稳定电流的限制不能太大，输出电压也不能任意调节。

课题三　放大电路与集成电路

学习目标

完成本课题学习后，你应能：
1. 了解单管共射放大电路的组成及各主要元件的作用，了解静态工作的概念；
2. 了解多级放大电路及其耦合方式；
3. 掌握集成电路的基本知识。
建议课时：**2课时**。

晶体三极管的用途之一是利用其放大作用组成放大电路。所谓放大电路，就是把微弱的电信号（电压、电流或功率）转变为较强的电信号的电路。在日常生活和生产中，往往要求用微弱的电信号去控制较大功率的负载。例如，在收音机和电视机中，需要把天线接收到的微弱信号放大，才能推动扬声器和显像管工作。又如现代汽车上利用各种传感器，不断检测反映汽车工况的温度、压力、流量、转速等非电量信息，并将其转变成微弱的电信号，经过放大，作为运算和控制的依据，实现自动调节。可见，放大电路的用途十分广泛。

一、低频信号放大电路

晶体三极管放大电路（也叫放大器）的种类很多。按工作频率分，有低频、中频、高频放大电路；按功能分，有电压、电流、功率放大电路。这里主要介绍工作频率在20～200kHz之间的低频电压放大电路。

1. 电路的组成及各元件的作用

图2-29是一个单级电压放大电路的例子。它有两条电流回路，一条由电源U_{CC}（＋）经R_B、基极b到发射极e再到电源U_{CC}（－），称为输入回路；另一条由电源U_{CC}（＋）经R_C、集电极c到发射极e再到电源U_{CC}（－），称为输出回路。很明显，对三极管三个电极来说，发射极是输入回路和输出回路的公共端，所以该放大电路也叫作共发射极放大电路，简称为共射放大器。

三极管V：它是放大电路的核心，起电流放大作用。

直流电源U_{CC}：向放大电路提供能量，保证发射结正偏、集电

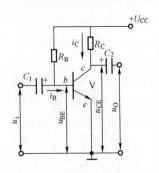

图2-29　共射极基本放大电路

结反偏而使三极管处于放大状态。U_{CC} 一般取几伏至几十伏。

基极偏置电阻 R_B：R_B 的作用是使 U_{CC} 向三极管提供适当的基极电流 I_B，以保证三极管工作在放大区，使信号不失真。

集电极负载电阻 R_C：其作用是将集电极电流的变化量转换成集电极电压的变化，实现电压放大。同时配合 U_{CC} 使三极管得到适当的工作电压。

耦合电容 C_1 和 C_2：分别为输入、输出耦合电容。利用电容器的隔直通交特性，隔断直流电源与信号源之间以及直流电源与负载之间的直流通路，让交流信号顺利传送。耦合电容器一般采用容量较大的电解电容器。

2. 放大电路的静态分析

放大电路没有加输入信号，即 $u_i = 0$ 时，电路所处的工作状态叫静止工作状态，简称静态。这时电路仅有直流电源 U_{CC} 作用。

进行静态分析的目的是找出放大电路的静态工作点 Q。静态时电路中的 I_B、I_C、U_{CE} 的数值叫作放大电路的静态工作点，分别用 I_{BQ}、I_{CQ}、U_{CEQ} 表示。静态工作点是放大电路工作的基础，它的合理设置及稳定与否，直接影响到放大电路的工作是否正常，以及性能质量的高低。

(1) 为什么要设置静态工作点　图 2-30 所示的是不设置静态工作点的放大电路，从图中可见，由于未设置基极偏置电路，当信号未输入时，$I_B = 0$，当然 I_C 也几乎为零，R_C 两端不会产生电压降。

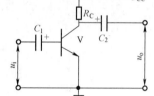

图 2-30　不设置静态工作点的放大电路

当有交流信号输入时（称为动态），因为输入信号加在三极管 b、e 之间，由于三极管发射结可以看作是一个单向导电的二极管，所以，当输入信号处于负半周时，加在 b、e 之间的电压是负的，发射结反向偏置，没有基极电流产生，即使在输入信号的正半周内，由于三极管的输入特性存在死区，也没有电流产生。所以，只有当信号电压超过死区电压时，输入回路中才能产生相应的电流。因此，与输入信号电压 u_i 比较，i_b 将产生严重失真，如图 2-31 所示。如果输入信号电压过小，而不足以克服死区电压时，则在信号整个周期内，输入回路中都不会出现电流，其结果和没有信号输入一样。

由此可知，如果不设置静态工作点，放大电路就不能正常工作，而设置了静态工作点后，可避免失真。如图 2-32 是设置静态工作点后的输出波形。

(2) 用近似计算法求静态工作点　静态时，电路中的电压、电流都是直流分量。只允许直流电流通过的路径称为直流通路。由于耦合电容 C_1、C_2 对直流相当于开路，因此，图 2-33a) 所示电压放大电路的直流通路如图 2-33b) 所示。

直流通路是估算放大电路静态工作点的依据。由图 2-33b) 可得出静态时的基极电流：

$$I_{BQ} = (U_{CC} - U_{BE})/R_B \tag{2-9}$$

由于 U_{BE} 很小（硅管约 0.7V，锗管约 0.3V），与 U_{CC} 相比，可忽略不计，则：

$$I_{BQ} \approx U_{CC}/R_B \tag{2-10}$$

由 I_{BQ} 可得出静态时集电极电流 I_{CQ}：

$$I_{CQ} = \beta I_{BQ} \tag{2-11}$$

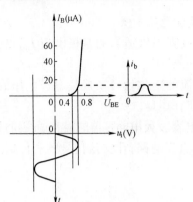 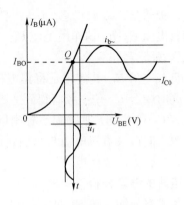

图 2-31 不设置静态工作点的放大电路输出波形失真

图 2-32 设置静态工作点可避免输出波形失真

静态时,集射极电压 U_{CEQ}

$$U_{CEQ} = U_{CC} - I_{CQ}R_C \tag{2-12}$$

例 2-1 在图 2-33 所示的电路中,已知 $U_{CC}=12V, R_B=300k\Omega, R_C=4k\Omega, \beta=50$,试求该放大电路的静态工作点。

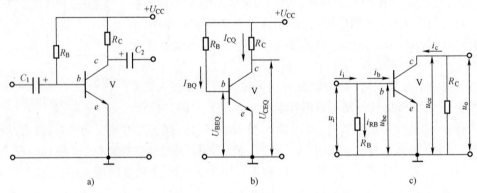

图 2-33 共射极放大电路的直流通路和交流通路

a) 共射极放大电路;b) 直流通路;c) 交流通路

解: 根据式(2-10)可得

$$I_{BQ} \approx U_{CC}/R_B = 12/(300 \times 10^3) = 0.04(\text{mA})$$

根据式(2-11)可得:

$$I_{CQ} = \beta I_{BQ} = 50 \times 0.04 = 2(\text{mA})$$

根据式(2-12)可得:

$$U_{CEQ} = U_{CC} - I_{CQ}R_C = 12 - 2 \times 4 = 4(\text{V})$$

3. 放大电路的动态分析

当放大电路有输入信号,即 $u_i \neq 0$ 时的工作状态称为动态,它是基于已经建立了合适的静态工作点后的工作情况。进行动态分析的目的主要是求解放大电路的电压放大倍数、输入电阻和输出电阻等参数。

(1) 交流通路 交流通路就是放大电路的交流等效电路。它是指动态时,放大电路的输入回路和输出回路的交流电流流过的路径。由于电容 C_1、C_2 和内阻较小的直流电源 U_{CC} 对交流电的阻碍作用很小,可视为短路。因此,画交流通路时,只需把电容和电源都视为短路即可,如图 2-33c) 所示。

交流通路是放大电路动态分析的依据。

(2) 输入电阻 r_i 放大电路的输入电阻是指从放大电路的输入端看进去的交流等效电阻,如图 2-33c) 所示。输入电阻 r_i 是交流输入电压 u_i 与交流输入电流 i_i 的比值,即:$r_i = u_i/i_i$。

由于三极管集电结电阻很大,可视为开路,则放大电路的输入电阻为基极偏置电阻 R_B 和三极管输入电阻 r_{be} 的并联值,即:

$$r_i = R_B // r_{be} \tag{2-13}$$

对小功率三极管且工作在低频小信号时,其发射结电阻 r_{be} 可按以下近似公式计算:

$$r_{be} \approx 300 + (1+\beta)26(\text{mV})/I_E(\text{mA}) \tag{2-14}$$

又由于小功率三极管的 r_{be} 都比较小,而电路中 R_B 较大,即 $R_B >> r_{be}$,故式(2-21)可近似为:

$$r_i \approx r_{be} \tag{2-15}$$

(3) 输出电阻 r_o 放大电路的输出电阻是指从放大电路的输出端(不含外接负载电阻 R_L)看进去的交流等效电阻。从交流通路图可见,输出电阻等于三极管集电极与发射极间的等效电阻 r_{ce} 的并联值,即:

$$r_o = R_C // r_{ce} \tag{2-16}$$

由于 r_{ce} 很大,即 $r_{ce} >> R_C$,故上式可近似为:

$$r_o \approx R_C \tag{2-17}$$

例 2-2 在例 2-1 中,求该放大电路的输入电阻 r_i 和输出电阻 r_o。

解:由例 2-1 求得:

$$I_C = 2\text{mA}$$

而

$$I_E \approx I_C = 2\text{mA}$$

根据式(2-14)得:

$$r_{be} \approx 300 + (1+\beta)26/I_E = 300 + (1+50)26/2 = 963(\Omega)$$

则

$$r_i = R_B // r_{be} = 300000 // 963 \approx 960(\Omega)$$

或

$$r_i \approx 963(\Omega)$$

又由式(2-17)得:

$$r_o \approx R_C = 4(\text{k}\Omega)$$

(4) 电压放大倍数 A_u 放大电路的电压放大倍数是指放大电路的输出信号电压与输入信号电压之比。动态时,由于输出端在空载和带负载时,其输出信号电压有所改变,因此对放大电路的放大倍数也有一定影响。

①输出端不带负载时的放大倍数 如图2-34a)所示的交流通路中,输入电压 $u_i = i_i R_i$,而 $i_i \approx i_b$, $R_i \approx r_{be}$,则 $u_i \approx i_b r_{be}$;输出电压 $u_o = -i_c R_c$(负号表示输出电压相位与输入电压相位相反),所以:

$$A_u = u_0 u_i \approx -i_c R_c / i_b r_{be} = -\beta i_b R_C / i_b r_{be}$$

故:

$$A_u \approx -\beta R_C / r_{be} \qquad (2\text{-}18)$$

②输出端带负载时的放大倍数 如图2-34b)所示的交流通路中,输入电压 $u_i \approx i_b r_{be}$;输出电压 $u_L = u_o = -i_c R'_L$,而 $R'_L = R_C // R_L$,所以:

$$A'_u = u_0/u_i \approx -i c R'_L i_b r_{be} = -\beta i_b R'_L i_b r_{be}$$

故

$$A'_u \approx -\beta R'_L / r_{be} \qquad (2\text{-}19)$$

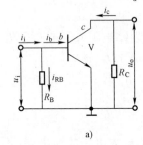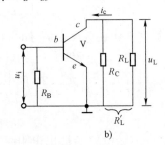

图2-34 放大电路的交流通路
a)不带负载时的交流通路;b)带负载时的交流通路

例2-3 在例2-1和例2-2中,求:①不接负载电阻时电路的电压放大倍数;②接上负载电阻 $R_L = 2k\Omega$ 时电路的电压放大倍数。

解:由例2-1和例2-2已知 $R_C = 4k\Omega$, $r_{be} = 960\Omega$

则 ①不接负载电阻时,由式(2-18)得:

$$A_u \approx -\beta R_c / r_{be} = -504000960 \approx -208$$

②接上 $R_L = 2k\Omega$ 的负载电阻时:

∴ $R'_L = R_C // R_L = R_c R_L/(R_c + R_L) = 4 \times 2/(4+2) \approx 1.3k\Omega$

∴ 由式(2-19)得:

$$A'_u \approx -\beta R'_L / r_{be} = -50 \times 1300/960 \approx -69$$

上述计算表明,放大电路接上负载后,电压放大倍数要下降,且负载电阻越小,即 R'_L 越小,则电压放大倍数下降也越多。

二、多级放大电路

以上介绍的电压放大电路是单级放大电路,它的放大倍数通常只有几十,然而在实际应用中,往往需要将一个微弱的电信号放大几千倍甚至几十万倍才能满足要求。为此,必须把若干个单级放大电路串联起来,对信号进行"接力"放大,直到满足所需要的放大倍数。

由两级或两级以上单级放大电路所组成的放大电路称为多级放大电路。

在多级放大电路中,相邻两级放大电路之间的连接叫作级间耦合。级间耦合的任务是保证前级信号不失真地传送到下一级。

常用的级间耦合方式有阻容耦合、变压器耦合和直接耦合三种,低频电路常采用阻容耦合。如图2-35所示为两级阻容耦合放大电路,两级之间通过电容C_2和偏置电阻R'_{B2}连接。由于电容的隔直通交作用,可使前、后级放大电路的直流工作状态互不影响,同时保证了前级的交流信号顺利地传递到后一级。

阻容耦合多级放大电路中,各级的静态工作点可以单独考虑,按前面的方法进行计算。

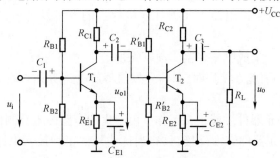

图2-35 阻容耦合多级放大电路

多级放大电路的输入电阻就是第一级放大电路的输入电阻,即$r_i = r_{i1}$;输出电阻就是最后一级的输出电阻,即$r_o = r_{on}$。

多级放大电路的放大倍数为:

$$A_u = u_{on}/u_i$$

由于第一级的输出电压u_{o1}就是第二级的输入电压u_{i2},即:

$$u_{i2} = u_{o1}$$

故 $A_u = u_{on}/u_i = u_{o1}/u_{i1} \cdot u_o/u_{i2} = A_{u1} \cdot A_{u2}$ (2-20)

式中,A_{u1}、A_{u2}分别为各单级放大电路的电压放大倍数。可见,多级放大电路的电压放大倍数等于各级电压放大倍数的乘积。

由此可得 n 级放大电路的总电压放大倍数为:

$$A_u = A_{u1} \cdot A_{u2} \cdot A_{u3} \cdots\cdots A_{un} \quad (2-21)$$

实际应用中的电子放大系统都是一个多级放大电路,它的前置级是电压放大级,最后一级是功率放大级,将前置级送来的低频信号进行功率放大,获得足够大的输出去带动负载,如扬声器、电动机、继电器等。

所谓功率放大电路,就是以能向负载提供一定大小的功率作为主要目标的放大电路。从能量控制的观点来看,功率放大电路和电压放大电路没有本质的区别,都是利用三极管的放大作用,用一小信号去控制一大信号的变化。但是,从完成任务及要求来看,电压放大电路,主要是向负载提供不失真的电压信号,分析的主要指标是电压放大倍数、输入和输出电阻等;而对低频功率放大电路,主要要求它输出足够大的不失真的功率信号。

三、集成电路简介

集成电路是在一块体积很小的半导体基片上,通过特殊工艺制作出几十、几百甚至上万个半导体元器件,并将它们连接成具有特定功能的电路。集成电路与分立元件相比,具有体积小、质量轻、可靠性高、功耗低、成本低等优点,且实现了元件、电路和系统的三结合,为电子设备的小型化创造了条件。

集成电路按集成度的不同,可分为小规模、中规模、大规模和超大规模集成电路。集成度是指一块半导体芯片上所包含的电子元件的数量。

1. 集成电路的特点

(1)可靠性高、寿命长且使用方便　由于集成电路将电子元器件和导线集中制作在一小块半导体芯片上,这样减少了电路中元器件连接焊点的数量及连线,使可靠性能得到很大提高。

(2)专用性强　由于集成电路在制作前就按所需的电路进行了设计,一旦制作完毕,它的功能就固定下来了。因此在使用时,只需要按照集成电路所具有的功能进行选用就可以,使用非常方便。

(3)需要外接一些元器件才能正常工作　由于集成电路内不宜制作电感、电容及可变电阻等元器件,所以这些元器件必须外接,只有当这些元件正确接入电路后,才能使电路正常工作,发挥应有的作用。

2. 集成电路的外形及引线脚识别

集成电路的外封装形式可分为三种:圆形金属外壳封装(晶体管式封装)、扁平型陶瓷或塑料外壳封装、双列直插和单列直插型陶瓷或塑料封装。它们的引出线分别有8、10、12、14、16……几十根等多种。其中单列直插、双列直插型较多,如图2-36所示。

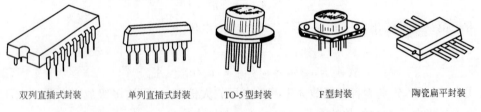

图2-36　集成电路的外形

集成电路引线脚排列顺序的标志一般有色点、凹槽、管键及封装时压出的圆形标志。

集成电路的引线脚较多,如何正确认识排列顺序很重要,否则将造成使用上的失误,轻者电路不能正常工作,重者将损坏集成电路及其他元件。对于扁平型或双列直插型集成电路引出脚的识别方法是:将集成电路水平放置,引出脚向下,标志对着自己身体一边,左面靠近身体第一脚引线即为第一引线脚,按逆时针方向,依次为第二脚、第三脚……,如图2-37所示。

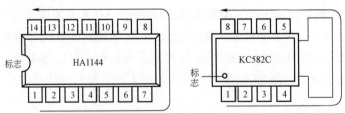

图2-37　集成电路的引线脚的识别

对于圆形管以管键为参考标志的,以键为起点,逆时针数1、2、3……。对于没有色点,也没有其他标志的,以印有型号的一面朝上,左下角即为第一脚,然后按逆时针方向数。

单元三 电源系

我们知道,汽车有蓄电池和发电机两个电源。蓄电池在发动机静止及起动、怠速等工况时,为用电设备供电;发电机在汽车正常运行时对用电设备供电,同时向蓄电池充电。汽车用发电机必须与调节器配套使用才能正常工作,为监视电源系统的工作情况,各类汽车在电源电路中都装有不同形式的充电指示装置(如电流表或电压表、充电指示灯等)。所以,汽车电源系主要由蓄电池、发电机与调节器和充电指示装置三部分组成。

课题一 蓄电池

完成本课题学习后,你应能:
1. 熟悉蓄电池的用途、结构和型号;
2. 掌握蓄电池的构造,了解蓄电池的工作原理;
3. 掌握蓄电池的充电方法,会对蓄电池进行充电;
4. 能够对蓄电池技术情况进行检查和维护。

建议课时:4 课时。

一、起动型铅蓄电池的用途、结构与型号

1. 起动型铅蓄电池的用途

起动型铅蓄电池在汽车上与发电机并联连接(见图3-1),其用途是:

(1)发动机起动时,向起动机提供强大电流(一般为 200~600A,有的柴油机起动电流可达 1000A 以上),并同时向点火系等用电设备供电。

(2)发电机电压过低(低于蓄电池端电压)时,向用电设备供电。

(3)发电机电压高于蓄电池电动势时,将发电机多余的部分电能变为化学能储存起来(充电)。

(4)发电机过载时,协助发电机供电。

(5)蓄电池相当于一个大的电容器,能吸收电路中出现的瞬时过电压,保持汽车电系电压稳定,保护电路中的电子元件。

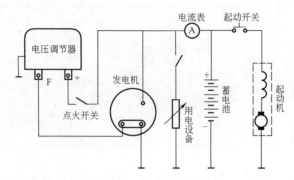

图 3-1　蓄电池在汽车电路中的连接

2. 起动型铅蓄电池的结构

铅蓄电池一般由三个或六个单格电池串联而成，每单格的额定电压为2V。普通铅蓄电池的结构如图3-2所示。

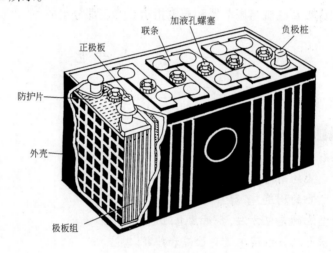

图 3-2　普通铅蓄电池的结构

（1）极板　极板的活性物质与电解液反应，完成蓄电池的充放电化学反应。

铅蓄电池的极板分为正极板和负极板，它们都是由栅架和涂在栅架上的活性物质构成的。正、负极板的外形相同，如图3-3a)所示。

极板栅架的结构如图3-3b)所示，它由铅锑合金浇铸而成。

活性物质是极板的工作物质，正极板上的活性物质是暗棕色的二氧化铅（PbO_2），负极板上活性物质是青灰色的海绵状纯铅（Pb）。为了使电解液能顺利渗入极板内部，极板的活性物质具有多孔性（见图3-3a）。

将正、负极板各一片，浸入标准密度的电解液内，就可以获得约2.1V的电动势。为了增大蓄电池的容量，在单格电池中，将多片正、负极板分别焊接成正、负极板组（见图3-4a），然后将正、负极板组交错装插在一起，形成单格电池的极板组（见图3-4b），在一个单格电池内负极板总是比正极板多一片。

（2）隔板　隔板安装在正、负极板之间，其作用是使正负极板尽量靠近而又不至于接触短路，以缩小蓄电池的体积。隔板多采用微孔塑料、橡胶、纸质及玻璃纤维等材料制成。

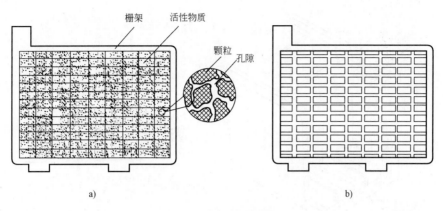

图 3-3 极板与极板栅架
a) 极板；b) 极板栅架

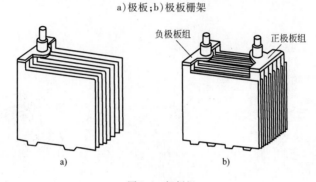

图 3-4 极板组
a) 正(负)极板组；b) 单格电池的极板组

(3) 电解液　电解液的作用是形成电离，使极板活性物质与电解液反应，完成蓄电池的充、放电过程。它是由纯净的专用硫酸(H_2SO_4)和蒸馏水配制而成的，其相对密度一般在 1.24～1.28 之间，应根据制造厂的要求和当地的气温条件选择(见表 3-1)。

不同地区和气温条件下的电解液相对密度(25℃)　　　表 3-1

使用地区最低气温(℃)	冬季	夏季	使用地区最低气温(℃)	冬季	夏季
≤ -40	1.31	1.27	-20～30	1.28	1.25
-30～-40	1.29	1.25	0～-20	1.27	1.24

(4) 外壳　外壳(见图 3-5a)用来盛放电解液和极板组，并使蓄电池构成一个整体。外壳的材料有硬质橡胶和聚丙烯塑料两种，由间壁将其分为三个或六个相互分离的单格，底部有凸起的筋条支撑极板组，凸筋之间的空间用来容纳极板脱落的活性物质，以防极板短路。橡胶外壳的每一单格有一个小盖(见图 3-5b)；塑料外壳采用整体盖。普通蓄电池每单格的中间有一个电解液加液孔，平时拧装一个螺塞，螺塞上有一个通气小孔，在使用时应保持其畅通。

(5) 联条与极桩　联条的作用是将各单格电池串联起来，极桩用来与外部电路连接接线。

传统蓄电池的联条是外露式的，用铅材料铸造而成；整体盖蓄电池的联条在电池内部，多采用穿壁式或跨接式结构(见图 3-6)。

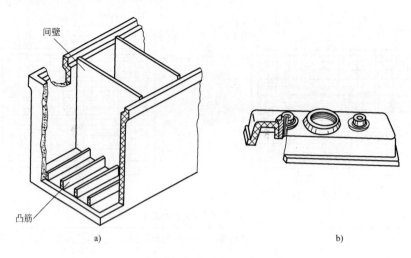

图 3-5 橡胶外壳与电池小盖
a)橡胶外壳;b)电池小盖

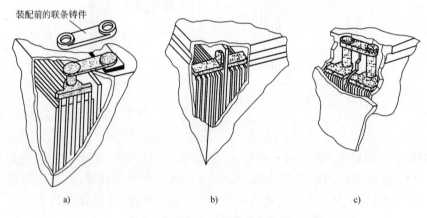

图 3-6 蓄电池的联条
a)传统外露式;b)穿壁式;c)跨接式

极桩有锥台型和 L 型等形式(见图 3-7)。为便于识别,极桩的上方或旁边标刻有"＋"(或 P)、"－"(或 N)标记,或者在正极桩上涂红色油漆。

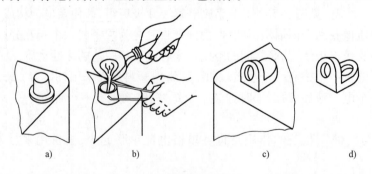

图 3-7 蓄电池极桩
a)锥台形极桩;b)锥台形极桩的铸造;c)L 形极桩;d)装配前的 L 形极桩

3. 起动型铅蓄电池的型号

按 JB/T 2599—2012《铅酸蓄电池名称型号编制与命名方法》的规定，铅蓄电池的型号由三大部分组成，各部分之间用破折号分隔，其内容及排列如下：

串联单格电池数　电池类型和特征　额定容量及特殊性能

（1）串联单格电池数　用阿拉伯数字表示。

（2）电池类型　起动型蓄电池用"Q"表示（"起"字的第一个拼音字母）。

（3）电池特征　用字母标注。无特殊特征时，该项省略不标；当产品同时具有两种特征时，应按表3-2的顺序将两个特征代号并列标注。

常见蓄电池产品特征代号　　　　　　　　　　　表3-2

产品特征	干式荷电	湿式荷电	免维护	少维护	胶体电解质
代号	A	H	W	S	J

（4）额定容量　是指20h放电率时的额定容量，用阿拉伯数字表示（不标单位），单位是安培小时（A·h）。

（5）特殊性能　如高起动率蓄电池用"G"表示，低温起动性能好的蓄电池用"D"表示，塑料外壳蓄电池用"S"表示等等。

例如，夏利轿车用 6-QA-40S 型蓄电池，是由 6 个单格电池组成，额定电压为12V，额定容量为40A·h，采用塑料外壳的干荷电起动型铅蓄电池。

二、铅蓄电池的作用原理、容量与使用

1. 铅蓄电池的作用原理

铅蓄电池的充放电过程是可逆的。电池充满电时，正极板活性物质为二氧化铅（PbO_2），负极板的活性物质为海绵状纯铅（Pb）；放电时，正、负极板的活性物质都逐渐变为硫酸铅（$PbSO_4$），消耗电解液中的硫酸而产生水。蓄电池充、放电的过程如图3-8所示。其反应方程式为：

$$PbO_2 + 2H_2SO_4 + Pb \underset{充电}{\overset{放电}{\rightleftharpoons}} 2PbSO_4 + 2H_2O$$

正极板　电解液　负极板　　正、负极板　电解液

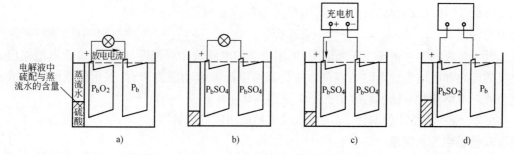

图 3-8　铅蓄电池的充、放电反应过程
a）刚开始放电时；b）放完电后；c）刚开始充电时；d）充满电后

2. 铅蓄电池的容量

铅蓄电池的容量是在规定条件下，充足电的蓄电池所能输出的电量，用 C 来表示，单位是安培小时（A·h），容量 C 等于放电电流与放电时间的乘积：

$$C = I_f \cdot t$$

式中：C——容量；

I_f——恒流放电电流；

t——放电时间。

起动型铅蓄电池的容量可分为额定容量与储备容量两种。

（1）20h 放电率额定容量　按 GB/T 5008.1—2013《起动用铅酸蓄电池第 1 部分　技术条件和试验方法》的规定，以 20h 放电率的容量，作为起动型蓄电池的额定容量：将充足电的新蓄电池在电解液温度为 25℃时，以 20h 放电率的放电电流连续放电，至 6V 蓄电池端电压下降到 5.25±0.02V，或 12V 蓄电池端电压下降到 10.5±0.05V 时所输出的电量，用 C_{20} 表示。

蓄电池的额定容量与每片极板的面积和每单格电池极板的片数成正比，与单格电池数无关。国产蓄电池极板已经标准化，每片正极板的额定容量可按 15A·h 估算。一般地，说某蓄电池是 N 片的，是指它每单格电池内共有 N 片极板，其中正极板的片数为 $(N-1)/2$，则该电池的额定容量可按下式估算：

$$C = 7.5 \times (N-1) \text{（A·h）}$$

（2）影响铅蓄电池容量的因素　影响铅蓄电池容量的因素，一个是单格电池内极板的片数和结构等方面的因素，另一个是使用方面的因素，我们主要讨论使用因素的影响。

①放电电流　放电电流越大，蓄电池输出的容量越小，见图 3-9a）。

在使用起动机时，必须严格控制起动时间，每次接入起动机的时间不得超过 5s，两次起动应间隔 15s 以上。

②电解液温度　电解液温度降低，蓄电池输出的容量减小，见图 3-9b）。一般地，在正常范围内，电解液温度每下降 1℃，容量约下降 1%（但温度过高，将造成极板拱曲变形、活性物质脱落、诱发电池自放电等故障，所以蓄电池电解液温度不宜过高）。

由于上述原因，冬季起动时，蓄电池的端电压将会大幅度降低，往往导致起动、点火困难，因此冬季应注意对蓄电池的保温。

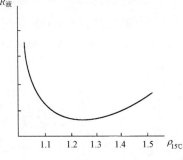

图 3-9　使用因素对蓄电池容量的影响

③电解液的相对密度　实践证明，采用较低的电解液相对密度，可以提高蓄电池输出大电流的能力和大电流放电时的容量。从提高蓄电池的起动能力来看，采用偏低的电解液密度为好。电解液相对密度对容量的影响见图 3-9c）。

冬季，在不致结冰的前提下，应尽量采用稍低密度的电解液。

3. 铅蓄电池的使用

铅蓄电池在使用中，应遵循以下原则。

（1）不能长时间大电流放电，不能频繁和长时间使用起动机。

（2）不能大电流或过电压充电。实践证明，充电电压高出正常范围10%～15%时，蓄电池的寿命将缩短2/3左右。

（3）避免蓄电池过放电和长期处于欠充电状态下工作。应及时进行补充充电，放完电的蓄电池应在24h内充电。

（4）应避免起动型蓄电池长期处于小电流放电状态下工作。

（5）冬季使用蓄电池，应注意使其经常处于充足电状态，以免因电解液密度过低而招致电解液结冰，造成极板损坏、壳体破裂。但应在不致结冰的前提下，尽量采用较低密度的电解液；应注意冬季蓄电池的保温。

（6）闲置不用的蓄电池，应视时间长短，采用不同方法贮存。

①湿贮存法：适应于保存期在6个月以内的蓄电池。方法是，将电池充足电，调整电解液相对密度及液面高度至规定值，将加液孔螺塞上的通气孔密封，置于阴凉干燥的仓库内，贮存期间定期检查电解液密度和容量，如放电超过25%，应补充充电。交付使用时应补充充电。

②干贮存法：适应于保存期超过6个月的蓄电池。方法是，先以20h放电率完全放电，倒出电解液，用蒸馏水多次冲洗电池内部，直至水中无酸性，将内部晾干后密封贮存。启用时按新蓄电池对待。

三、蓄电池的充电

蓄电池的充电有初充电、补充充电和快速脉冲充电等种类。其充电过程都分为两个阶段：第一阶段，自充电开始至单格电池电压上升至2.4V左右、电解液内开始出现气泡为止，接着转入第二阶段，充电至蓄电池内产生大量气泡，电解液呈"沸腾"状态，或端电压和电解液相对密度升高到最大值，且在2～3h内不再增加为止。

1. 初充电

初充电是指新蓄电池或更换极板后的蓄电池在使用前的首次充电。其特点是，充电电流小，充电时间长。其步骤如下：

（1）加注电解液：按蓄电池生产厂家的要求或气温条件，在蓄电池内加注规定密度的电解液，静置6～8h后，再将液面高度调整到高出极板（或防护片）顶部10～15mm。

（2）连接充电电路：将被充电蓄电池（或电池组）与充电机连接，注意极性与接法：蓄电池（或电池组）的正极与充电机正极相接，蓄电池的负极与充电机负极相接，并使充电机可靠接地。

（3）选择充电电流、开始充电：可按表3-3选择第一阶段初充电电流，也可按蓄电池额定容量选择：初充电第一阶段的充电电流为额定容量的1/15。

第一阶段：先将充电机的输出电流调节至最小，打开充电机后，再将输出电流调节至第一阶段充电电流值，至单格电池电压升高到2.4V左右、电解液内开始出现气泡为止。

第二阶段：紧接着第一阶段，将充电电流减小至第一阶段的一半，直到蓄电池充足电为止。初充电时间为50～70h。

（4）调整电解液相对密度至规定值：在充电完成2h后测量电解液相对密度，若不符合要求，可用蒸馏水（过高时）或相对密度为1.4的稀硫酸（过低时）调整。同时调整液面高度高出极板顶部10～15mm。

铅蓄电池的充电电流规范　　　　　　　表 3-3

蓄电池型号	额定容量 (Ah)	额定电压 (V)	初充电 第一阶段 电流 (A)	初充电 第一阶段 时间 (h)	初充电 第二阶段 电流 (A)	初充电 第二阶段 时间 (h)	补充充电 第一阶段 电流 (A)	补充充电 第一阶段 时间 (h)	补充充电 第二阶段 电流 (A)	补充充电 第二阶段 时间 (h)
3-Q-75	75	6	5	25～35	3	20～30	7.5	10～11	4	3～5
3-Q-90	90	6	6	25～35	3	20～30	9.0	10～11	5	3～5
3-Q-105	105	6	7	25～35	4	20～30	10.5	10～11	5	3～5
6-Q-60	60	12	4	25～35	2	20～30	6.0	10～11	3	3～5
6-Q-75	75	12	5	25～35	3	20～30	7.5	10～11	4	3～5
6-Q-90	90	12	6	25～35	3	20～30	9.0	10～11	4	3～5
6-Q-105	105	12	7	25～35	4	20～30	10.5	10～11	5	3～5

充电过程中,应将蓄电池加液孔上的螺塞拧下,便于充电后期产生的气体顺利逸出,以防电池内部压力过高,造成极板损坏、壳体胀裂甚至爆炸。

2. 补充充电

在使用过程中,因发电机电压低、充电机会少等原因,会致使蓄电池实际容量下降(即存电不足),应及时进行补充充电。蓄电池存电不足的表现有:

(1) 电解液相对密度下降到 1.200 以下;
(2) 冬季放电超过 25%,夏季放电超过 50%;
(3) 灯光比平时暗淡、喇叭沙哑,表示电力不足;
(4) 起动机无力(并非起动机故障)。

补充充电的步骤是,检查并调整电解液液面高度至规定值,连接好充电电路,按表 3-4 选择第一阶段补充充电电流,或以蓄电池容量数值的 1/10 作为第一阶段充电电流,充电至单格电池端电压达到 2.4V 左右、电解液内开始出现气泡为止,接着将充电电流减半,进入第二阶段,直至充足电为止。

充电过程中,应将蓄电池加液孔上的螺塞拧下,充电完成后,也应进行电解液相对密度和液面高度的调整。

3. 快速脉冲充电

充电前先检查电解液的相对密度,对照蓄电池完全充电时的相对密度值,计算出蓄电池的剩余容量,以确定充电初期的时间,同时将充电设备上的定时器调到相应的时间上。剩余容量大于 75%(即电池放电少于 25%),应采用小电流充电。表 3-4 为蓄电池不同情况下的充电初期时间表。

快速充电时间与放电程度的关系　　　　　　　表 3-4

电解液相对密度	剩余容量(Q_e%)	充电初期时间(min)	电解液相对密度	剩余容量(Q_e%)	充电初期时间(min)
全充电 1.260	100%	0	1.175～1.200	50% 左右	30
高于 1.225	75% 以上	用小电流充电	1.150～1.175	<50%	45
1.200～1.225	>50%	15	低于 1.150	25% 以下	60

蓄电池经快速充电后也应调整电解液相对密度和液面高度。

四、铅蓄电池的维护与技术状况检查

1. 蓄电池的维护项目

(1) 注意蓄电池在车辆上安装牢固,蓄电池与车架间应有防振垫。

(2) 保证导线连接紧固、接触良好。进行电池连接时应先接火线,后接搭铁线,拆线时的顺序则相反。

(3) 经常清除电池上的灰尘泥土,清除极桩和连接头上的氧化物,擦除电池盖上的电解液,保持加液孔螺塞上通气孔的畅通。

(4) 严格执行换季节、换地区时电解液相对密度的调整。

(5) 定期(一般要求夏季每隔5天,冬季每隔10天)检查电解液液面高度。

(6) 定期检查放电程度。每月或两个月从车上拆下进行一次补充充电。

2. 蓄电池技术状况的检查

(1) 电解液液面高度的检查 电解液液面高度可用玻璃管检查,如图3-10所示。液面应高出极板顶部(或防护片)10~15mm。若液面属正常减少,应加注蒸馏水。除非确实是由于电解液倾出所致,否则,不得加注电解液。

(2) 蓄电池放电程度的检验 蓄电池的放电程度可用以下方法进行检验:

① 通过测量电解液相对密度估算放电程度。电解液相对密度可用吸式密度计测量(见图3-11)。将实际测量的数值转换成15℃的密度值,与该蓄电池充足电时的密度值比较,按相对密度每下降0.01,相当于蓄电池放电6%,即可估算出放电程度。

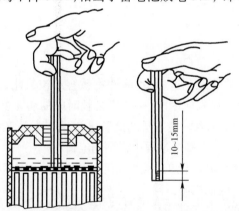
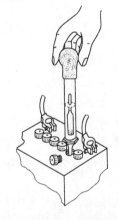

图3-10 电解液液面高度的测量　　图3-11 电解液相对密度的测量

② 用高率放电计测量放电电压。用高率放电计测量蓄电池,实际上是使蓄电池在大电流放电情况下,测量它的端电压。高率放电计有一个阻值很小的电阻(可以使蓄电池大电流放电)和一块电压表组成。

单格电池高率放电计如图3-12所示。测量时,将它的两叉尖紧压在单格电池的两极上放电,观察电压表读数。由于不同厂牌放电计的负载电阻不同,放电电流和电压表读数也不同,应根据电压表的读数对照放电计背面的说明,判断蓄电池的放电程度。

一般技术状况良好的蓄电池,单格电池电压应在1.5V以上,并在5s内保持稳定;如果

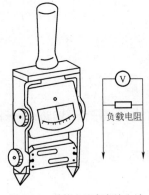

图 3-12 单格电池高率放电计

5s 内电压迅速下降,或某一单格的电压比其他单格低 0.1V 以上,表示该单格有故障。

整体电池高率放电计如图 3-13 所示。测量时将两叉尖分别紧密接触蓄电池的正负极,保持 15s,若其电压能保持在 9.6V 以上,说明蓄电池性能良好,但存电不足;若能稳定在 10.6~11.6V,说明电池存电充足;若电压迅速下降,说明蓄电池已损坏。

③就车起动测试。先设法使发动机不能起动(例如,拔下分电器中央高压线并将其搭铁),将电压表连接于蓄电池的两极,然后接通起动机历时 15s,电压表的读数应不低于 9.6V(对 12V 电池而言),且基本稳定。

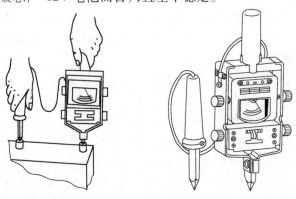

图 3-13 整体电池高率放电计

五、常用铅蓄电池的种类及特点

1. 干荷电铅蓄电池

普通铅蓄电池的负极板在极板或蓄电池的贮存过程中,活性物质容易被氧化,使负极板在制造过程中得到的电量失掉。新蓄电池在投入使用前,必须进行长时间的初充电。

为解决上述问题,在制造负极板的铅膏中加入一定数量的抗氧化剂,用特殊工艺制造和干燥。使负极板在干燥条件下,能够较长期地保存在制造过程中得到的电荷。

干荷电铅蓄电池多采用聚丙烯外壳和整体式电池盖,联条置于电池盖内,采用穿壁式或跨接式连接(见图 3-6),节省了铅材料,降低了电池内阻。除此以外,干荷电铅蓄电池(其外形见图 3-14)的结构与普通蓄电池完全相同。

干荷电铅蓄电池在规定的保存期(两年)内,只要加入规定密度的电解液,放置 15min 以上,调整液面至规定高度后,不需初充电,就可以使用。对贮存期超过两年的干荷电蓄电池,由于极板上有部分活性物质被氧化,使用前应以补充充电的电流,充电 5~10h 后再使用。

干荷电铅蓄电池的维护及使用要求与普通铅蓄电池相同。

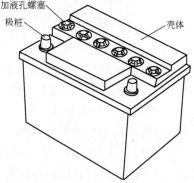

图 3-14 干荷电铅蓄电池的外形

2. 湿荷电铅蓄电池

湿荷电铅蓄电池与普通铅蓄电池的不同之处,是它在极板化成后,将极板浸入相对密度为1.35(15℃),含有硫酸钠的稀硫酸溶液中,浸渍10min,然后离心沥酸,不经干燥就组装成蓄电池,并将其密封。由于其极板仍带有部分电解液,所以电池内部是湿润的,这就是"湿式荷电"名称的由来。

湿式荷电蓄电池允许贮存6个月,在贮存期内如需使用,只要加入规定密度的电解液,放置20min以上,不需充电即可投入使用。如贮存期过长,需经短时间的补充充电。

3. 少维护与免维护铅蓄电池

少维护蓄电池与普通蓄电池的主要区别是,其极板栅架材料含锑量较低(低于3%)。在工作及充电条件合适的情况下,每年只需检查一次或每行驶80000km检查一次。

免维护铅蓄电池在材料、结构上与普通蓄电池差异很大。有些免维护蓄电池除通气装置外,其余部分全部密封。在使用过程中只需要保持外表面清洁,不需做其他维护工作。典型免维护铅蓄电池的外形,如图3-15所示。

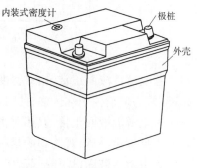

图3-15 免维护蓄电池的外形

(1)免维护蓄电池的材料及结构特点

①极板栅架为铅-钙合金,避免了自行放电、极板腐蚀,减轻了过充电时的析气量和水的蒸发。有的采用图3-16所示的高强度、低阻值薄型极板。

②采用袋式聚氯乙烯隔板,如图3-17所示,每片正极板上都套一个这样的隔板(袋口向上),可保护正极板活性物质不致脱落,即使有少许脱落,脱落的活性物质被留在袋内,可防止极板短路。

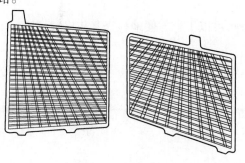

图3-16 低阻型极板栅架

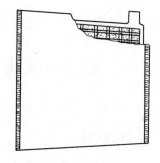

图3-17 袋式隔板

③单格电池间的连接采用穿壁式联条,可减小内阻,并节省铅材料。

④通气孔采用新型安全通气装置,可避免电池内的酸气与外部的火花直接接触,以防爆炸。通气塞中还装有催化剂钯,可帮助排除的氢氧离子结合生成水,再回到蓄电池内,减少水的消耗。该通气装置还可以使电池顶部和极桩保持清洁,减少接头部分的腐蚀。

⑤电池底部没有凸起的筋条,极板组直接坐落在电池底部,可使极板上部的电解液数量增加一倍多。

⑥很多免维护蓄电池设有内装式电解液密度计,如图3-18所示。其内部装有一颗能反光的绿色玻璃小球,随电解液相对密度及液面高低浮动,从玻璃观察孔中可以看到代表蓄电池不同状态的颜色。

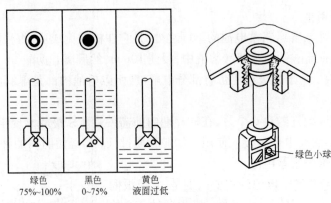

图 3-18 内装式密度计示意图

若电解液液面正常、相对密度在 1.22 以上(放电不超过 25%),绿色小球上升到笼子顶部,并与玻璃棒下端接触,此时能看见绿色,表明电池良好。

若电解液液面正常,但相对密度过低(放电已超过 25%),绿色小球沉入笼子底部,此时已看不见绿色小球,观测到的是一片深绿色(或黑色)。

若电解液液面已下降到低于密度计,自玻璃孔观察到的是淡黄色。表明该蓄电池已经损坏,应予更换,并应检查汽车发电机充电电压是否过高。

(2) 免维护蓄电池的优点:

①使用中不需加水。
②自行放电少、寿命长。
③接线柱腐蚀小。
④起动性能好。
⑤具有内装式密度计的免维护蓄电池,可以十分方便地检查其放电程度。

课题二 硅整流发电机的构造、拆卸、工作原理与特性

学习目标

完成本课题学习后,你应能:
1. 熟悉硅整流发电机的基本结构及主要部件的功能,能拆卸硅整流发电机;
2. 了解硅整流发电机的工作原理;
3. 掌握硅整流发电机的工作特性。
建议课时:3 课时。

一、硅整流发电机的结构与型号

1. 硅整流发电机的结构

硅整流发电机主要由转子、定子、整流器、前后端盖、风扇及皮带轮、电刷及电刷架等 6

个部分组成。

(1)转子 转子的作用是产生磁场,其结构如图3-19所示。

转子轴上压装有导磁铁芯(也称磁轭),铁芯上绕有励磁绕组,两块爪极压装在转子轴上并与铁芯压紧,绕组的两端线引出后,分别焊接在两个彼此绝缘的滑环上。电刷与发电机滑环紧密接触。当电刷与电源接通时,励磁绕组有电流通过,产生磁场。两块爪极一块被磁化为N极,另一块被磁化为S极。于是在转子的表面形成了N、S极相互交错的六对磁极,磁极的分布,见图3-20。

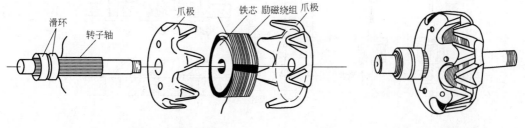

图3-19 转子的结构　　　　　　　　　　　图3-20 转子磁极分布

(2)定子 硅整流发电机的定子又叫电枢,它的作用是产生三相对称交流电。

定子由铁芯和绕组两部分组成。铁芯由圆环状相互绝缘的硅钢片叠成,其内圆有沟槽,定子绕组就嵌装在沟槽内。JF1522A型发电机的结构,如图3-21所示。

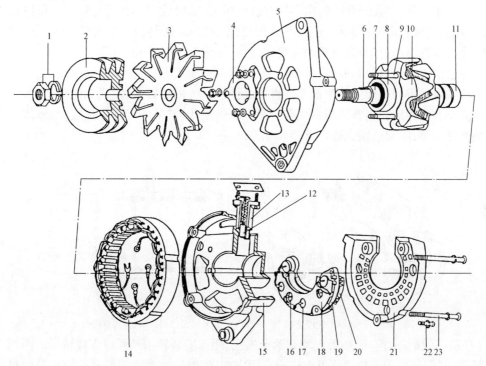

图3-21 JF1522A型发电机的结构

1-紧固螺母及弹簧垫圈;2-带轮;3-风扇;4-前轴承盖;5-前端盖;6-半圆键;7-定位套筒;8-前轴承(全封闭式);9-轴承盖紧固螺栓;10-转子总成;11-后轴承(全封闭式);12-电刷;13-电刷架;14-定子总成;15-后端盖;16-正极管;17-负极管;18-绝缘板;19-搭铁散热板;20-绝缘散热板;21-防护罩;22-防护罩固定螺钉;23-拉紧螺栓

三相绕组的形状、尺寸完全相同，对称地安装在定子铁芯的槽内，三相绕组一般为星形连接形式。

（3）整流器　整流器的作用是将电枢绕组产生的三相交流电转换成直流电。

硅整流发电机的整流器一般是由六只二极管组成的三相桥式整流电路。整流二极管的外形如图 3-22 所示。

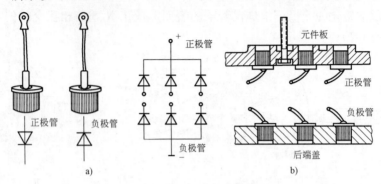

图 3-22　硅二极管的外形及安装
a) 外形及表示符号；b) 安装示意图

二极管的外壳和中心引线分别是它的两个电极。按中心引线极性的不同，二极管有两种形式：一种是中心引线为二极管的正极，称正极管；另一种是中心引线为二极管的负极，称负极管。便于区分，正极管管壳的顶部涂有红色标记，负极管则涂有黑色标记。负极管压装在后端盖上，正极管压装在元件板上（其外形见图 3-23）。元件板与后端盖绝缘并通过与后端盖绝缘的螺栓引出，作为发电机的火线接线柱，标记为"电枢"或"＋"。

元件板由铝合金材料制成，以利散热，它固定在后端盖内。

有些发电机将同一极性的整流元件直接制作在一块散热板上，制成如图 3-24 所示的整体式整流器。这种形式的整流器只要有一只二极管损坏，整个整流器即报废，但整体式整流器更换维修方便，因而应用也较广泛。

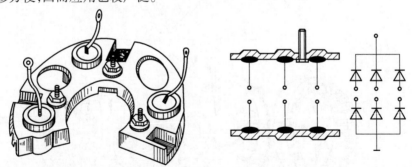

图 3-23　元件板外形及二极管的安装　　　图 3-24　整体式整流器

（4）前、后端盖　前、后端盖上均有轴承座孔，用于安装转子轴承以支撑转子。两端盖分别有挂脚，利用挂脚和调整臂将发电机安装固定在发动机上，改变调整臂的固定位置可以调整传动皮带的松紧程度（见图 3-21）。

前后端盖用铝合金材料制成，铝合金是非导磁材料，它既可以防止漏磁，又具有良好的导热性能，有利于散热。

（5）电刷及电刷架　电刷架安装在后端盖上。两电刷分别装在电刷架的两个方形孔内。电刷用石墨粉压制而成，带有一条多股铜质引线。电刷外端装有弹簧，依靠弹簧使电刷与滑环紧密接触。电刷架结构有两种形式，见图3-25，一种是拆装电刷在外部进行，另一种是拆装电刷必须在发电机内部进行。

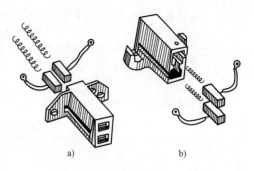

图3-25　电刷架的结构
a）外装式；b）内装式

两电刷的引线分别接后端盖上的两个接线柱，按接线柱形式的不同，发电机被分成内搭铁和外搭铁两种形式。其中，内搭铁式发电机的一个接线柱与后端盖绝缘，称为"磁场"接线柱，标记"磁场"或"F"，另一接线柱与后端盖直接接触（搭铁），称为"搭铁"接线柱，标记"搭铁"或"－"。外搭铁式发电机的两接线柱都与后端盖绝缘，分别标记"F_1"、"F_2"。工作时，励磁绕组的一端须经调节器在发电机外部搭铁。两种发电机励磁绕组的接法见图3-26。

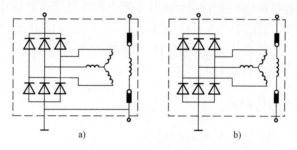

图3-26　励磁绕组的搭铁形式
a）内搭铁式；b）外搭铁式

（6）风扇及皮带轮　风扇一般用低碳钢板冲压而成，在发电机工作时，对发电机强制通风冷却。皮带轮一般用铸铁或铝合金铸造而成，有双槽和单槽之分。

2. 硅整流发电机的型号

根据 QC/T T3—1993 的规定，汽车发电机型号由以下五部分组成：

□　□　□　□　□
产品代号　分类代号　分组代号　设计序号　变形代号

（1）产品代号　由两个或三个汉语拼音大写字母构成（见表3-5）。

发电机产品代号　　　　　　　　　　表3-5

产品代号	代号	代表的意义
直流发电机	ZF	Z表示"直流"，F表示"发电机"
交流发电机	JF	J表示"交流"
整体式交流发电机	JFZ	Z表示"整体式"
带泵交流发电机	JFB	B表示"泵"
无刷交流发电机	JFW	W表示"无刷"

(2)分类代号 发电机以标称电压分类(见表3-6)。

硅整流发电机的分类代号   表3-6

分类代号	1	2	3	4	5	6
电压等级	12V	12V	—	—	—	6V

(3)分组代号 功率等级代号,用一位阿拉伯数字表示(见表3-7)。

硅整流发电机的分组代号   表3-7

代号 产品名称	1	2	3	5	7	8	9
交流发电机 整体式交流发电机 带泵交流发电机 无刷交流发电机	180W	>180W ≤250W	>250W ≤350W	>350W ≤500W	>500W ≤750W	>750W ≤1000W	>1000W

(4)设计序号 表示产品设计的先后顺序,用阿拉伯数字表示。

(5)变形代号 硅整流发电机的变形代号依发电机调整臂位置确定。从驱动端看,调整臂在中间不加标记;在右侧用"Y"表示;在左侧用"Z"表示。如桑塔纳、奥迪100轿车用发电机型号为 JFZ1913Z。表示该发电机为整体式交流发电机,标称电压为12V,功率大于1000W,第13次设计,调整臂在左侧。

二、硅整流发电机的拆卸

以 JF 1522A 型发电机为例,拆卸顺序如下:

(1)拆下电刷架紧固螺钉,取出电刷组件。

(2)拆下接线柱螺母,拆下防护罩固定螺钉,取下防护罩。

(3)拆下前后端盖紧固螺栓,将前、后端盖分开(在分开之前将前后端盖及定子铁芯作一记号,用于装配时对准原位置)。

(4)将转子夹在台虎钳上(钳口应垫铅板或木块),拆下皮带轮紧固螺母,取下皮带轮、风扇、隔圈、半圆键,将前端盖与转子分离。

(5)拆下前轴承盖,取出前轴承。

(6)拆下整流器组件与定子绕组的连接螺栓,拆下中性点连接线线端螺母,将定子与后端盖分离。

三、硅整流发电机的原理

1. 发电原理

硅整流发电机的三相定子绕组是对称的。即每相绕组的个数及每个线圈的匝数都相等,绕组的绕法也相同,且按相同的规律分布在定子铁芯的槽中,它们之间互差120°电角度,绕组的接法见图3-27a)。发电原理如下:

当励磁绕组有电流通过时,转子的两块爪极被磁化,形成了N、S极相互交错的六对磁极。发电机工作时,磁场同时旋转。于是,定子三相绕组与磁场发生相对运动,定子绕组切割磁极磁力线,产生感生电动势。三相定子绕组所产生的感生电动势是频率相同、最大值相同、相位相差120°的三相对称正弦交流电动势。三相交流电动势分别用 e_A、e_B、e_C 表示,其瞬时值方程为:

$$e_A = E_m \sin\omega t = \sqrt{2}E\sin\omega t$$
$$e_B = E_m \sin(\omega t + 120°) = \sqrt{2}E\sin(\omega t + 120°)$$
$$e_C = E_m \sin(\omega t - 120°) = \sqrt{2}E\sin(\omega t - 120°)$$

式中:E_m——每相电动势的最大值;

E——每相电动势的有效值;

ω——角频率($\omega = 2\pi f$,f 为交流电的频率,与发电机的转速成正比)。

硅整流发电机每相绕组产生的交流电动势的有效值与发电机的转速和磁通的乘积成正比,可表示为:

$$E = C_1 n\phi$$

式中:C_1——电机常数(与发电机的结构有关);

n——发电机转速;

ϕ——磁极磁通。

发电机的三相绕组与整流器连接在一起时,三相绕组向整流器输出三相交流电,发电机输出的交流电压 u_A、u_B、u_C 也是对称的,电压波形见图3-27b)。

2. 整流原理

整流器的作用就是利用二极管的单向导电性,通过三相桥式整流电路,将电枢绕组产生的三相交流电转换成直流电。其中的二极管的导通原则为:电枢绕组输出的三相交流电,在某一瞬间,有一相电压最高,同时还有一相电压最低,接在电压最高的相线上的正极管获得正向电压导通。同时,接在电压最低的相线上的负极管获得正向电压导通(其余四个二极管皆因承受反向电压而截止)。由于这两个二极管的导通,整流器的"+"端电位最高,"-"端电位最低,将发电机两相线之间的电压(线电压)加在负载 R 上。

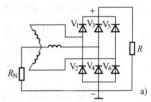

不同形式的发电机,整流器二极管的数量也不同,下面分别介绍整流器工作过程与作用。

(1)普通(六管)整流器 普通整流器见图3-27b)。整流过程为:在 $t_1 \sim t_2$ 时间内,A 相电压最高,B 相电压最低,因而二极管 V_1、V_4 导通。电流由 A 点→V_1→负载 R→V_4→B 点。

在 $t_2 \sim t_3$ 时间内,二极管 V_1、V_6 导通;在 $t_3 \sim t_4$ 时间内,V_3、V_6 导通;在 $t_4 \sim t_5$ 时间内,V_3、V_2 导通。

依此类推,六只二极管两两轮流导通,于是,将电枢绕组产生的三相交流电转换为直流电,向负载 R 供电。输出电压波形如图3-27c)所示。

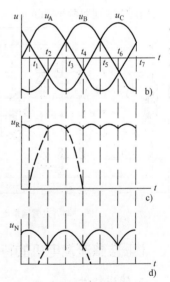

图3-27 三相桥式整流器整流原理
a)绕组接法;b)电压波形;c)输出电压波形;d)输出波形

发电机经整流后的直流电压与每相电动势的有效值成正比,可表示为:
$$U = Cn\Phi$$
式中:C——电机常数。

有些硅整流发电机把中性点用导线引出,接在中性点接线柱(一般用"N"标记)上。这一电压常用来控制充电指示灯或某些继电器。中性点输出的整流原理如下(见图3-27)。

在$0 \sim t_2$时间内,由于V_4导通,中性点负载的电流由三相绕组中性点N→中性点负载R_N→搭铁→发电机"-"→V_4→发电机B相首端构成回路,将u_B反向加在R_N上。在$t_2 \sim t_4$时间内,导通的V_6,将u_C反向加在R_N上;在$t_4 \sim t_6$时间内,导通的V_2,将u_A反向加在R_N上,即导通负极管将与其相接的那相电压反向加在中性点负载上,其输出波形见图3-27d)。显然中性点电压U_N的平均值是发电机输出电压的一半。

(2)九管整流器 九管整流电路见图3-28,它是在六管整流器的基础上增加了三只较小功率的正极管,形成了两个三相桥式整流电路,且独立整流,由三只小功率正极管与三只负极管构成的整流器用来输出发电机的励磁电流,因此三只小功率正极管又称为励磁二极管。

采用九管整流器的目的是用来控制充电指示灯,原理是:发电机不发电或其电压低于蓄电池时,发电机励磁电流由蓄电池通过点火开关SW、充电指示灯L,经电压调节器,到发电机励磁绕组,充电指示灯被点亮,表明发电机不对蓄电池供电。当发电机电压达到或超过蓄电池端电压时,B_+与D_+电位相同,发电机开始对蓄电池充电,这时,发电机励磁电路变为:发电机D_+→电压调节器→发电机励磁绕组→搭铁→发电机负极构成回路。充电指示灯熄灭,表明发电机对蓄电池充电。

(3)带中性点整流管的整流器 某些发电机在其中性点和发电机正、负极间分别接一个较小功率的整流二极管,见图3-29。其作用是对中性点处的高次谐波进行整流,将其输出电流叠加在输出端,以提高发电机的输出功率。实践证明,发电机接入中性点二极管后,当发电机转速达到5000r/min时,功率可提高10%~15%。

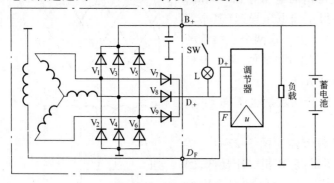

图3-28 九管硅整流发电机原理电路

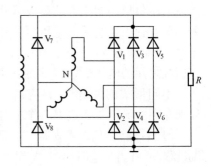

图3-29 带中性点整流管的整流器

四、硅整流发电机的特性

1. 输出特性

输出特性是指在发电机端电压保持额定值不变的情况下,输出电流与转速之间的关系。硅整流发电机的输出特性曲线如图3-30a)所示。

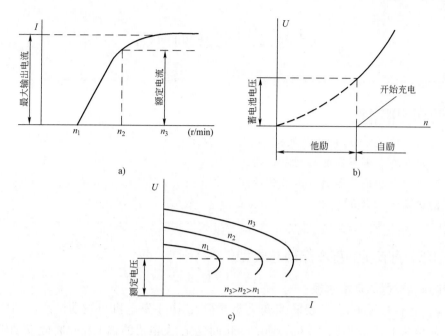

图 3-30 硅整流发电机的特性曲线
a)输出特性；b)空载特性；c)外特性

n_1 是发电机不带负载的情况下，刚刚达到额定电压时的转速，叫空载转速。

n_2 是发电机在额定电压下，输出电流也达到额定值时的转速，叫满载转速。

由输出特性曲线可以看出：

(1) 当发电机转速大于空转转速 n_1 时，才能在额定电压下向负载供电。

(2) 当发电机转速等于满载转速 n_2 时，发电机输出额定功率。

(3) 当发电机输出电流达到一定值后，输出电流不再随负载的增加和发电机转速的增高而增大，而是保持基本恒定(该电流值叫发电机的最大输出电流)。由此可以看出，硅整流发电机自身具有限制最大电流输出的能力。

2. 空载特性

空载特性是指发电机空载时，输出电压与转速之间的关系。硅整流发电机的空载特性曲线如图 3-30b)所示。

由空载特性曲线可以看出，发电机空载时，随转速增加，端电压急剧增加。所以，发电机在高速运转时，若突然失去负载，端电压会大幅度增高，容易损坏电子元件或烧坏用电设备，因此发电机的输出线路必须连接牢固。

3. 外特性

外特性是指发电机转速一定时，端电压与输出电流之间的关系。图 3-30c)是硅整流发电机在 n_1、n_2、n_3 三种情况下的外特性曲线。由该曲线可以看出：

(1) 发电机转速不同，端电压也不同，转速越高，端电压也越高。

(2) 当发电机输出电流达到一定值时，再继续减小电阻，输出电流反而减小。由此也可以看出硅整流发电机自身具有限制最大电流输出的能力。

课题三 电压调节器

学习目标

完成本课题学习后,你应能:
1. 熟悉电压调节器的类型和作用;
2. 了解电压调节器的基本工作原理。

建议课时:2 课时。

一、电压调节器的基本原理与类型

1. 电压调节器的基本原理

汽车在运行过程中,发动机转速变化范围很大,由于发电机与发动机的传动比是固定的,所以发电机的转速将随发动机转速的变化而变化,发电机的端电压也将随发动机的转速变化而在很大范围内变化。发电机在对用电气设备供电和向蓄电池充电时,都要求其电压稳定,因此必须对发电机的输出电压进行调节,使之保持在某一数值上基本不变。

由于发电机的输出电压 $U = Cn\Phi$,对某一台发电机,C 是常数。在工作过程中,转速是不断变化的,要使发电机端电压保持不变,可以通过改变磁通的大小来进行调节,而磁通的大小是由励磁电流决定的。因此,当发电机转速增高时,可以减小励磁电流使磁通减小,保持发电机的输出电压不变;反之,当发电机转速降低时,增大励磁电流。因此,电压调节器的作用就是在发电机转速变化时,自动改变励磁电流的大小,使发电机输出电压保持不变的。

2. 电压调节器的类型

电压调节器分为触点式和电子式两类,触点式又有双级式和单级式之分,电子式又分为晶体管式与集成电路式两种。

二、触点式电压调节器

1. FT61 型双级触点式调节器

FT61 型双级触点式调节器的结构及电路连接情况如图 3-31 所示。

(1) FT61 型调节器的结构 调节器的磁轭与铁芯铆固在一起,铁芯上绕有磁化线圈,动铁一端的上、下各有一片触点(称为活动触点),活动触点与低速触点支架的触点组成了低速触点 K_1,与搭铁触点组成了高速触点 K_2,动铁的另一端用弹簧拉紧,使 K_1 为常闭触点,K_2 为常开触点。调节器上有加速电阻 R_1、附加电阻 R_2 和温度补偿电阻 R_3。有火线接线柱"B"(或"+")和磁场接线柱"F"以及底板上的搭铁螺钉。

(2) 有关元件的作用及调节器的工作过程。

① 有关元件的作用 触点式调节器中三个电阻的作用分别是:

加速电阻 R_1 用来加快触点工作时的振动速度,减小输出电压的脉动性。

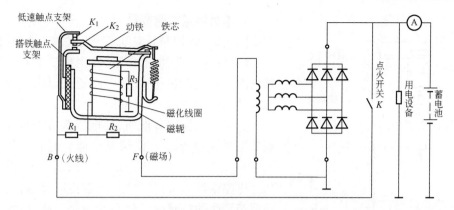

图 3-31　FT61 型双级触点式调节器

补偿电阻 R_3 用来减小温度变化对调节电压的影响。当环境温度变化时,使发电机输出电压随温度的变化相对减小。

附加电阻 R_2 的作用是,在触点处于不同位置时,调节发电机励磁回路的电阻,以调节励磁电流的大小,使发电机输出电压保持在调节电压值上不变。

②调节器的工作过程　双级触点式调节器的调节电压分为两级,分别对应较低转速和高转速,其工作过程分述如下:

当发电机端电压低于蓄电池端电压时,低速触点 K_1 闭合,励磁电流由蓄电池供给(称为他励),且励磁回路中无附加电阻,励磁电流较大,便于发电机较快建立电压。

当发电机端电压高于蓄电池端电压,但低于调节器的第一级调节电压时,K_1 仍闭合,且励磁电路不变,但励磁电流改由发电机自身供给(称为自励)。

随转速的升高,当发电机电压达到调节器的第一级调节电压后,低速触点 K_1 不断地闭合、打开(但高速触点一直处于打开状态),在 K_1 打开时,励磁回路中串入了加速电阻 R_1 和附加电阻 R_2,使回路的电阻增大,励磁电流减小,以调节发电机输出电压。随发电机转速的升高,K_1 打开的时间相对延长,发电机的平均励磁电流减小,实现了将输出电压稳定在第一级调节电压上基本不变。

当发电机转速达到一定数值后,低速触点失效,高速触点尚未开始工作,出现了一个失控的转速区域(称为失控区),在该区域内,发电机电压随转速的升高而升高。

当发电机电压达到第二级调节电压后,高速触点 K_2 投入工作,它不停地打开、闭合(低速触点则一直处于打开状态),K_2 闭合时,将发电机的励磁绕阻被短接,励磁电流为零,转速越高,K_2 闭合的时间相对越长,发电机的平均励磁电流越小,将发电机输出电压稳定在第二级调节电压上基本不变。在汽车运行过程中,调节器以 K_2 工作为主。

双级触点式调节器适用转速范围大,触点火花小。但由于有两级调节值。其差值又必须很小(12V 系列不超过 0.5V,24V 系列不超过 1V)。因而高速触点的间隙很小,一般为 0.2～0.4mm。给调整和维修都带来一定困难,且容易产生触点烧坏等故障。

双级触点式调节器的工作过程,见图 3-32。

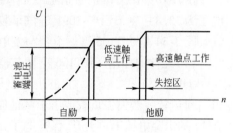

图 3-32　双级触点式调节器的工作过程

2. 单级触点式调节器

图 3-33 是 FT111 型单级触点式调节器的线路图。

FT111 型调节器增加了一个退磁线圈 L_2。L_2 的一端与固定触点臂相连接,另一端通过退磁二极管 V 搭铁,在触点 K 的两端还接入了电容器 C。

它只有一级调节电压,其电压调节原理与双级式调节器低速触点的工作情况相似。退磁回路的作用如下:

电路中接入 L_2 与 V 后,当触点断开时,发电机励磁绕组产生的自感电动势自励磁绕组搭铁端,经二极管 V、L_2 回到磁场绕组另一端形成回路,使触点断开时的火花明显减弱。

由于退磁线圈 L_2 的作用是加快 K 的闭合。提高了触点的振动频率,减小了输出电压的脉动性。

电容器 C 的作用是在触点断开时,感生电动势对电容器充电,使火花减小,延长了触点寿命,减小了无线电干扰。

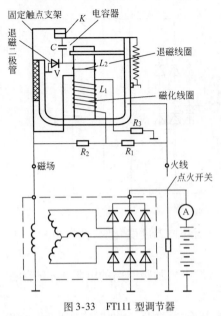

图 3-33 FT111 型调节器

三、电子式电压调节器

触点式调节器存在着以下缺点:

(1)触点间存在电火花,触点容易烧蚀、故障多,且产生无线电干扰。

(2)由于动铁的机械惯性和磁滞惯性较大,工作频率低,输出电压脉动大。

(3)结构复杂、体积大。

为克服触点式调节器的上述缺点,现代汽车上广泛使用了电子式调节器。

电子调节器按所配套发电机励磁绕组的搭铁形式不同可分为内搭式和外搭铁式。按元件的组合形式不同可分为分立元件式和集成电路式。分立元件式调节器就是将二极、三极管、稳压管、电阻、电容等电子元件焊接在一块印刷线路板上,然后封装在外壳内。

电子调节器种类繁多,但基本工作原理相同。都是根据发电机端电压的变化,使稳压管及时地导通或截止,进一步控制大功率晶体管饱和导通与截止,接通或切断发电机励磁电流,使发电机端电压保持不变。

1. JFT106 型调节器

JFT106 型调节器是分立元件外搭铁式调节器。它与 14V、750W 发电机配套使用。调节电压为 13.8~14.6V,CA1091 等汽车装用该型号调节器。

图 3-34 是 JFT106 型调节器与发电机的连接及工作原理图。

(1)元件的作用　JFT106 型调节器中各元件的作用分别是:

①V_1 是稳压二极管。它的击穿电压较高,发电机正常工作时,V_1 呈截止状态。当发电机高速运转突然失去负载或由于其他原因产生瞬时高压时,V_1 击穿导通,使发电机电压保持在 V_1 的击穿电压不再上升,保护电子元件不被损坏。

②R_1、R_2 构成分压器,R_3 是微调电阻。调整 R_3 就可以改变调节器的调节电压值。

③V_2是温度补偿二极管。它是负温度系数元件,用来减小温度变化时调节器调节电压的变化。

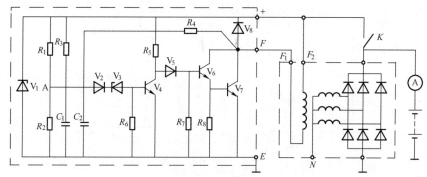

图 3-34　JFT106 型调节器

④V_3是稳压二极管,当 A 点电压高于它的击穿电压时,就导通。低于它的击穿电压时,就截止。

⑤三极管V_4在电路中起放大作用。

⑥V_5的作用是在V_4饱和时,使V_7可靠截止。

⑦C_1、C_2是电解电容器。用来降低V_3的工作频率,同时也降低了大功率管V_7的工作频率,以减小其功耗,延长其寿命。

⑧V_7为大功率三极管,V_6、V_7组成了复合管,目的是增大放大倍数(可以把V_6、V_7当成一个三极管对待)。

⑨V_8为续流二极管。它与励磁绕组并联,用来保护晶体管V_7不被击穿。当V_7截止时,在励磁绕组中将产生很高的感生电动势,容易将V_7击穿。当接入V_8以后,使感生电流形成通路。感生电动势就不会升得很高,对V_7起保护作用。

⑩R_4是正反馈电阻。用来提高大功率管V_7的翻转速度,降低它的耗散功率。R_5、R_6、R_7、R_8为晶体管的偏置电阻,为晶体管设置合适的工作点。

(2)调节器的工作原理　闭合点火开关,蓄电池为调节器供电。因 A 点电压低于V_3的击穿电压,V_3截止。V_4因无基极电流而处于截止状态。V_6、V_7饱和导通。励磁绕组有电流通过。励磁回路为:蓄电池 +→电流表→点火开关→"F_2"接线柱→励磁绕组→"F_1"接线柱→晶体管V_7→搭铁→蓄电池 -。

当发电机端电压稍高于调节器调节值时,A 点电压使V_3击穿,V_4由于基极电流的形成而导通,它的集电极电位降低,使V_6、V_7因无基极电流而截止,切断发电机的励磁电流,发电机端电压下降。当发电机端电压下降到稍低于调节电压时,A 点电压低于V_3的击穿电压,V_3由导通变为截止,使V_4截止,V_6、V_7饱和导通,接通励磁回路,励磁绕组又有电流通过。发电机端电压再升高。当发电机端电压稍高于调节值时,V_6、V_7再截止,发电机端电压再下降……。由于V_6、V_7的反复饱和导通与截止,使发电机的端电压保持不变。

2. JFT105 型电子调节器

JFT105 型电子调节器(见图 3-35),是分离元件内搭铁式的 12V 调节器。该调节器是国内早期产品,内部结构比较简单,与内搭铁式硅整流发电机配套,用在东风 EQ1090 系列汽车上。发电机的励磁绕组一端接调节器磁场接线柱,一端在发电机内部搭铁。

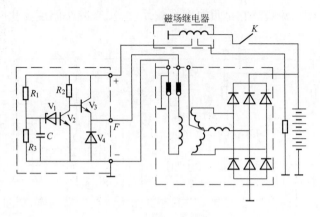

图 3-35 JFT105 型调节器

发电机的励磁电流由磁场继电器控制:闭合点火开关 K,磁场继电器常开触点闭合,蓄电池为调节器供电。通过大功率晶体管的导通与截止,及时接通和切断励磁电流,使发电机端电压保持不变。当断开点火开关时,磁场继电器电流被切断,触点打开,励磁电流也被切断,避免了通过励磁绕组放电。

3. 集成电路调节器

集成电路式调节器一般是将集成电路与部分不便于集成的电子元件焊接在一起。其工作原理与晶体管调节器相同,这种调节器具有体积小、质量轻、调节精度高等优点,可将其装在发电机内部,形成整体式发电机。

课题四 硅整流发电机的检修与试验

完成本课题学习后,你应能:
1. 掌握硅整流发电机各部件的检修方法;
2. 能够熟练装配硅整流发电机;
3. 掌握硅整流发电机的试验项目及试验方法。
建议课时:3 课时。

一、硅整流发电机的检修与装配

(一)硅整流发电机的检修

经诊断,若故障在发电机内部,可按本单元课题二介绍的步骤,将发电机解体,对有故障零部件进行检修。以 JF1522A 型发电机为例,检查、维修的方法、步骤如下。

1. 转子的检修

(1) 直观检查 转子拆下以后,检查滑环在转子轴上是否松动或位移,若发现,可用环氧树脂胶或504胶重新粘牢。粘接时应注意清除接触面的油污,并注意滑环在转子轴上的位置,以保证发电机修复后滑环与电刷准确接触。

检查励磁绕组的引线是否折断、绝缘有无破损、引线与滑环焊接处是否断开。发现故障,予以维修。如发现励磁绕组引线断开,可取一段同直径导线,将连接部位刮净绞合后,用锡焊牢,并进行绝缘处理。

如果滑环表面严重烧蚀,可用"00"号砂纸打磨平整。

(2)用万用表或试灯检查。

①用万用表测两滑环间的电阻(见图3-36)应为4Ω左右。

若电阻为∞,表明励磁绕组断路;若0＜R＜4Ω,表明励磁绕组部分短路。

②如图3-37所示,用万用表R×10k挡分别测两滑环与转子轴的电阻,电阻值应为∞。否则说明励磁绕组绝缘不良(如果励绕组与滑环已完全断开,只表明滑环与转子轴的绝缘情况)。

③如图3-38所示,用220V照明电和220V灯泡接成的试灯测试。试灯的一端接转子轴,另一端分别接两滑环。若试灯完全不亮,证明励磁绕组绝缘良好。试灯亮,说明励磁绕组绝缘不良(励磁绕组与滑环未完全断开)。

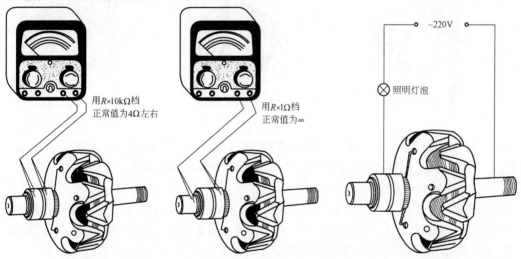

图3-36 测量励磁绕组的电阻　　图3-37 测量励磁绕组的绝缘情况　　图3-38 用试灯检测励磁绕组的绝缘情况

确认励磁绕组短路、断路或绝缘不良时,须重新绕制励磁绕组。

2.定子的检修

(1)直观检查　检查绕组外露部分导线有无断路,绝缘有无损坏。若有断路,可将断路处的导线两端头刮净,取同样直径一段导线,搭接在断路处焊牢。焊剂用松香酒精焊膏或单用松香皆可,不得使用酸性焊膏。焊接完毕后,进行绝缘处理:先用布带包扎,然后涂绝缘漆烘干。

(2)用万用表测量。

①测定子三相绕组的通路断路。万用表的一表笔接三相绕组的中性点,另一表笔分别接绕组的三个首端(见图3-39)。电阻值应接近0且相等。如果有一相电阻值为无穷大,则该相断路。因绕组的电阻值很小,在测量绕组的电阻值时,用数字式万用表显示更为清楚。

②测量三相绕组与铁芯的绝缘情况。将万用表的一表笔接定子铁芯,另一表笔接任一绕组的首端(见图3-40),如指示无穷大,说明绕组绝缘良好。如指示为零或电阻很小,说明至少有一相绕组搭铁。

③判断搭铁绕组。将中性点烫开,使三相绕组导线分离。然后将万用表的一表笔接定子铁芯,另一表笔分别接三个绕组的首端(见图3-41),如测得某一相电阻为零或电阻极小,说明该相绕组已搭铁或绝缘不良。对搭铁绕组仔细观察,发现搭铁部位,可做应急包扎绝缘处理。如不能处理,或定子绕组已烧坏发黑,应拆除重绕。

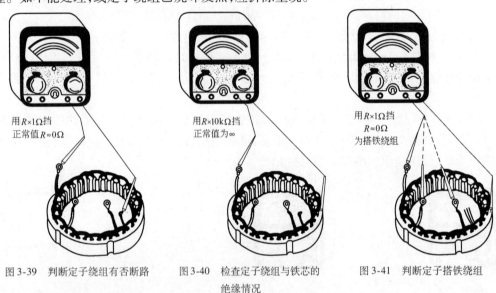

图3-39 判断定子绕组有否断路　　图3-40 检查定子绕组与铁芯的绝缘情况　　图3-41 判断定子搭铁绕组

④绕组之间绝缘的测量。烫开三相绕组的中性点,将万用电表的一表笔接一相绕组的首端,另一表笔分别接其余两个绕组的首端,正常值应为∞。如某次测得的阻值为零或有一定数值,说明该两相绕组短路或绝缘不良。

⑤定子绕组的重新制作。首先拆除旧绕组,并将线槽清理干净。同时记录每相绕组线圈的个数、每个线圈的匝数、导线线径及绕组的安装位置等参数。按原参数重新绕制线圈,在定子槽内垫一层复合聚酯膜,再把线圈嵌装于定子槽内,用竹楔楔紧,最后浸漆烘干。

3. 整流器的检修

(1)正极管的测量　将万用表拨到 R×1 挡,红表笔接元件板,黑表笔分别接三只管子的引线,测得的电阻值应为 8~10Ω;万用表拨到 R×10k 挡,黑表笔接元件板,红表笔分别接三只管子的引线(见图3-42a),测得的阻值应为 10kΩ 以上。若某整流管两次测得的电阻值都为零,表明该整流管已击穿损坏。若两次测得的电阻值均为无穷大,表明该整流管已断路损坏。

(2)负极管的测量　见图3-42b),用万用表 R×1 挡,黑表笔接后端盖,红表笔分别接三只整流管的引线,电阻值应为 8~10Ω;万用表拨到 R×10k 挡,红表笔接后端盖,黑表笔分别接三只整流管的引线,电阻值应在 10kΩ 以上。若某整流管两次测得的电阻值都为零,表明该整流管已击穿损坏。若两次测得的电阻值均为无穷大,表明该整流管已断路损坏。

(3)整流管的更换　对于整体式整流器,一旦发现有整流管损坏,须更换整个整流器。

对压装整流管式整流器,若有整流管损坏,可按图3-43的方法更换整流管。

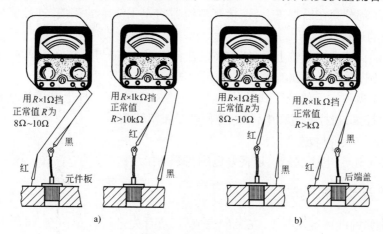

图 3-42　二极管的测量
a)正极管的测量；b)负极管的测量

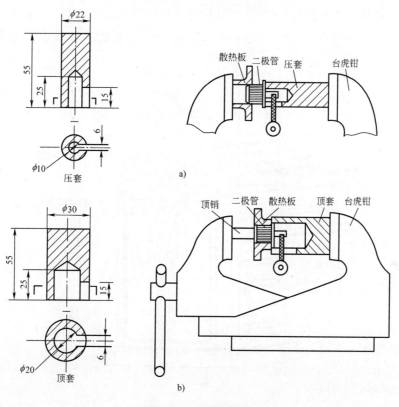

图 3-43　二极管的拆装
a)压入二极管；b)压出二极管

（二）发电机的装配

发电机各部件经检修均合格后,即可进行总装配。在装配过程中,应注意绝缘垫片和小零件(如弹簧、垫圈等)不可遗漏。按拆卸时的相反顺序进行：

(1)将整流器组件装回后端盖,用万用表检查散热板与端盖间的绝缘情况。

(2)将定子部分套在后端盖上,连接好整流器与定子绕组的接线,连接好发电机"+"、"N"等接线柱的连接。

(3)将前端盖装在转子轴上,将转子夹紧在台虎钳上(钳口可垫铅板或木块),在转子轴驱动端装回半圆键、隔圈、风扇、皮带轮,规定力矩拧紧皮带轮紧固螺母。

(4)将后端盖和定子部分装到转子轴上(注意对正挂脚),拧上端盖连接螺栓(注意顺序、分2~3次拧紧,在拧紧过程中,注意应使转子灵活转动)。

(5)将防护罩装回后端盖。

(6)装回电刷架、电刷、弹簧,连接好电刷与磁场接线柱。

二、硅整流发电机的试验

经解体维修的硅整流发电机,在装配完成后,应首先进行外观检查,再用万用表测量接线柱之间及接线柱与外壳之间的电阻值,以初步鉴定维修质量。最后,还应对发电机进行性能测试,以检查发电机是否存在故障。

硅整流发电机的性能检测,可以在发动机综合性能分析仪上进行。发动机综合性能分析仪通常由信号提取系统、前端处理器、主电缆、PC主机、彩色显示器和打印机组成,如图3-44所示。

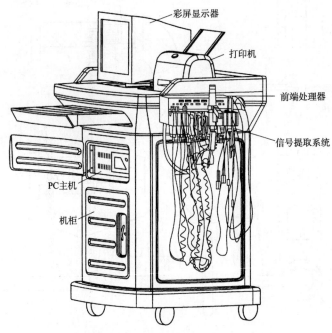

图3-44 发动机综合性能分析仪外形结构

以深圳元征公司生产的发动机综合性能分析仪为例,检测硅整流发电机充电电流、电压的步骤如下:

(1)将经初步检查合格的发电机装回到发动机上。

(2)连接准备。信号提取系统中的充电电压传感器接在发电机正极上,蓄电池连线中的红、黑线夹分别夹在蓄电池的正、负极上,充电电流传感器夹在发电机与蓄电池相连的充电电流线上(箭头的指向应与电流的流向相同),如图3-45所示;同时要将一缸信号传感器夹在一缸高压线上。

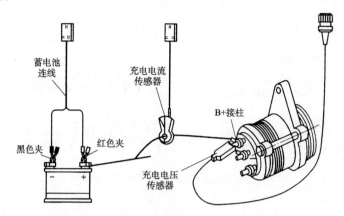

图3-45 充电电流拾取器、充电电压探针和蓄电池电压拾取器安装示意图

(3)起动发动机,待水温达到正常后,准备测试。

(4)测试按以下程序进行。

①接通主机,在电脑桌面点击测试软件,进入主界面,在主界面点击"测试"图标,进入检测界面后再点击用户资料,在输入资料后点击"确定"。

②当重新进入测试界面后,在测试种类中选择相应的发动机机型,接着在弹出的菜单中用鼠标左键点击"充电电压、充电电流"图标,即进入充电电压、充电电流界面。

③用鼠标左键点击"测试"图标,系统即可在显示屏上显示充电电压波形,发动机当前的转速、蓄电池电压和充电电流,见图3-46所示。

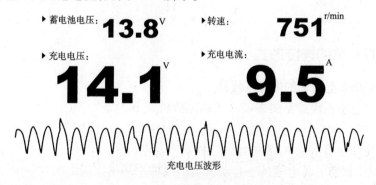

图3-46 充电试验结果显示

④切断汽车上所有电气负载并起动发动机,保持发动机在2500r/min下运行3min,检查发电机输出电压。如果发电机输出电压比发动机不运转的静态蓄电池电压高出0.5~2.0V为正常。发电机输出电流根据负载变化应有所不同:电负载越大,发电机输出的电流就会越大。通过开前照灯或接通空调制冷电路等方式,加大发电机负载,以试验发电机发出的最大电流的能力,然后对比发电机额定电流值,就可以进行发电机维修质量和其性能评价。

⑤根据分析仪显示屏上的电压波形比较出发电机定子故障所在,见图3-47。

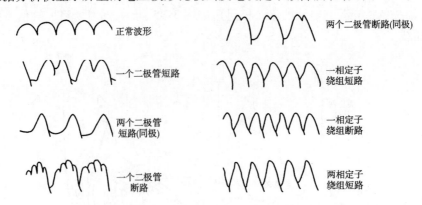

图 3-47　不同情况下的硅整流发电机电压波形图示

课题五　电源系的线路连接

学习目标

完成本课题学习后,你应能:
1. 熟悉电源系的控制电路;
2. 了解充电指示灯的控制形式;
3. 能够对电源系的电路进行一般检查。
建议课时:2 课时。

一、电源系线路的连接形式

1. 解放 CA1092 型汽车的电源系线路

该型汽车的电源系线路见图3-48。各回路分析如下:

(1)充电回路　发电机 +→电流表→30A 快速熔断片(位于熔断丝盒最下端,第 14 路)→起动机主接线柱→蓄电池 +、蓄电池 -→搭铁→发电机 -。

(2)他励励磁回路　蓄电池 +→起动机主接线柱→30A 快速熔断片→电流表→点火开关→5 熔断丝(熔断丝盒中第 8 路)→发电机 F_2 接线柱、励磁绕组、F_1 接线柱→调节器 F 接线柱、调节器内大功率三极管(饱和导通时)、调节器 - 接线柱→搭铁、蓄电池 -。

(3)充电指示灯回路　在发电机电压较低时,充电指示被点亮,回路为:

蓄电池 +→起动机主接线柱→30A 快速熔断片→电流表→点火开关→充电指示灯→组合继电器 L 接线柱、常闭触点、搭铁→蓄电池 -。

在发电机中性点电压达到 4.5～5.5V 后,充电指示灯继电器的常闭触电将被打开,充电指示灯熄灭,表明发电机已正常工作。

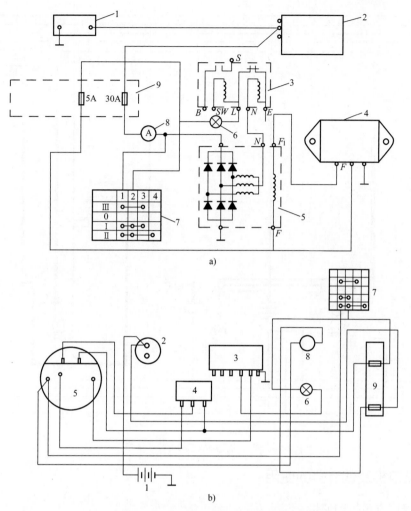

图 3-48 解放 CA1092 型汽车的电源系线路
a) 原理图；b) 敷线图

1-蓄电池；2-起动机；3-组合继电器；4-晶体管调节器；5-发电机；6-充电指示灯；7-点火开关；8-电流表；9-熔断丝盒

2. 上海桑塔纳轿车的电源系线路

桑塔纳轿车的电源系线路如图 3-49 所示。

线路图的上部为中央电器装置，标注"30"、"15"、"X"和"31"的是其中的四块相互绝缘的铜板，中央电器装置还插装了继电器和熔断丝。该型汽车的电源系有以下特点：

（1）"30"与蓄电池 + 、发电机 B_+ 直接连接，因此该线是常火线，不受任何开关控制，在电路图上与其接的端子均标 P 字母；

（2）"15"受点火开关 D 的第 4 挡控制，当点火开关处于 1 位（点火）或 2 位（起动）时，该线带电，"15"用来接那些小容量的用电设备；

（3）"X"是通过点火开关 D 的第 2 挡，经中间继电器 J_{59} 控制的，当点火开关处于 2 位时，J_{59} 的线圈通电，使其触点闭合，将"30"和"X"接通，"X"用来接那些大容量的用电设备；

（4）"31"通过电路区位 1 处的导线搭铁。

桑塔纳轿车的电源系各回路的情况见单元八中的相关内容。

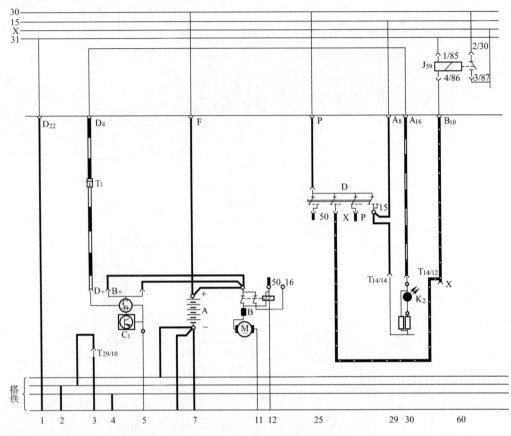

图 3-49　上海桑塔纳的电源系线路

二、发电机及调节器的使用

1. 硅整流发电机的使用

（1）蓄电池必须正确连接。硅整流发电机均为负极搭铁，蓄电池也必须负极搭铁。蓄电池正极与发电机火线是直接相连的，如果蓄电池正、负极接反，蓄电池将通过整流器大电流放电，很短时间就会把整流管烧坏。所以在更换或重新安装蓄电池时，应特别注意极性不能接错。

（2）发电机与调节器应按生产厂家规定配套使用。在更换调节器时，应选用厂家规定的型号的调节器。

（3）发电机与调节器各接线柱之间必须正确连接。在使用电子调节器时，更应谨慎小心。如果连接不正确，可能在连接的一瞬间，电子调节器已经损坏。

（4）发电机搭铁接线柱与调节器搭铁接线柱间的连接导线不能省掉。虽然发电机及调节器都经发动机机体和车身已搭铁，但为使发电机及调节器工作可靠，又设有一条导线把发电机搭铁接线柱与调节器搭铁接线柱连接在一起，在维修接线时，不能随意省掉。

（5）不能用短接"试火"的方法检验发电机的工作情况。因为发电机的火线与蓄电池正极是由导线直接连接的，无论发电机工作正常与否，在"试火"时，蓄电池都会短路放电，并且火花很强。用"试火"方法不仅检验不出发电机发电与否，而且容易产生瞬时高压，损坏发电机及调节器电子元件。

（6）不能用兆欧表或照明电检验硅整流发电机和调节器。因为兆欧表产生的电压和照明电的电压超出了发电机整流管及调节器电子元件的耐压极限，很容易将电子元件击穿损坏。

（7）发动机熄火后，应及时断开点火开关。点火开关不但控制着点火系、仪表系电路，同时还直接或通过继电器控制着发电机励磁电路。发动机熄火后，如不及时断开点火开关，蓄电池会通过励磁绕组放电，浪费蓄电池电能，同时还容易烧坏发电机励磁绕组或调节器大功率管。

（8）发电机与蓄电池之间的导线一定要连接可靠。当发电机高速运转时，如果该导线突然断开，会产生瞬时高压，损坏电子元件。

（9）汽车在运行中，一旦发现不充电或充电电流过小，应立即停车检查维修。因为蓄电池容量有限，汽车在运行过程中，单靠蓄电池为各用电设备供电，它在很短时间就会把电放完，形成过放电，直接影响蓄电池的寿命。同时，蓄电池放完电汽车被迫停驶后，给查找故障、排除故障、起动发动机都带来很大困难，增加了维修的难度。

2. 调节器的使用

调节器与发电机是联系在一起的，调节器的使用除上述的注意事项外，还应注意以下几点。

（1）调节器与发电机应按要求配套选用。应急代用时也应注意调节器与发电机必须是同一电压级别，调节器与发电机的搭铁形式必须一致，调节器的调节功率必须满足要求，调节器与发电机的连接必须正确。

（2）触点式调节器在调整或维修后，应随时盖好外壳，并注意密封可靠。若触点沾油污或尘土，将产生接触不良故障，影响调节器工作的可靠性。

（3）配用双触点调节器的发电机，检查充电系统故障时，在没有断开发电机与调节器连导线的情况下，不允许短接发电机的"＋"与"F"接线柱。这是因为，当发电机和调节器工作都正常，故障发生在其他部位时，短接"＋"与"F"接线柱后，发电机端电压会急剧升高，达到第二级调节电压，使高速触点 K_2 工作。当 K_2 闭合时，蓄电池火线对地短路而大电流放电，易将 K_2 烧坏。

单元四
起 动 系

课题一　起动系概述

学习目标

完成本课题学习后,你应能:
1. 了解起动系的作用;
2. 熟悉起动系各部件的名称及外形;
3. 熟悉起动系各组成部件的安装位置。

建议课时:**1**课时。

一、起动系的作用

发动机的起动,是指静止的发动机在外力驱动下,从开始旋转到进入自行运行的全过程。发动机常用的起动方式有人力起动、辅助汽油机起动和电力起动等三种形式。其中人力起动常用在小功率发动机上,在部分汽车上作为后备方式保留着;辅助汽油机起动主要用在一些大功率的柴油机上;电力起动具有操纵简单、起动迅速方便、重复起动性能好等优点,被现代汽车广泛采用。

常见汽车起动机安装及连接情况,见图4-1。

二、起动系的组成

起动系一般都由起动型蓄电池、起动机、起动开关、起动继电器等组成。其中,蓄电池为起动机提供电能,起动机将电能转化为机械能,输出转矩带动发动机运转;起动开关与点火开关(汽油发动机汽车)或电源开关(柴油发动机汽车)为一体,开关做成钥匙式,用来控制起动机工作;起动继电器(在小型起动机电路中一般不配备)是用来保护起动开关的。

起动系的一般控制电路,见图4-2。

三、起动系的工作过程

1. 无起动继电器的起动系工作过程

见图4-2a),将点火开关置于起动挡时,起动机电磁开关中的线圈便获得电流,使电磁开关中的主触点闭合,将起动机主电路接通,电动机通电工作。起动后,断开点火开关起动挡,切断对电磁开关线圈的供电电流,起动机主电路将自动切断,起动机停止工作。

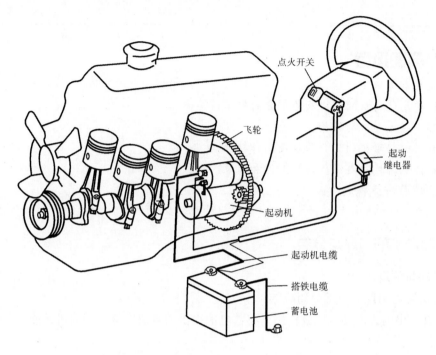

图 4-1 起动机在汽车上的安装与连接

2. 带起动继电器的起动系工作过程

见图 4-2b),将点火开关置于起动挡时,起动继电器线圈通电,其触点闭合,起动机电磁开关中的线圈便获得电流,使电磁开关中的主触点闭合,将起动机主电路接通,电动机通电工作。起动后,断开点火开关起动挡,起动继电器触点被打开,切断对电磁开关线圈的供电电流,起动机主电路将自动切断,起动机停止工作。

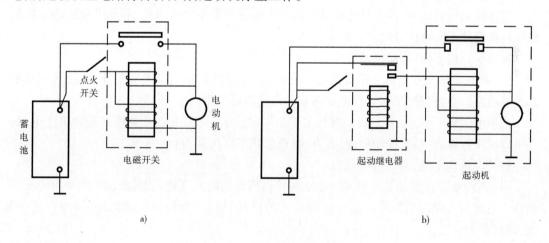

图 4-2 起动系电路控制原理图
a) 无起动继电器;b) 带起动继电器

课题二　起动机的构造、拆卸、工作原理与特性

完成本课题学习后,你应能:
1. 熟悉起动机的组成及各部分的作用;
2. 掌握起动机的结构;
3. 了解起动机的工作原理及工作特性;
4. 能熟练地对起动机进行解体和组装。
建议课时:5 课时。

一、起动机的组成与分类

1. 起动机的组成

起动机都是由以下三部分组成的:

(1)直流串励式电动机　其作用是将蓄电池提供的直流电能转变为机械能,产生转矩起动发动机。

(2)传动机构(也称单向离合器)　其作用是在发动机起动时,使起动机驱动齿轮啮入发动机飞轮齿圈,将起动机转矩传给发动机曲轴,在发动机起动后,驱动齿轮自动打滑,并最终与飞轮齿圈脱离啮合。

(3)控制机构(也称电磁开关)　用来接通或切断电动机与蓄电池之间的电路,在有些起动机上还具有隔除点火线圈附加电阻的作用。

2. 起动机的分类

起动机的种类繁多,但常见起动机的电动机部分差别不大。因此,起动机常按传动机构和控制机构的不同进行分类。

按控制机构不同,起动机可分为:

(1)机械操纵式起动机　用脚踏或手拉方式,直接控制起动机主电路开关,接通或切断起动机电路。在新型汽车上这种形式的起动机已不再采用。

(2)电磁操纵式起动机　以钥匙开关控制电磁开关,再由电磁开关控制起动机主电路。它可以实现远距离控制,操作简便、省力,被现代汽车广泛采用。

按传动机构不同,起动机可分为:

(1)惯性啮合式起动机　起动时驱动齿轮借惯性力啮入飞轮齿圈,起动后驱动齿轮又靠惯性力自动与飞轮齿圈脱开。由于这种形式的传动机构不能传递大的转矩、可靠性差,因此,现已很少采用。

(2)电枢移动式起动机　靠起动机内部磁极的电磁力,使起动机电枢做轴向移动,将驱动齿轮啮入飞轮齿圈,发动机起动后,电枢回位,带动齿轮脱离啮合。这种形式的起动机多

用于大功率柴油机上。

（3）强制啮合式起动机　靠人力或电磁力操纵，强制拨动驱动齿轮啮入和脱出飞轮齿圈。由于结构简单、工作可靠、操纵方便，被现代汽车广泛采用。

目前大多数汽车起动机的控制机构为电磁操纵式，而传动机构为强制啮合式，故称为电磁操纵强制啮合式起动机。

随着材料和技术的发展，出现了永磁起动机和减速起动机等新型起动机。

二、直流电动机的结构、工作原理与特性

（一）直流串励式电动机的结构

这种直流电动机因其励磁绕组与电枢绕组串联，故称为直流串励式电动机。它主要由电枢、磁极、电刷及电刷架、壳体及端盖等部件构成。

（1）电枢　电枢是电动机的转子，用来产生电磁转矩，其结构见图4-3。

①铁芯。为了减少涡流损失，电枢铁芯用多片相互绝缘的硅钢片叠成，借内圆面的花键槽压装在电枢轴上，铁芯的外圆表面有槽，用来安装电枢绕组。

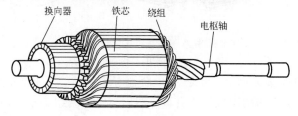

图4-3　电枢总成

②绕组。因电枢电流很大，所以其绕组采用截面积较大的矩形裸铜线绕制，绕组嵌装在铁芯槽内。

③换向器。其结构见图4-4a），电枢绕组的首尾均焊装于相应铜片的槽中，换向器压装在电枢轴上。

由于云母的耐磨性较好，在换向铜片磨损后，云母就会凸起，影响电刷与换向器的接触，因此有些微型汽车使用的起动机换向片之间的云母片规定割低0.5~0.8mm，如图4-4b）所示，但功率较大的起动机，云母不应割低。

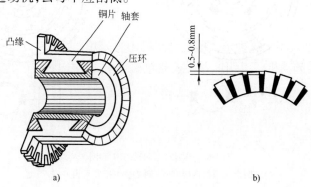

图4-4　换向器
a）换向器结构；b）铜片间云母片的割低

④电枢轴。除了固定铁芯及换向器外,还伸出一定长度的花键轴和阶梯轴,用于套装传动机构。

(2)磁极 用来产生电动机的磁场,它由磁极铁芯和励磁绕组两部分构成。

为了增大起动机的转矩,电动机采用多磁极,一般为4极,功率大于7.35kW(10马力)的起动机有采用6磁极的。磁极铁芯为低碳钢,形状见图4-5a)。励磁绕组也是用矩形裸铜线绕制的,4个(或6个)绕组按一定方向连接(见图4-5b)。每个磁极铁芯上套一个绕组,用螺钉固定在电动机外壳上。绕组通电后产生磁场,将磁极磁化,各磁极的内侧形成N、S极相间排列的形式,在磁极、外壳和电枢铁芯之间形成的磁路见图4-5c)。

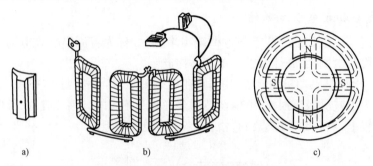

图4-5 铁芯、励磁绕组及电动机的磁路
a)铁芯;b)励磁绕组;c)电动机的磁路

励磁绕组有两种连接方式,一种是4个绕组依次串联后,再与电枢绕组串联(见图4-6a);另一种是励磁绕组两两串联后再并联,然后与电枢绕组串联(见图4-6b)。采用后一种形式,电动机电阻较小,可以获得更大的电枢电流。由于电枢绕组与励磁绕组以串联形式连接,故称其为串励式电动机。

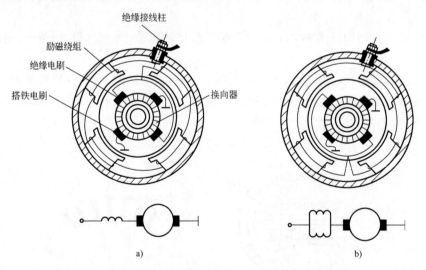

图4-6 串励式电动机的内部电路
a)四个绕组依次串联;b)两个绕组串联后再并联

(3)电刷及电刷架 电刷及电刷架如图4-7a)所示。电刷用铜粉和石墨粉压制而成,顶部有软铜线,接在搭铁电刷架(搭铁电刷)或励磁绕组(绝缘电刷)的一端。

电刷架多制成框式,固定在后端盖上,绝缘电刷架与端盖间由绝缘垫隔开。电刷架上装有盘形弹簧,将电刷压紧在换向器表面上(见图4-7b)。

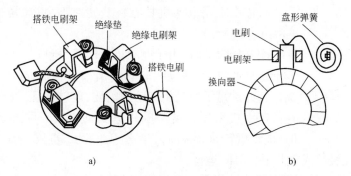

图4-7 电刷与电刷架
a)电刷及电刷架;b)电刷安装示意图

(4)外壳与端盖　电动机的外壳是用钢板焊接或用无缝钢管加工而成的,内部固定着磁极。它的一端有4个检查电刷用的窗口,平时用防尘箍密封(有的起动机的检查窗口留在电刷端盖上,用防尘盖密封)。外壳上有一个绝缘接线柱与励磁绕组的一端连接,外壳的两端还留有与端盖组装用的定位槽或缺口。

电动机的前端盖(驱动端盖)用铸铁铸造,后端盖用钢板冲压(无检查窗口)或用铝合金铸造(带有检查窗口),前后端盖上都压装着青铜石墨或铁基含油滑动轴承,有些起动机采用滚动轴承。因电枢轴较长,故在前端盖上还装有带滑动轴承的中间支承板,它与前端盖间形成的一个较大空腔用来安装传动机构。

(二)直流电动机的工作原理

1. 基本工作原理

直流电动机都是根据通电导体在磁场中受到电磁力作用这一原理工作的。其转动原理参见单元一有关内容。

由于一匝线圈产生的转矩太小,且运转不稳定,所以电动机的电枢采用多匝线圈,换向器的片数也相应增加。同样,为了增大电动机的转矩和使其运转稳定,磁极数量也增多了。

2. 直流电动机的转矩

直流电动机的转矩与电枢电流及磁极磁通的乘积成正比,可表示为:

$$M = C_m I_s \Phi$$

式中:C_m——电机常数(与电动机的结构有关);

I_s——电枢电流;

Φ——磁极磁通。

(三)直流串励式电动机的特性

1. 转矩特性——起动转矩大

直流串励式电动机的转矩特性如图4-8中的M曲线所示。

在起动机电路刚刚接通时,电动机处于完全制动状态(其转速$n=0$),电枢电流达到最大值(称为制动电流),电动机产生最大转矩(称为制动转矩),正好满足了发动机起动瞬间需要大转矩的要求。这是起动机采用直流串励式电动机的主要原因。

2. 转速特性——轻载转速高、重载转速低

直流串励式电动机具有轻载转速高、重载转速低的特性(图 4-8 中的 n 曲线)。

刚开始起动时,由于电动机负载重,所以其转速低、转矩大,随起动过程的进行,发动机转速增高,起动阻力减小,转速进一步升高。正好满足了发动机起动的需要,能够保证发动机的可靠起动,这是起动机采用直流串励式电动机的又一重要原因。但在轻载时,电动机转速会很高,容易造成"飞车"事故。因此对较大功率的起动机,不允许在轻载或空载下长时间运行。

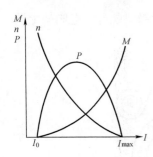

图 4-8 直流串励式电动机的特性曲线

3. 功率特性——具有短时间内输出最大功率的能力

直流电动机的输出功率与转矩 M 和转速 n 的乘积成正比:

$$P = Mn/9550 (\text{kW})$$

当电动机完全制动($n=0$)和空载($M=0$)时,电动机的输出功率都等于零。如图 4-9 中的 P 曲线所示,当电枢电流约为制动电流的一半时,电动机发出最大功率。

由于起动机每次运转时间都很短,因此,允许它以最大功率运行,一般把它的最大输出功率定为额定功率。由于直流串励式电动机具有在短时间内输出最大功率的能力,用它作起动电机能保证发动机很快被起动。

三、起动机的拆卸

解放 CA1092 型汽车起动机的结构如图 4-9 所示。解体时应注意垫片、垫圈等小零件的数量及安装位置,解体顺序如下:

(1)拆下连接电磁开关接线柱与电动机接线柱间的导电片,旋出固定电磁开关的螺钉,取下电磁开关。

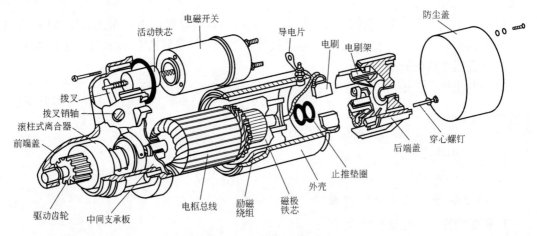

图 4-9 CA1092 型汽车起动机的结构

(2)旋出防尘盖固定螺钉,取下防尘盖,用专用钢丝钩取出电刷。

(3)旋出两穿心螺钉,取下后端盖及外壳。

(4)拆下中间支承板,将电枢连同传动机构与前端盖分离。

(5)拆下电枢轴上的卡簧,将传动机构与电枢分离。

四、起动机的传动机构与控制装置

(一)起动机的传动机构

起动机的传动机构由单向离合器和传动拨叉等部件构成。传动拨叉的结构及工作情况都比较简单,这里只讨论离合器。

单向离合器的作用是传递电动机转矩以起动发动机,在发动机起动后自动打滑,保证电枢不致飞散损坏。常用的单向离合器有以下3种。

1. 滚柱式单向离合器

(1)构造　滚柱式单向离合器的构造如图4-10所示。驱动齿轮与外壳制成一体,十字块与花键套筒制成一体,在外壳与十字块形成的4个楔形槽中分别装有一套滚柱与压帽弹簧,花键套筒外面装有移动衬套及缓冲弹簧。整个离合器总成利用花键套筒套在电枢轴的花键上,拨叉拨动移动衬套时,离合器总成可在电枢轴上做轴向移动,但花键套筒及十字块都要随电枢轴转动。

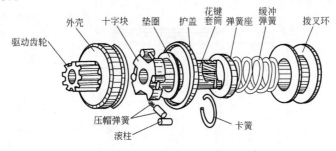

图4-10　滚柱式离合器

(2)工作过程　发动机起动时,拨叉使离合器总成沿电枢轴花键移动,驱动齿轮啮入发动机飞轮齿圈,然后起动机通电旋转,转矩由花键套筒传到十字块,十字块则随电枢旋转,这时滚珠在摩擦力的作用下滚入楔形槽的窄端被卡死,迫使驱动齿轮带动发动机飞轮旋转,起动发动机(见图4-11a)。

发动机起动后,飞轮转速升高,飞轮齿圈变为主动轮,带动驱动齿轮旋转,在摩擦力的作用下,滚珠滚入楔形槽的宽端而打滑(见图4-11b),使发动机的转矩不能传递给电枢,防止了电枢的超速飞散。

滚珠式离合器结构简单、体积小、工作可靠,一般不需调整,在现代汽车上被广泛采用。但它不能传递大的转矩,在大功率起动机上使用受到限制。

2. 弹簧式离合器

(1)构造　弹簧式离合器的构造如图4-12所示,花键套筒装在电枢轴的螺旋花键上,驱动齿轮套在电枢轴的光滑部分上,驱动齿轮柄的圆柱部分与花键套筒的圆柱部分装在一起后,用两个月形键将它们连接,两部分之间能够相对转动,但不能作轴向相对移动。在它们外面包有一个扭力弹簧,弹簧的两端各有1/4圈内径较小,分别紧箍在齿轮柄和花键套筒上,扭力弹簧有圆形与方形截面两种形式。

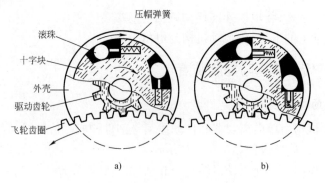

图 4-11 滚柱式离合器的工作原理
a)发动机起动时；b)发动机起动后

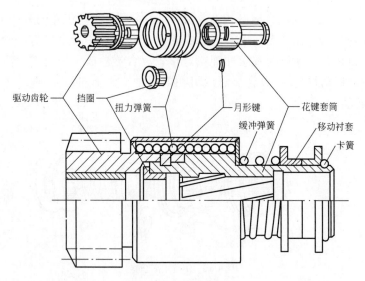

图 4-12 弹簧式离合器

（2）工作过程　发动机起动瞬间，电枢轴带动花键套筒稍有转动时，扭力弹簧顺着其螺旋方向将齿轮柄与花键套筒包紧，起动机转矩经扭力弹簧传递给驱动齿轮。发动机起动后，飞轮带动驱动齿轮旋转，其转速高于花键套筒，扭力弹簧被放松，齿轮与套筒间松脱打滑，发动机的转矩不能传递给起动机。

弹簧式离合器具有结构简单、寿命长、成本低等优点。但由于扭力弹簧的圈数较多，使其轴向尺寸较大，因此，在小型起动机上使用受到限制。

3. 摩擦片式离合器

（1）构造　摩擦片式离合器的构造如图 4-13 所示，花键套筒的外表面上有三线螺旋花键，套着内接合鼓（主动鼓），内接合鼓上有4道轴向槽，用来插放主动摩擦片的内凸齿，被动摩擦片的外凸齿插在与驱动齿轮成一体的外接合鼓（被动鼓）的槽中，主、被动摩擦片相间排列。

（2）工作过程　发动机起动瞬间，外接合鼓是静止的，在惯性力作用下，内接合鼓由于花键套筒的旋转而左移，从而使主、被动摩擦片压紧在一起，电枢转矩经内接合鼓及主、被动摩擦片和外接合鼓传给齿轮。发动机起动后，飞轮齿圈带动驱动齿轮旋转，于是内接合鼓沿花键套筒的花键右移，使主、被动摩擦片放松而打滑，发动机的转矩不能传给起动机。

摩擦片式离合器可以传递较大转矩，并能在超载时自动打滑，可以防止因超载而损坏起动机。但由于摩擦片容易磨损、表面摩擦系数会逐渐变小，所以需经常检查和调整，另外其结构也比较复杂。

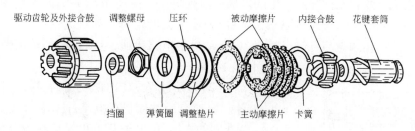

图 4-13 摩擦片式离合器

（二）起动机的控制装置

起动机的控制机构有机械操纵式和电磁操纵式两类。机械操纵式已经淘汰，这里只介绍电磁操纵式控制机构。

1. 电磁开关的构造

电磁开关的构造如图 4-14 所示，胶木盖上有两个主接线柱（在外部分别与蓄电池和电动机连接，见图 4-15），它们伸入开关内部的部分为触点。电磁开关的另一端有铜套，上面绕着吸引线圈和保持线圈，两线圈的公共端引出一个接"起动开关"或起动继电器的"起动机"接线柱，吸引线圈的另一端接电动机主接线柱，保持线圈的另一端直接搭铁（见图 4-14）。位于固定铁芯中心孔内的推杆上绝缘地安装着铜质接触盘。铜套内有活动铁芯，它与拨叉通过拉杆相连（见图 4-15）。电磁开关内的弹簧是用来使接触盘或活动铁芯回位的。电磁开关上还有一个接点火线圈"开关"的接线柱，该接线柱伸入开关内部的是一个弹簧片触头，当接触盘向右移动时，该触头与接触盘接触而与电源接通（见图 4-14）。

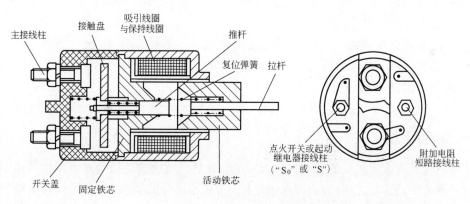

图 4-14 电磁开关的构造

2. 工作过程

图 4-15 是电磁操纵式起动机的原理电路，其工作过程分阶段叙述如下。

（1）起动瞬间　刚接通起动开关时，吸引线圈和保持线圈的电流回路为：

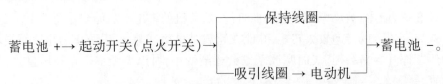

此时,吸引线圈和保持线圈产生的磁场方向相同,活动铁芯在电磁力的作用下克服弹簧的作用被吸入,同时带动拨叉将驱动齿轮推出,使驱动齿轮与发动机飞轮齿圈啮合,在它们即将完全啮合时,接触盘与各触点接触,将电动机主电路接通,电动机产生转矩带动发动机曲轴运转。

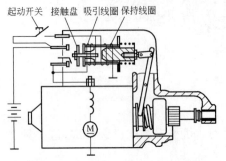

图4-15 电磁操纵式起动机的原理电路

(2)起动过程。主电路接通后,接触盘将吸引线圈短路,而保持线圈仍有电流,且回路不变,这时在保持线圈的作用下,电磁开关仍保持在吸合位置上,起动机继续通电运转。

(3)起动后。刚断开起动开关时,吸引线圈和保持线圈构成的电流回路为:蓄电池+→主接线柱及接触盘→吸引线圈→保持线圈→蓄电池-。

由于此时吸引线圈中的电流与起动瞬间该线圈中的电流方向相反,所以吸引线圈和保持线圈产生的磁场方向相反而相互抵消,于是活动铁芯在复位弹簧的作用下退回原位。接触盘退回时切断了起动机主电路,拨叉将处于打滑状态的离合器拨回原位,齿轮脱离啮合,起动机停止工作。

课题三 减速起动机与永磁起动机

 学习目标

完成本课题学习后,你应能:
1. 了解减速起动机的特点、结构与适应情况;
2. 了解永磁起动机的特点、结构与适应情况。
建议课时:1课时。

一、减速起动机

传动机构设有减速机构的起动机称为减速起动机。减速起动机是在电动机的电枢轴与单向离合器的驱动齿轮之间,装有减速齿轮机构(减速比一般在3~5之间),将电动机的转速降低后,增大输出转矩,再带动驱动齿轮转动,从而起动发动机。与直接传动起动机相比,减速起动机具有下列优点:

(1)起动转矩增大,起动可靠,有利于低温起动。
(2)起动机体积小,总长度可缩短20%~30%。
(3)比功率大,在输出功率相同的情况下,其质量可减少25%~35%。

(4)减轻了蓄电池的负荷,提高了起动性能。

为了提高起动机的输出转矩,减少起动机的质量,采用减速起动机的汽车日益增多。除传动装置外,减速起动机与直接传动起动机基本相同。

1. 减速装置的结构特点

减速装置安装在电枢轴与单向离合器之间,按传动方式不同分为平行轴圆柱齿轮外啮合传动式(如日本电装公司的 12V11E1.4 型减速起动机)、平行轴圆柱齿轮内啮合传动式(如国产 QD254 型减速起动机)和同心轴行星齿轮传动式(如帕萨特轿车采用的 QDY1211 型永磁减速起动机)。三种减速机构传动方式如图 4-16 所示,减速机构组合如图 4-17 所示。

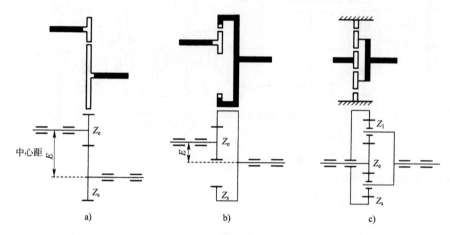

图 4-16 减速装置传动方式
a)外啮合式;b)内啮合式;c)行星齿轮式

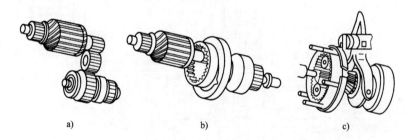

图 4-17 减速机构组合
a)外啮合式;b)内啮合式;c)行星齿轮式

2. 内啮合式减速起动机

QD254 型内啮合式减速起动机的结构原理如图 4-18 所示。

该起动机的结构特点是:电动机为小型高速串励式直流电动机,在电枢轴端有主动齿轮,它与内啮合减速齿轮相啮合。内啮合齿轮与螺旋花键轴固定连接,螺旋花键上套有滚柱式单向离合器。其工作原理如下:起动时,接通起动开关,蓄电池电流流过起动继电器磁化线圈产生电磁吸力,使触电闭合,接通了电磁开关中吸拉线圈和保持线圈的电路。由于两线圈中有同向电流,产生较大吸力,活动铁芯被吸入,带动拨叉将单向离合器推出,使驱动齿轮与飞轮齿圈啮合。当驱动齿轮与飞轮齿圈接近完全啮合时,活动铁芯推动接触盘将触点接通,于是起动机主电路接通,电枢开始高速运转。经主动齿轮、内啮合减速齿轮减速,再经螺旋花键轴传给单向离合器,最后通过单向离合器传递给驱动齿轮,起动发动机。

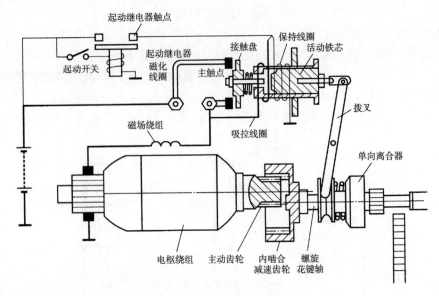

图 4-18　QD254 型起动机的结构原理

3. 外啮合式减速起动机

外啮合式减速起动机的结构原理见图 4-19。

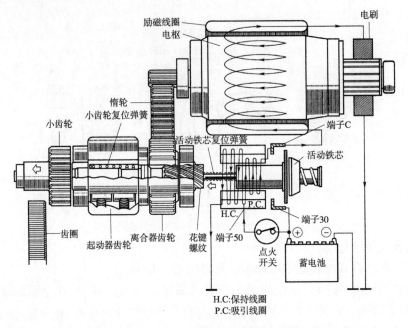

图 4-19　外啮合减速起动机结构原理图

起动机主要由电磁开关、电动机(高速电机)减速齿轮(惰轮和离合器齿轮)、驱动齿轮和起动离合器等部件组成。减速齿轮将电动机转速减至 1/3 或 1/4 后传至驱动齿轮。电磁开关的活动铁芯直接推动驱动齿轮(位于同一轴上),使其与飞轮齿圈啮合。

其控制电路和工作过程与内啮合减速起动机相似。

二、永磁起动机

永磁起动机最主要的特点是,将普通电动机的磁场用永久磁铁来代替。因为去掉了磁场的电磁线圈及其铁芯,因此,电动机的结构简单、体积变小,适应于空间较小的汽车。

永磁电动机的转速高,因此,在起动机上采用了减速机构。采用行星齿轮减速机构的永磁起动机的结构如图 4-20 所示。

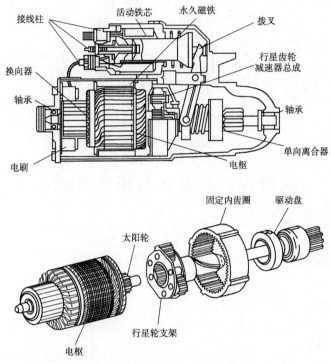

图 4-20　永磁减速起动机

起动机中有 6 块永磁磁极,用弹性保持片固定于机壳内。传动机构为滚柱式单向离合器。配以行星齿轮减速装置,其电枢轴齿轮为太阳轮,另有 3 个行星齿轮和 1 个固定内齿圈。太阳轮固装在电枢轴上,与 3 个行星齿轮同时外啮合,3 个行星齿轮套在一个圆盘上,行星齿轮可以灵活自转,圆盘与驱动齿轮制成一体,驱动齿轮轴一端制有螺旋花键,与单向离合器传动套筒内螺旋花键配合。与行星齿轮啮合的内齿圈为铸塑件,其外缘的定位槽嵌入在起动机驱动端盖上。

永磁减速起动机的工作原理如图 4-21 所示。

该起动机的工作过程,与普通起动机基本相同,但电枢产生的转矩,经齿轮减速装置减速后转矩增大,再传给驱动齿轮。转矩传递线路为:

电枢轴齿轮(太阳轮)→行星齿轮及支架→驱动齿轮轴→滚柱式单向离合器→驱动齿轮→发动机飞轮齿圈。驱动发动机曲轴旋转。

减速起动机、永磁起动机的与普通起动机的使用维护注意事项类似。由于增加了减速装置,所以应注意起动机各旋转部件的润滑。

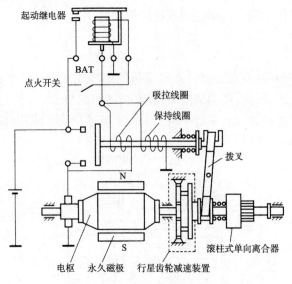

图 4-21　12VDW1.4 型永磁减速起动机

课题四　起动机的检修与试验

> **学习目标**
>
> 完成本课题学习后,你应能:
> 1. 熟练地对起动机进行检修;
> 2. 掌握起动机性能测试方法。
>
> 建议课时:3 课时。

一、起动机的检修与装复

(一)起动机的检修

起动机的检修包括解体与清洗、检验和修理、装配等工序。以解放 CA1092 型汽车起动机为例,各工序的主要作业如下。

1. 解体与清洗

经诊断,若能确认电磁开关、单向离合器及磁场部分的内部无故障,一般不再对它们进行解体,以防造成人为损伤。解体后的电气绝缘部件只能用沾有少量汽油的干净棉纱擦拭,机械部件可放入汽油、煤油或清洗液中清洗。

2. 检验和修理

1)电枢总成的检验和修理

(1)电枢绕组的检修。

①若电枢绕组断路,一般可由目测观察到,断路挡处可用焊接法修复。

②电枢绕组搭铁的检验:用万用电表 R×10kΩ 挡检查各换向片与电枢轴(或铁芯)的绝缘情况。如图 4-22a)所示,如果指示值为零,或图 4-22b)所示的 220V 交流指示灯亮,均表明电枢绕组(或换向器)已搭铁,一般应更换电枢总成。

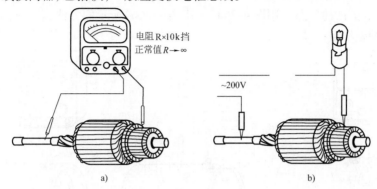

图 4-22 电枢绕组搭铁的检验
a)用万用表;b)用试灯

(2)换向器的检修。

①换向器表面的检修。如表面脏污,可用干净棉纱沾少量汽油擦拭干净;若表面不平或轻微烧蚀,可用"00"号砂纸打磨(见图4-23);若表面严重烧蚀或有过深沟槽,可选择尽量小的加工余量车削。当换向片的厚度小于 2mm 时,应更换换向器或电枢总成。

②换向器圆柱面对电枢轴的径向跳动偏差为 0.05mm,检验方法见图4-24,转动电枢,百分表显示的最大值与最小值之差如超过 0.05mm,应车削复圆。

图 4-23 用砂纸打磨换向器表面　　图 4-24 换向器径向跳动的检验

③换向器铜片间绝缘层的割低。要求将绝缘层割低的换向器,应检查其深度(0.5~0.8mm,见图4-4),否则可用薄钢锯条锯割。

(3)电枢轴的检修。

用百分表检验电枢轴中间轴颈处的径向跳动(见图4-31)应不大于 0.05mm,铁芯表面最大圆跳动应小于 0.15mm,否则应校正。

2)励磁绕组的检验和修理

(1)励磁绕组的检修。

①励磁绕组断路的检修。用万用电表 R×1Ω 挡,按图4-25所示的方法进行检查,若阻

值为∞，说明励磁绕组出现了断路，这一般是由于脱焊或虚焊造成的，重新焊牢即可。

②励磁绕组短路的检验。对励磁绕组通以 2V 的直流电，用钢片触试各磁极，如某磁极的吸力明显小于其他磁极，则该磁极上的绕组有短路故障。

③励磁绕组搭铁的检验。用图 4-26a）或用图 4-26b）所示的方法，若试灯亮或电阻值不为∞，都说明励磁绕组搭铁。

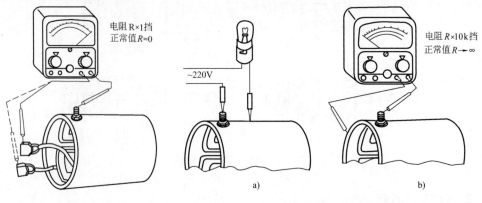

图 4-25 励磁绕组断路的检验

图 4-26 励磁绕组搭铁的检验
a）试灯法；b）用万用电表检验

（2）励磁绕组的修理。

励磁绕组出现短路、搭铁故障时，应拆下磁极和绕组更换绕组绝缘层，重新包扎、浸漆烘干后装复。

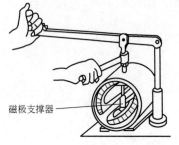

①拆卸磁极。用磁极支撑器撑紧欲拆卸的磁极，以防外壳变形，用图 4-27 所示的专用工具卸下固定螺钉，取下磁极。

②清除励磁绕组的旧包扎层及绝缘层。

③填装新绝缘纸。将厚度为 0.3～0.4mm 的青壳纸裁成比绕组铜线稍宽的纸条，将其嵌入绕组各匝间（见图 4-28a）。

④重新包扎。按图 4-28b）所示的方法，用白纱带包扎励磁绕组。

图 4-27 拆卸磁极

⑤浸漆及烘干。用规定绝缘漆浸透后在 110～120℃下烘干 10h。

⑥按原连接关系装复。装复后应进行检验：对励磁绕组通 2V 直流电，同时用小钢片测试磁极极性。如果小钢片总能被吸到相邻的任两个磁极上，说明 N、S 极交叉排列，磁极安装正确。否则应拆下磁极，重新焊接和安装。

3）电刷、电刷架及端盖的检修

（1）电刷的检修。电刷的高度低于原高度的 2/3 时，应予更换（新电刷的高度为 14mm），见图 4-29a）。更换的电刷应研磨其接触面，研磨方法见图 4-29b），研磨后的接触面积应大于 75%。

（2）电刷弹簧压力的检查。用弹簧秤测量电刷弹簧压力的方法见图 4-30。若压力低于 11.7～14.7N，应予更换。

（3）绝缘电刷架的检验。用图 4-31a）或图 4-31b）所示的方法，当试灯亮或万用表的示值不为∞时，表明绝缘电刷架的绝缘已损坏，应更换绝缘片。

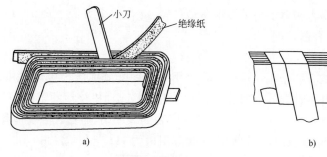

图4-28 更换绝缘层和包扎
a)更换绝缘层;b)励磁绕组的包扎

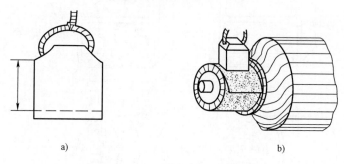

图4-29 电刷的高度与接触面的研磨
a)高度;b)研磨

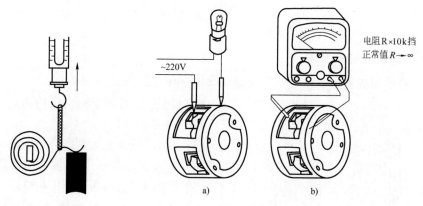

图4-30 电刷弹簧压力的
检查

图4-31 绝缘电刷架的检验
a)试灯法;b)用万用电表检验

（4）滑动轴承的检修。各部轴承与轴的配合间隙：前后端盖均为0.03~0.09mm,中间支撑板轴承为0.23~0.45mm。如有超差（用手感觉旷动量较大），应予更换。更换的轴承与端盖的过盈量应为0.08~0.18mm,轴承压入后,再用铰刀铰削至满足要求。

4）传动机构的检修

①驱动齿轮的检查。驱动齿轮端面应无崩角和碎裂,磨损不应超过3mm,否则应更换离合器总成。

②离合器与电枢轴配合情况的检查。离合器在轴上应移动自如,无卡滞现象,否则应对配合部位清洁、修整,用锉刀修平碰痕或毛刺。

③检查离合器是否正常。用手转动驱动齿轮,应在一个方向上锁止,另一个方向上转动自如,否则应更换离合器。

5)电磁开关的检验

①吸引线圈的检查(见图4-32a)。将万用电表表笔分别接S接线柱和接电动机的主接线柱,测量电阻值,并由此判定其技术状况(常见12V起动机该线圈阻值为0.6Ω左右)。

②保持线圈的检查(见图4-32b)。将万用表的表笔分别接S接线柱和壳体,根据测量结果判定其技术状况(常见12V起动机该线圈阻值为1Ω左右)。

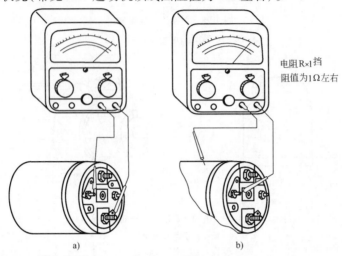

图 4-32 电磁开关的检查
a)吸引线圈的检验;b)保持线圈的检验

(二)起动机的检修装复

经检修合格或更换的新零部件,按解体时的相反顺序装配。

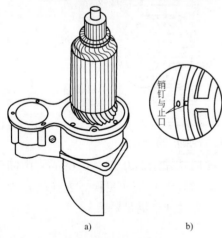

图 4-33 起动机的装配
a)固定;b)对准记号

(1)将中间支撑板、离合器、挡圈套到电枢轴上,安装电枢轴前端的卡环。

(2)将传动拨叉先套到离合器的拨叉套中,再将拨叉部分装入前端盖中,固定拨叉销轴螺栓。

(3)固定中间支撑板(见图4-33a),以此为基础进行后续装配。

(4)将定子部分对准记号(见图4-33b)套到电枢上,将止推垫圈装到换向器端的轴上,装上后端盖,旋紧两固定螺钉。

(5)用专用钢丝钩钩起电刷弹簧,装入电刷。

(6)安装防护罩。

(7)将电磁开关活动铁芯上的拉杆套入传动拨叉上端,套上电磁开关的另一部分后,将电磁开关固定在端盖上。

(8)将连接片装回电磁开关与电动机接线柱上。

二、起动机的试验

1. 电磁开关吸放电压的测试

如图 4-34 所示,将可调电源的电压调至最低,闭合开关后,逐渐提高电压,当万用表的读数突然变为零时,电压表的示值就是电磁开关的吸合电压,一般应不大于额定电压的75%。然后逐渐降低电压,当万用表的读数突然变为无穷大时,电压表的读数就是它的释放电压,一般应不大于额定电压的40%。

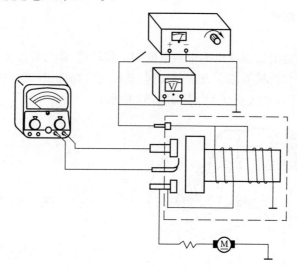

图 4-34　电磁开关吸放电压的测试

2. 起动继电器吸放电压的测试

如图 4-35 所示,逐渐提高可调电源电压,试灯点亮时电压表的读数就是起动继电器的吸合电压。再然后逐渐降低电源电压,试灯熄灭时的电压表读数就是它的释放电压。起动继电器的调整数据见表 4-1。

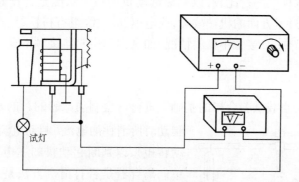

图 4-35　起动继电器的吸放电压测试

起动继电器的调整数据　　　　　　表 4-1

调整项目	12V 系统	24V 系统
吸合电压(V)	6~7.6	14~16
释放电压(V)	3~5.5	4.5~8

三、起动机的试验

1. 起动机性能的简易试验

如图4-36所示,将起动机固定在台虎钳上,蓄电池负极接起动机外壳,正极接起动机"30"("B")接线柱,并引另一条导线触试"50"("S")接线柱(电路中可连接一只大量程电流表,蓄电池两端并联电压表),触试时,起动机应能平稳运转,耗用电流及蓄电池电压符合制造厂的规定。

2. 空转与全制动试验

1)空转试验

空转试验的目的是测量起动机的空载电流和空载转速,并与标准值比较,以判断起动机内部是否有电路故障和机械故障。方法是,将起动机夹紧在台钳(或万能试验台)上,接好试验电路,保证电路电压降不大于0.3V,如图4-37所示。

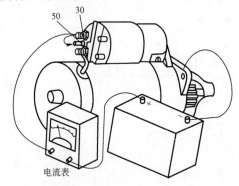

图4-36 起动机的简易试验　　　　图4-37 起动机空转试验

合上开关,起动机应运转有力,转速均匀,无抖动现象,电刷与换向器间应无电火花。同时记录电流表、电压表的指示值,用转速表测出电枢的转速。试验时间不应超过1min。

将记录值与技术标准进行比较,以判断起动机的技术状况是否良好。如果电流大转速低,则说明存在装配过紧方面的机械故障,或电枢、励磁绕组有搭铁、短路故障。如果电流和转速都很小,说明电路中有接触不良的情况,如电刷和换向器接触不良、弹簧压力过小、励磁绕组连接端接触不良等。

2)全制动试验

全制动试验应在空载试验合格的基础上进行。全制动试验的目的是测量起动机在完全制动时所消耗的电流(制动电流)和产生的转矩(制动转矩),以判断起动机的主电路是否正常,并检查单向离合器是否打滑。方法是:将起动机夹紧在试验台专用支架上,装好扭力杠杆和弹簧秤,接好电路。如图4-38所示。

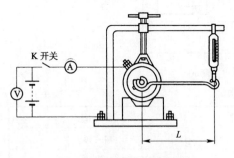

图4-38 起动机的全制动试验

合上开关,在5s内观察单向离合器是否打滑,并记录电流表、电压表、弹簧秤的指示值,与技术标准进行比较,判断起动机是否正常。

如果转矩小电流大,说明电枢绕组或励磁绕组有搭铁、短路故障;如果转矩和电流都很小,说明电路接触不良;如果驱动齿轮不转,但电枢轴有缓慢转动现象,说明单向离合器打滑。

全制动试验时间不应起过5s,以免损坏起动机及蓄电池。

常见起动机的试验数据见表4-2。

常见起动机的试验数据   表4-2

起动机型号	额定值		空转试验			全制动试验			适应车型
	功率(kW)	电压(V)	电压(V)	最大电流(A)	转速不小于(r/min)	电压(V)	电流不大于(A)	转矩不小于(N·m)	
QD124	1.47	12	12	90	4700	8	650	29.4	东风 EQ1090
QD124H	1.47	12	12	90	5000	8	650	29.4	解放 CA1091
QD1215	2	12	12	90	5500	6	700	24	CA1092
321	1.1	12	12	100	5000	8	525	15.7	北京 BJ212
QD1229 QD1225	0.95	12	最大负载时				480	13	上海桑塔纳
			260		1500				
DW1.4(永磁起动机)		12	空转试验			冷起动试验			北京切诺基
			11.5	75	2900	9.6	160		

课题五 起动机的使用、起动系电路连接及起动预热装置

学习目标

完成本课题学习后,你应能:
1. 熟悉常见起动系电路;
2. 掌握起动系工作过程;
3. 能够对起动系电路进行检查;
4. 解柴油机起动预热装置的类型和一般工作原理。

建议课时:2 课时。

一、起动机的使用

1. 起动机的使用

(1)每次起动时间不能超过5s,两次起动应间隔15s 以上。

(2)发动机起动后,应立即切断起动电路,使起动机停止工作。

(3)发动机正常工作时,禁止使起动机投入工作。

(4)发现有起动机打齿、冒烟现象时,应及时诊断并排除故障后再作起动。

(5)装自动变速器的汽车在驻车(P)挡或空(N)挡上才能使用起动机。

2. 起动机的维护

(1) 经常检查起动机与蓄电池间的连接是否牢固,导线接触应良好。
(2) 经常保持起动机的干燥与清洁。
(3) 汽车每行驶 3000km,应检查和清洁换向器。
(4) 汽车每行驶 5000~6000km 应检查电刷长度和弹簧压力。
(5) 起动机的电缆线应按规定使用,截面不得过小,其长度应尽量缩短。

二、起动系的线路连接

现代汽车的起动电路都是由点火开关起动挡控制的,但其电路有较大差别。

1. 无继电器控制的起动电路

一些装用小功率起动机的微型车、轿车(如桑塔纳、丰田等厂牌轿车),直接由点火开关的起动挡控制起动机电磁开关。电路连接情况见图 4-39。

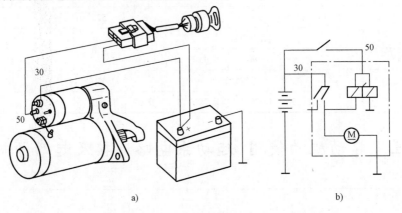

图 4-39 无继电器控制的起动电路
a) 接线图; b) 原理图

2. 有继电器控制的起动电路

较大功率起动机的控制电路中增加了起动继电器。由继电器的触点控制电磁开关的大电流,而用点火开关起动挡控制继电器线圈的小电流。因此起动继电器的作用就是以小电流控制大电流,保护点火开关。其电路如图 4-40 所示。

点火开关置于起动挡时,起动继电器线圈有电流通过,产生磁场,铁芯对动铁产生电磁吸力,克服弹簧的作用使触点闭合,接通了起动机电磁开关的电路,回路为:蓄电池 + →继电器"B"接线柱→继电器触点→继电器"ST"(起动机)接线柱→起动机电磁开关→蓄电池 - 。电磁开关通电后,起动机的工作与图 4-15 所述的情况相同。

发动机起动后,松开点火开关钥匙,它会自动转回到正常工作挡位置。此时,起动继电器线圈的电流中断,动铁在弹簧的作用下回位,触点打开。此后,起动机的工作过程与图 4-15 中所述的断开起动开关的情况相同。

3. 驱动保护电路

所谓起动机的驱动保护,是指发动机起动后,若未及时放松点火开关,起动机会自动停止工作;若发动机正常运转,即使将点火开关扳至起动挡,起动机也不会投入工作。

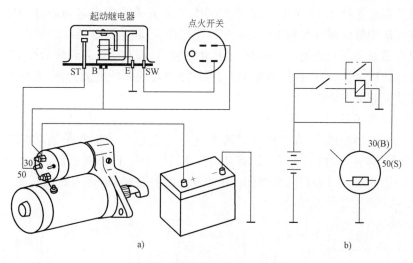

图 4-40　有继电器控制的起动电路
a) 接线图；b) 原理图

1) 带保护继电器的驱动保护电路

以解放 CA1092 型汽车起动系为例，在起动电路中除起动继电器外还增加了一个保护继电器，两继电器组合在一起，构成组合继电器，如图 4-41 所示。

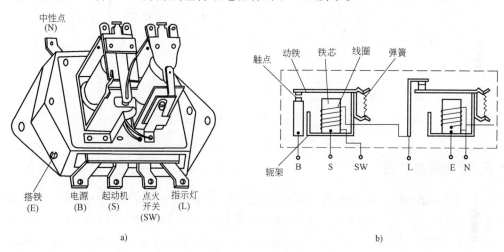

图 4-41　JD-71 型组合继电器
a) 结构图；b) 电路图

保护继电器的结构和起动继电器基本相同，但保护继电器的触点是常闭的。在组合继电器中，起动继电器线圈不是直接搭铁，而是经过保护继电器的触点后再搭铁，保护继电器的线圈是由发电机中性点电压控制的。

驱动保护电路如图 4-42 所示，保护原理如下：

发动机起动后，保护继电器线圈的电流回路为：发电机中性点 N→保护继电器线圈→搭铁→发电机 -。由于此时发电机中性点电压已较高，保护继电器触点被打开，切断了起动继电器线圈的电流，起动继电器的触点被打开，起动机即自动停止工作。

发动机正常运转时，由于误操作或其他原因，点火开关被拧到起动挡时，因发电机中性点电压始终使保护继电器线圈通电，其触点一直打开着，起动继电器线圈不会有电流通过，因此起动机电磁开关不能通电工作，防止了齿轮的撞击，对起动机起到保护作用。

发动机停转后，发电机中性点电压消失，保护继电器线圈的电流为零，其触点闭合，此时又可按需要重新起动发动机。

2）装用自动变速器汽车的驱动保护

装用自动变速器的汽车，在自动变速器上有一个开关，与点火开关起动挡串联后，再接起动机的"50"接线柱（见图4-43）。只有自动变速器处于驻车挡（P挡）或空挡（N挡），该开关才闭合，在其他挡位上均断开，从而保证了汽车正常行驶时，起动机不能投入工作，实现了驱动保护。

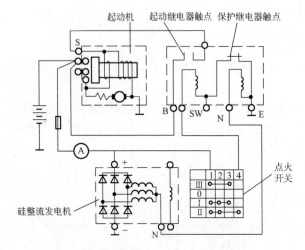

图4-42 解放CA1092型汽车的起动系电路

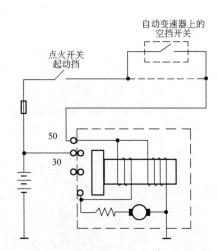

图4-43 装用自动变速器汽车的驱动保护电路

三、起动预热装置

冬季，柴油机起动时，由于进入汽缸的空气温度低，致使压缩后的可燃混合气达不到着火温度。另外冬季机油黏度高，发动机起动时的阻力增大，蓄电池电压降低以及燃油雾化性能差等原因，也使起动困难。为了保证柴油机在冬季能可靠而迅速地起动，许多柴油机设置了起动预热装置。

1. 内装阻丝式电热塞及预热电路

这种电热塞安装在汽缸盖上，其下部发热部分伸入燃烧室内，其结构如图4-44所示。

在不锈钢或镍铬铁耐热合金制成的金属套内装有发热电阻丝，在电阻丝与金属套间填充了绝缘、导热的氧化镁，在其内部，电阻丝一端接在金属套上，另一端接在与外壳绝缘的中心螺杆上，通过压线螺母与外电路连接。其电路如图4-45所示。

在起动机起动发动机时，先将起动开关拨至Ⅰ位，预热电路即接通，预热指示灯点亮，电热塞电阻丝通电发热，开始进行预热工作。一般预热时间为50s，不要超过1min，然后将起动开关置于Ⅱ挡上，起动发动机。

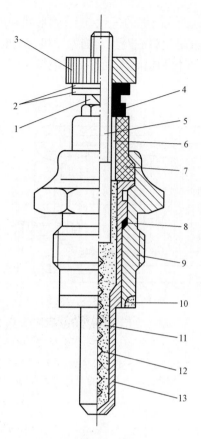

图 4-44 内装阻丝式电热塞

1-弹性垫圈;2-垫圈;3-压线螺母;4-固定螺母;5-中心螺杆;6-胶合剂;7-绝缘体;8-垫圈;9-外壳;10-密封垫圈;11-氧化镁填充剂;12-电阻丝;13-金属套

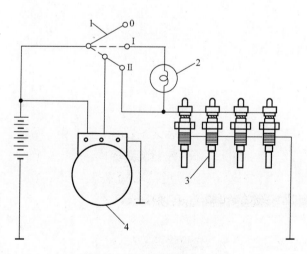

图 4-45 采用电热塞的预热电路

1-开关;2-指示灯;3-电热塞;4-起动机

2. 块状电热塞

块状电热塞安装在发动机进气歧管的进气口上,其形状和尺寸与进气歧管进气口相同,其结构见图4-46。它的发热电阻丝绕成网状。当发动机起动时,电阻丝通电,对将要进入气缸的空气加热,以改善燃油的雾化和提高气缸内可燃混合气的温度,从而改善发动机的起动性能。

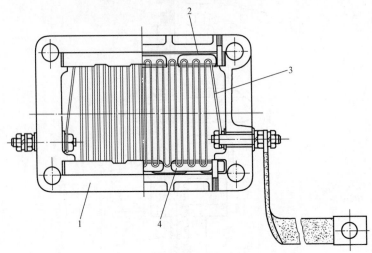

图 4-46 块状电热塞
1-外壳;2-弹簧;3-电阻丝;4-绝缘体

单元五
点　火　系

汽车发动机是利用空气－燃油混合气在汽缸中燃烧而产生热能,并将热能向外做功的一种装置。在柴油发动机中,汽缸内混合气是靠混合气压缩后产生的高温自行燃烧的;而在汽油发动机中,汽缸内压缩后的混合气需借助外加火花点燃。

汽油发动机点火系按其机构形式可分为传统点火系、电子点火系和微机控制点火系三种类型。现代汽车基本使用微机控制点火系,本单元内容主要对微机控制点火系的结构组成和故障维修进行讲解。

课题一　传统点火系

学习目标
1. 了解点火系的作用及要求;
2. 掌握传统点火系的组成和工作原理;
3. 熟悉影响传统点火系次级电压的因素;
4. 了解传统点火系的缺陷。
建议课时:2 课时。

传统点火系是最早在汽车上应用的点火系,它的系统组成和工作原理是汽车点火系发展的基础,通过本节内容的学习,为今后电子点火系和微机控制点火系的工作原理和故障诊断打下基础。

一、点火系的作用与要求

1. 点火系的作用

汽油机汽缸内的混合气由点火系所产生的高压电火花点燃。点火系的作用是将蓄电池或发电机提供的低压电变为高压电,按照发动机工作顺序和点火时间的要求,适时、准确地将高压电分配给各缸火花塞,使之跳火,点燃可燃混合气。

由蓄电池和发电机提供电能的点火系称为蓄电池点火系,按点火控制方式不同可将其分为传统点火系和电子点火系(包括微机控制电子点火系)。

2. 对点火系的要求

(1)能产生足以击穿火花塞间隙的高电压。火花塞电极之间产生火花的电压称为击穿电压。为了保证可靠的点火,点火系必须留有一定的次级电压储备量,使之在各种困难的情况下均能提供足够的击穿电压。但过高的次级电压又会给绝缘带来困难,使成本增高。因此,次级电压通常被限制在 30kV 以内。

(2)火花塞产生的点火花应具有足够的能量。仅有高电压也不能保证可靠点火,要使混合气可靠地被点燃,一般要求点火花的点火能量为 50~80MJ,起动时应大于 100MJ。

(3)点火时间要适当。点火系应按照发动机的工作顺利依次为各个汽缸点火。对于每一个汽缸而言,必须是在最佳的时刻点火,以使发动机产生的功率最大、油耗最小、排放污染最小。

点火时刻是用点火提前角来表示的。点火提前角是指从火花塞跳火开始到活塞运行到压缩行程上止点为止的一段时间内发动机曲轴所转过的角度。通常把发动机发出功率最大或油耗最小时的点火提前角称为最佳点火提前角。

点火提前角过大(点火过早),则燃烧完全在压缩过程中进行,汽缸内压力急剧上升,在活塞到达上止点前即达到最大压力,给正在上升的活塞一个很大的阻力,不仅使发动机功率下降、油耗增加,还会引起爆燃。

点火提前角过小(点火过晚),则活塞下行时混合气才燃烧,即燃烧是在容积面积增大的情况下进行,从而使汽缸中压力降低,发动机功率下降,同时由于炽热的气体与汽缸壁接触面积增大,热损失增大,导致发动机过热,油耗增大。

二、传统点火系的组成与工作过程

1. 传统点火系的组成

传统点火系主要由电源、点火开关、点火线圈、分电器和火花塞、附加电阻及附加电阻短接装置、高低压导线等部件组成,如图 5-1 所示。

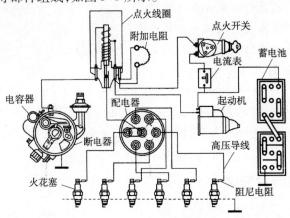

图 5-1 传统点火系的组成

(1)电源。电源为蓄电池和发电机,标称电压为 12~14 V,用于供给点火系所需的电能。

(2)点火开关。点火开关用来接通和切断电源电路。

(3)点火线圈。点火线圈的作用是将蓄电池或发动机供给的低压电转变为 15~20kV 的高压电。按磁路结构的不同,点火线圈有开磁路式和闭磁路式之分。开磁路式点火线圈的能量转换率低(仅 60% 左右),广泛应用在传统点火系;闭磁路式点火线圈的能量转换率高(可达 75% 以上),多用于电子点火系和微机控制的点火系。

传统点火系的点火线圈为开磁路的自耦升压变压器,将蓄电池或发电机提供的低压电转变成能击穿火花塞间隙所需的高压电。二次回路电压为 15～20kV。开磁路式点火线圈的结构如图 5-2 所示。

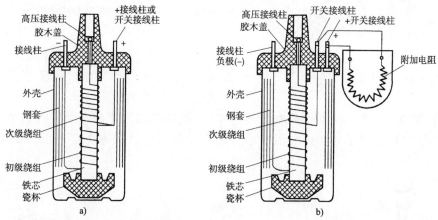

图 5-2 开磁路式点火线圈

从开磁路式点火线圈的结构上可以看出,初级绕组电流在铁芯中产生的磁通是通过导磁钢套构成回路的。这样在铁芯的上部和下部,磁力线必须从空气中通过,因而漏磁多,磁路磁阻大,损失大,能量转换率低。

(4) 分电器。主要由断电器、配电器、电容器和点火提前机构等组成。断电器用来接通和切断点火线圈一次绕组,主要由凸轮、断电器触点、断电器活动触点臂等组成。断电器凸轮由发动机凸轮轴驱动,即发动机曲轴每转两周,断电器凸轮转一周。断电器的结构组成如图 5-3 所示。

配电器将点火线圈产生的高压电按发动机汽缸的工作顺序配送给各缸火花塞。配电器由分电器盖和分火头组成。分电器盖上有一个中心电极和若干个旁电极,旁电极的数目与发动机的汽缸数相等。分火头安装在分电器的凸轮轴上,与分电器轴一起旋转。发动机工作时,点火线圈二次绕组中产生的高压电,经分电器盖上的中心电极、分火头、旁电极、高压导线分送到各缸火花塞。配电器的结构组成如图 5-4 所示。

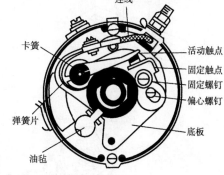

图 5-3 断电器

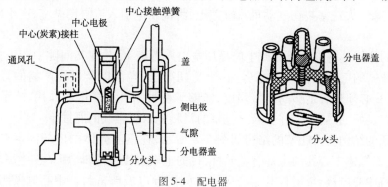

图 5-4 配电器

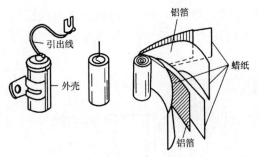

电容器安装在分电器壳上，与断电器触点并联，用来减小断电器触点断开瞬间，在触点处所产生的电火花，以免触点烧蚀，可延长触点的使用寿命。电容器的结构组成如图5-5所示。

点火提前机构包括分电器内的离心式点火提前机构（见图5-6）和分电器外的真空式点火提前机构（见图5-7），发动机转速、负荷变化时，自动调节点火提前角。

图5-5 电容器

（5）附加电阻。附加电阻串联在低压电路中，附加电阻为正温度系数的热敏电阻，温度高时电阻变大，温度降低时，电阻变小。其作用是改善点火系的工作特性，提高起动性能。

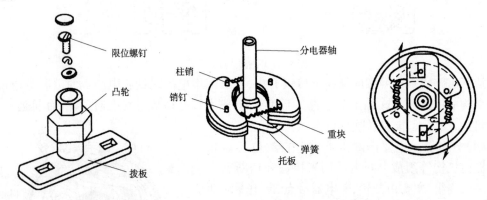

图5-6 离心点火提前装置

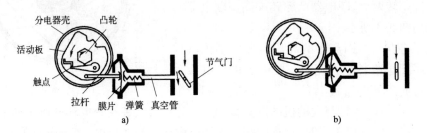

图5-7 真空点火提前装置

（6）火花塞。火花塞装在发动机汽缸盖上，将高压电引入汽缸燃烧室，产生电火花，点燃可燃混合气。

火花塞的作用是将点火线圈产生的高压电引入燃烧室，并在其间隙中产生电火花，点燃混合气。火花塞的工作条件极其恶劣，它要受到高压、高温以及燃烧产物的强烈腐蚀。因此，要求火花塞必须具有足够的机械强度、能够承受冲击性高压电的作用、能承受剧烈的温度变化且具有良好的热特性，并要求火花塞的材料能抵抗燃气的腐蚀。

① 火花塞的结构。火花塞的结构如图5-8所示，在钢制壳体的内部固定有高氧化铝陶瓷绝缘体，在绝缘体中心孔的上部有金属杆，杆的上端有接线螺母，用来连接高压导线，中心孔的下部装有中心电极，金属杆与中心电极之间用导电玻璃密封。中心电极用镍锰合金制

成,具有耐热、耐腐蚀和良好的导电性能。火花塞借壳体下部的螺纹旋入汽缸盖中,旋紧时密封垫受压保证壳体与缸盖之间密封良好。

②火花塞的分类。

为了适应不同发动机的需要,火花塞因下部的形状和绝缘体裙部长度的不同有多种形式,常见火花塞的结构类型如图5-9所示。

其中,标准型火花塞的绝缘体裙部略缩入壳体端面,侧电极全遮盖中心电极,是使用最广泛的一种。

电极突出型火花塞的绝缘体裙部较长,突出于壳体端面之外,绝缘体能直接受到进气的冷却而降低温度,不易引起炽热点火。它具有吸收热量大、抗污能力好、热适应范围较宽的优点。如解放 CA1092 型汽车采用突出型火花塞。

多极型火花塞的侧电极一般为两个以上,优点是点火可靠,电极间隙不需经常调整,故在电极容易烧蚀和火花塞间隙不能经常调整的汽油机上采用,如桑塔纳、神龙富康汽车采用了多极型火花塞。

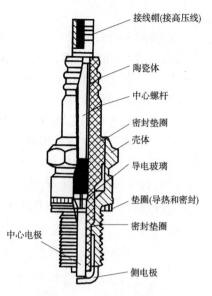

图5-8 火花塞的结构

根据火花塞裙部绝缘体的长度可以将火花塞分为热型、中型、冷型 3 类,如图 5-10 所示。

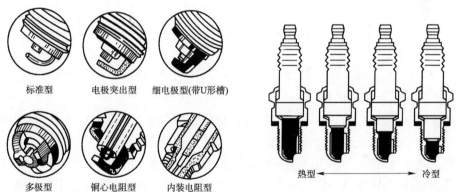

图5-9 常用火花塞的结构类型　　图5-10 不同热特性火花塞

火花塞的热特性主要取决于绝缘体裙部的长度,绝缘体裙部长的火花塞受热面积大,散热困难,因此,裙部温度高,称为热型火花塞;裙部短的火花塞受热面积小,散热快,裙部温度低,称为冷型火花塞。

一般选用火花塞的基本原则是:发动机的功率大,压缩比高,转速高,应选用冷型火花塞,反之则选用热型火花塞。通常压缩比小的发动机,宜使用热型火花塞;压缩比大以上的发动机,则多用高热值的火花塞。

火花塞的选用是否合适,还可在实践中根据在发动机上的使用情况鉴定。如果火花塞经常发生积炭,证明选用的火花塞过于"冷"了,应改用低热值。若在发动机熄火后仍能工作一段时间,并伴有敲击声时,则为火花塞过"热",应改用高热值。

③电极间隙。

电极间隙指的是中心电极与侧电极之间的间隙。电极间隙过小,火花微弱,并且容易产生积炭而漏电;电极间隙过大,所需的击穿电压增高,发动机不易起动,且在高速时易发生"缺火"。一般的电极间隙为0.6～0.8mm,部分汽车发动机火花塞的电极间隙为1.0～1.2mm,增大间隙可以改善发动机的排气净化效果。

2. 传统点火系的工作过程

传统点火系的工作原理见图5-11。接通点火开关,起动发动机,发动机凸轮轴带动分电器轴旋转,断电器凸轮使断电器触点反复地开、闭。当触点闭合时,接通点火线圈的初级电流,点火线圈储存磁场能量;当触点断开时,初级电流消失,在点火线圈的次级绕组感应出高压电,再通过配电器分配到各缸火花塞,使火花塞电极间产生电火花点燃混合气。

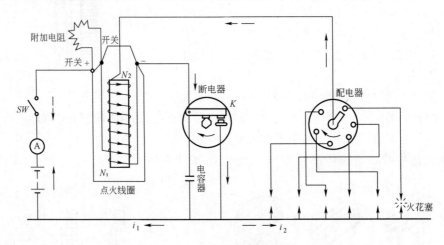

图5-11 传统点火系工作原理示意图

(1)点火系的高、低压电路。

①低压电路。如图5-11中实线箭头所示,低压电路在触点闭合时以蓄电池或发电机为电源,以附加电阻及点火线圈初级绕组为负载,其电流回路为:

蓄电池或发电机"+"→电流表→点火开关"ON"挡→附加电阻→点火线圈初级绕组→断电器活动触点、固定触点→搭铁→蓄电池或发电机"-"。起动时附加电阻被短路。

②高压电路。如图5-11中虚线箭头所示,高压电路在触点从闭合到断开瞬间以点火线圈次级绕组为高压电源,以火花塞电极间隙为负载,其电流回路为:

点火线圈次级绕组"+"→附加电阻→点火开关→电流表→蓄电池或发电机→搭铁→火花塞侧电极、中心电极→配电器→点火线圈次级绕组"-"。

(2)传统点火系的工作过程。

传统点火系的工作过程可分为以下3个阶段:

①触点闭合、初级电流增长。见图5-12,触点闭合时,低压电路接通,初级电流增长,初级电流在点火线圈的铁芯中形成磁场,铁芯储存了磁场能。

初级电流增长时,不仅在点火线圈初级绕组中感应出自感电动势。也会在次级绕组中产生互感电动势,但由于磁通的增加较慢,产生的互感电动势很低(1.5～2kV),还不能击穿火花塞间隙。

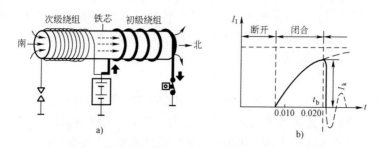

图 5-12 触点闭合时初级电流增长
a) 触点闭合时的低压电路；b) 初级电流增长曲线

②触点打开、次级绕组产生高压电。如图 5-13 所示，当触点断开时，初级电流迅速消失，铁芯储存的磁场能也随之迅速变化，在两个线圈中都感应出电动势。初级绕组只产生 200～300V 的自感电动势，而次级绕组产生的互感电动势高达 15～20kV，完全能够击穿火花塞的电极间隙。

③火花塞电极间火花放电。点火线圈次级绕组产生的电压上升到火花塞的击穿电压时，火花塞的电极间隙被击穿，产生电火花，储存在点火线圈及其系统中的能量以电火花的形式释放出来。

3. 影响传统点火系次级电压的因素

点火系次级电压的高低，直接影响发动机的性能。

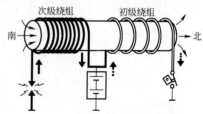

图 5-13 触点打开时次级绕组产生高压电

影响次级电压的因素包括结构和使用两方面，其影响及运用注意情况见表 5-1。

影响次级电压的因素　　　　　　　　　　　　表 5-1

影响因素	对次级电压的影响	运用及注意情况
发动机转速和汽缸数	次级电压的最大值随发动机转速的升高、汽缸数的增加而呈下降趋势	高速时易断火，汽缸数一般不超过 6 个
火花塞积炭	积炭层的存在相当于在火花塞电极间并联了一个分路电阻，使次级电压显著下降	火花塞积炭严重的汽缸易缺火
触点间隙	触点间隙过大或过小，都会降低次级电压	一般规定为 0.35～0.45mm
初、次级电容	并联在断电器触点间的初级电容器 C_1 容量过小或过大，次级电容 C_2 的过大，都会使次级电压降低	C_1 容量为 0.15～0.25μF，C_2 应尽可能小
点火线圈温度	点火线过热的原因有气温高、发动机过热、充电系电压过高等。点火线圈温度过高会使次级电压降低，造成发动机工作不良	点火线圈使用时温度应不超过 80℃
导线接触情况	低压电路和高压电路的导线接触不良（松脱或断路），都会增大电路的接触电阻，使次级电压降低	导线接触不良造成高压点火困难

4. 传统点火系的缺陷

（1）火花能量提高受到限制。汽车上发动机所需要的点火能量最低应不少于 30MJ，否则，混合气不易点燃。现代汽车发动机，随着压缩比及转速的提高，要求点火能量必须达到

80～100MJ。另外，为适应排气净化的要求，已纷纷采用稀薄混合气，并把火花塞电极间隙增加到1～1.2mm，都要求点火能量必须提高。由于传统点火系的断电器触点允许通过电流一般为3～5A，使点火能量的提高受到限制，已不能适应现代汽车发展的需要。

（2）断电器触点故障多、寿命短。

①触点易烧蚀。

②凸轮、顶块磨损会造成触点间隙变化，必须经常检查和调整触点间隙。

③触点跳振，导致高速失火。当发动机高速旋转时，由于机械惯性的影响，触点易产生"回跳"或"颤动"现象，使触点闭合时间缩短，影响次级电压，造成高速断火。

（3）对火花塞积炭敏感。传统点火系中，次级电压上升速率低（一般为150～200μs），火花塞积炭时，极易造成能量泄漏，使次级电压明显下降造成点火困难。

为了从根本上克服上述传统点火系存在的问题，现代汽车都普遍地使用无触点电子点火系，由于电子点火系能产生更高的次级电压和点火能量，从而使发动机工作可靠，起动容易，排气污染减少，且使维修工作大大减少，所以它是应用发展的必然趋势。

课题二　电子点火系

1. 掌握电子点火系的组成和工作原理；
2. 熟悉不同的电子点火系的工作电路；
3. 了解不同电子点火系的区别和优、缺点。

建议课时：4课时。

传统点火系虽然结构简单，在汽车上得到较长时间的使用，但由于它存在火花能量提高受到限制、断电器触点故障多、寿命短以及对火花塞积炭敏感等缺陷，已经不能适应现代汽车高速、节能、环保等方面的要求。随着电子技术的发展，电子点火系在现代汽车上得到了广泛的应用。

一、电子点火系分类

电子点火系又称为半导体点火系，它是利用半导体器件作为开关，接通和切断初级电流的点火系。国内外汽车曾经采用的电子点火装置种类很多，归纳起来可按如下方式分类：

1. 按储能方式分类

按储能方式不同可分为电感点火系和电容点火系两大类。实际使用中多采用电感点火系。

2. 按有无断电器触点分类

可分为有触点电子点火系和无触点电子点火系。一般讲的电子点火系多是指无触点电子点火系。

3. 按信号发生器形式分类

按信号发生器的类型和工作原理可分为磁感应式、霍尔效应式、光电式、电磁振荡式等，其中磁感应式和霍尔效应式应用最多。磁感应式结构简单、牢固、应用较早；而霍尔式信号准确，性能良好。

4. 按控制方式分类

按控制方式不同可分为普通电子点火系和微机控制点火系两类。普通电子点火系的点火提前角靠机械点火提前装置进行控制，这些装置控制的点火提前角只是近似的。微机控制点火系由微机根据发动机曲轴转角、空气流量、节气门开度等发动机工况信息，对点火提前角进行精确的控制，使发动机性能更为优越。微机控制点火系在中高档轿车中已被普遍采用。

二、有触点电子点火系的结构与工作原理

1. 结构特点

有触点电子点火系是最早的一种电子点火系。它采用电子与机械相结合的结构形式，具有以下主要特点：一是保留了分电器中的断电器触点，增加并利用大功率晶体三极管来控制点火线圈初级电流，使次级电流较大，所产生的次级电压较高。二是通过断电器的电流非常小，触点不会烧蚀，触点表面更加清洁，可在长时间内保持正确的点火时间。三是安装电子系统时不需对原车点火电路作重大改动，成本低、寿命长。但该系统仍有断电器触点，发动机高速运转时工作仍不可靠。

2. 工作原理简介

图 5-14 所示为有触点电子点火系的基本组成。图中三极管 T、电阻 R_1、R_2 和 R_3 以及断电器触点等构成了有触点电子点火系。其工作原理如下：

在点火开关 K 接通的条件下，当断电器触点闭合时，蓄电池的电压通过电阻 R_2 和 R_3 分压，使三极管 T 处于饱和导通状态，此时点火线圈初级绕组有电流通过。当断电器触点打开时，三极管处于截止状态，此时点火线圈初级电流迅速减小（或电路被切断），在其次级绕组感应出很高的电压（一般为 17～30kV），使火花塞跳火。断电器凸轮每旋转一周，上述过程便重复 6 次（与发动机缸数相同）。

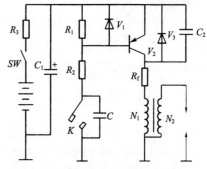

图 5-14 有触点电子点火系的基本组成

该点火系点火线圈初级绕组的电流被晶体管放大了，这样，初级绕组的断开电流大，点火线圈中磁通变化率高，次级绕组产生的电压相应提高了；同时，通过断电器触点的电流并非流过点火线圈初级绕组的电流，其大小约为点火线圈初级电流的 1/20～1/10，减轻了断电器触点严重烧蚀的现象，延长了触点的使用寿命，又减少了维修次数。

三、无触点电子点火系的结构与工作原理

汽车无触点电子点火系应用始于 20 世纪 60 年代初，它与有触点点火系的区别是，去掉了原有的断电器触点，故称为无触点电子点火系。其基本组成如图 5-15 所示，主要由传感器和电子点火控制器构成。它的分电器、点火线圈、火花塞等与传统点火系基本相同。

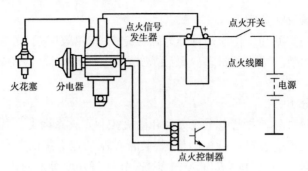

图 5-15　无触点电子点火系简图

传感器（即脉冲信号发生器）用来取代原来分电器中的断电器（凸轮和触点），它是一种将非电量转变为电量的装置。其功用是通过一定的转换方式，将汽车发动机曲轴所转过的角度或活塞在气缸中所处的位置转换成相应的脉冲电信号再输送至电子点火控制器。

无触点电子点火系中的传感器一般都装在分电器上，即把分电器和传感器制造成一体。为了改善汽车起动及点火性能，有些国外汽车还采用带有双传感器的分电器。

电子点火控制器简称电子点火器。它的主要任务是接收传感器输出的脉冲电信号，控制点火线圈初级电路的通断。在电路中它起着传统点火装置中断电器触点的作用。

1. 磁感应式电子点火系

磁感应式电子点火系又称磁脉冲式电子点火系，其点火信号发生器是采用电磁感应原理制成的，故此而得名。

丰田 20R 型发动机用磁感应式电子点火系组成如图 5-16 所示，它主要由磁感应式分电器、电子点火组件（点火控制器或点火器）、点火线圈、火花塞等组成。磁感应式分电器主要由磁感应式点火信号发生器、配电器、点火调节装置等组成。

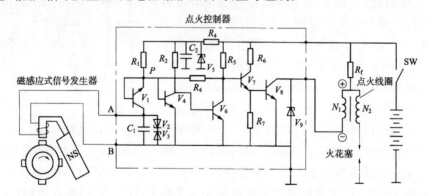

图 5-16　丰田 20R 型发动机用磁感应式电子点火系

（1）磁感应式点火信号发生器。磁感应式点火信号发生器装在分电器壳内，如图 5-17 所示。信号转子装在轴上，通过离心点火调节装置、分电器轴由发动机曲轴驱动，信号转子的凸齿数等于发动机的汽缸数，各凸齿之间的夹角相等（90°）。钩状铁芯与永久磁铁铆接在一起，铁芯上绕有传感线圈，铁芯与永久磁铁则固定在分电器底板上。组装好的点火信号发生器，当信号转子凸齿与铁芯中心线对齐时，两者间具有 0.30～0.50mm 的间隙。该间隙被称为点火信号发生器的气隙。

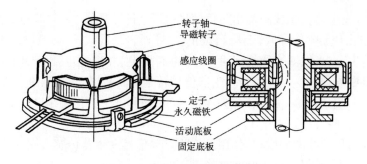

图 5-17 磁感应式点火信号发生器

点火信号发生器的磁路如图 5-18 所示。点火开关闭合,发动机未转动,信号转子不动时,磁路中的空气隙不变,传感线圈中无信号电压产生。当发动机在起动机驱动下转动时,信号转子便由分电器轴带动旋转,这时信号转子的凸齿与铁芯间的空气隙将发生变化,使通过传感线圈的磁通量发生变化,因而在传感线圈内便产生交变感应电动势。其工作过程如下:

当信号转子的凸齿逐渐向铁芯靠近时(如图 5-18a)所示),感应电动势最高。根据楞次定理可知,这时感应电动势的方向为:A 端"+"、B 端"-"。

当信号转子转到凸齿与铁芯中心线对齐时(如图 5-18b)所示),传感线圈中的感应电动势为零。

当信号转子转到图 5-18c)位置时,线圈的感应电动势反向最高。根据楞次定理,这时感应电动势的方向为:A 端"-"、B 端"+"。

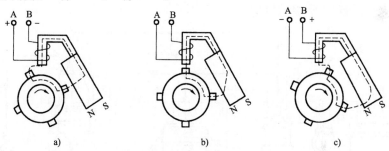

图 5-18 丰田 20R 型发动机磁感应式点火信号发生器的原理

可见,当信号转子转动时,传感线圈内感应电动势的方向即发生交替变化,因而线圈两端输出的是交变信号,且信号转子每转一周产生四个交变信号。该交变信号输入电子点火组件即可控制点火系的工作。

(2)电子点火组件的工作原理。电子点火组件封装在一个小盒内,其基本电路如图 5-16 所示。电子点火组件中有 5 个三极管,V_1 起温度补偿作用,V_4 为触发管;V_6、V_7 起放大作用;V_8 为大功率三极管,它与点火线圈的初级绕组 W_1 串联。电子点火组件工作过程如下:

闭合点火开关 SW,当点火信号发生器的传感线圈无信号电压输出时,蓄电池电流经 R_4、R_1、V_1,传感线圈构成回路,V_4 导通,V_6 截止,V_7 导通,V_8 导通,于是初级电路接通,初级电流在点火线圈的铁芯中形成磁场。

当点火信号发生器的传感线圈输出为正信号电压(即 A 端为"+",B 端为"-")时,电容 C_1 充电使 P 点电位升高,V_4 仍导通,V_6 截止,V_7、V_8 导通,初级绕组 W_1 中仍有电流流过。

当点火信号发生器传感线圈输出为负信号电压（即 A 端为"－"，B 端为"＋"）时，电容 C_1 放电并反充电，P 点电位降低，于是 V_4 截止，V_6 导通，V_7、V_8 截止，初级绕组 W_1 中电流被切断，磁场迅速消失，点火线圈次级绕组 W_2 中产生高压电，并由配电器分配至各缸火花塞，使火花塞跳火，点燃混合气。点火信号发生器信号转子每转一周，各缸轮流点火一次。

稳压管 V_2、V_3 反向串联，并与信号发生器传感线圈并联，其作用是"削平"高速时传感线圈产生的大信号波峰，以保护 V_1、V_4。

电容器 C_1 与传感线圈并联，其作用是消除点火信号发生器传感线圈输出电压信号上的毛刺，使信号电压平稳，保证点火时间准确无误。

电容器 C_2、稳压管 V_5 为抗干扰电路。其作用是使电源电压更平稳，防止其波动过大而导致误点火。

稳压管 V_9 与三极管 V_8 并联，其作用是吸收初级绕组产生的瞬时过电压，保护三极管 V_5。

R_3 为正反馈电阻，其作用是使 V_4 更可靠地工作。

2. 霍尔式电子点火系

因为该系统的信号发生器是应用霍尔效应原理制成的，所以称为霍尔式电子点火系。霍尔式电子点火系，在我国生产的桑塔纳、奥迪、捷达等轿车以及一些进口汽车上被广泛采用。

霍尔式电子点火系由霍尔式分电器、点火控制器、点火线圈和火花塞等组成。图 5-19 为桑塔纳轿车装用的霍尔式电子点火系的组成及电路连接图。在分电器中仍保留传统的配电器、离心提前机构和真空提前机构。

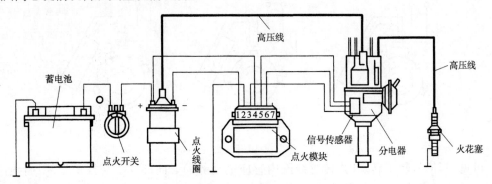

图 5-19 桑塔纳轿车用霍尔式电子点火系

（1）霍尔效应发生器的组成。霍尔信号发生器是根据霍尔效应原理制成的，它装在分电器外壳内。霍尔信号发生器的基本结构如图 5-20a) 所示，它由触发叶轮和霍尔传感器组成。触发叶轮套装在分电器轴的顶部，它既能随分电器轴转动，又能相对于分电器轴转动一定角度，以保证离心调节机构的正常工作。触发叶轮的叶片数与发动机汽缸数相等。

霍尔信号发生器中的霍尔传感器由永磁铁和霍尔集成块组成，触发叶轮的叶片在霍尔集成块和永磁铁中间转动。其中，霍尔集成块又由霍尔元件和集成电路组成。由于霍尔元件产生的霍尔电压 U_H 是毫伏级，电压信号很弱，还需进行放大、整形，最后以整齐的矩形脉冲波输出，这一任务由集成电路完成。

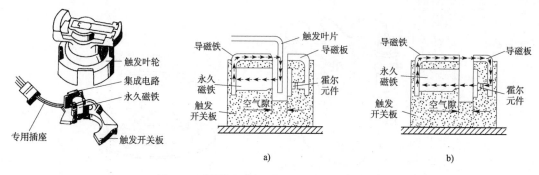

图 5-20 霍尔效应式点火信号发生器的组成和原理

霍尔信号发生器是一个有源器件,它需要外加电压才能工作,此电压由点火控制器提供。霍尔信号发生器有三根引出线与点火控制器相连接,其中一根是提供电压的电源线,一根是霍尔信号输出线,还有一根是搭铁线。

(2) 霍尔信号发生器的工作原理。触发叶轮随着分电器轴转动,每当触发叶轮叶片进入永久磁铁与霍尔集成块之间的空气隙时,通过霍尔元件的磁场被短路,如图 5-20b) 所示,这时霍尔元件不产生霍尔电压,集成电路输出处于截止状态,信号发生器输出高电位。当触发叶轮的叶片离开空气隙时,霍尔元件受到磁场作用,如图 5-20c) 所示,这时霍尔元件产生霍尔电压,集成电路输出处于导通状态,信号发生器输出低电位。

发动机工作中,由于分电器轴不断地转动,触发叶轮的叶片时而进入空气隙,时而离开空气隙,使得信号发生器连续不断地输出矩形方波,通过信号线送至点火控制器进行触发并控制点火系的工作。

(3) 点火控制器的功能和基本电路。霍尔式电子点火系中的点火控制器具有开关功能(接通和切断点火线圈初级绕组电路)、限流控制功能、闭合角控制功能和停车断电保护等功能。由于该点火控制器具备较多的功能,所以使得点火能量高,发动机高速时不断火,低速时耗能少,起动性能好。点火控制器都采用先进的混合集成电路组成,为了改善散热条件,点火控制器紧密地固定在一块铝板上,其上部用塑料盒封装,固装在发动机室的边盖上。其桑塔纳轿车点火控制器外形如图 5-21 所示。

图 5-21 桑塔纳轿车点火控制器

点火控制器的专用点火集成块是核心部件,这些专用点火集成块与一些外围电路相配合,即可实现点火控制器的多种功能,完成对点火系的控制工作。

3. 光电式电子点火系

(1) 光电式信号发生器的组成。光电式电子点火系是利用光敏元件(光敏三极管或光敏二极管)的光电效应原理,制成光电式点火信号发生器,借光束进行触发产生点火信号,输给电子点火控制器以达到控制点火的目的。图 5-22 为光电式电子点火系组成示意图。该系统主要由光电式分电器(如图 5-23 所示)、电子点火控制器、点火线圈、火花塞等组成。

光源是一只砷化镓发光二极管,当其中有电流流过时,则发出红外线光束,并用一只半球形透镜聚焦。该发光二极管比白炽灯泡耐震,并能耐较高的温度,在 150℃ 的环境温度下能连续工作,寿命很长。

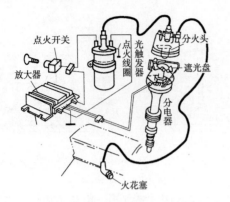
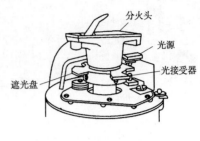

图 5-22　光电式电子点火系组成示意图　　　图 5-23　光电式点火信号发生器结构

光接收器是一只硅光敏三极管,它与光源上下相对安装,并相距一定距离,以使红外线光束聚焦后,照射到光敏三极管上。光敏三极管的工作与普通三极管不同,它的基极电流是由光产生的,因此不必在基极上输入电信号,也无需基极引线。

遮光盘用不透光的金属或塑料制成,固装在分电器轴上,位于分火头下面,盘的外缘伸入光源与光接收器之间,外缘上开有缺口,缺口数目等于发动机汽缸数。缺口处允许红外线光束通过,其余实体部分则能挡住光束。当遮光盘随分电器轴转动时,若缺口转到光源与光接收器之间,则光束会通过缺口直接照射到光敏三极管上,于是光敏三极管导通;当遮光盘挡住光束,光敏三极管截止,无电信号输出。分电器轴每转一周,光电式点火信号发生器便产生与发动机汽缸数相同的交变电信号。

(2) 电子点火控制器。电子点火控制器的作用是把光接收器的信号电流放大,从而通过功率三极管接通和切断点火线圈的初级电流。其工作原理如图 5-24 所示。

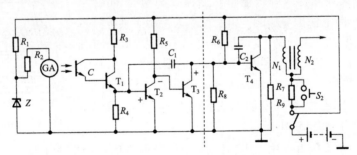

图 5-24　光电式电子点火系工作原理

接通点火开关 SW,发光二极管 V_1 发出红外线光束。发动机工作时,遮光盘随分电器轴按 2∶1 的传动比转动。当遮光盘上的缺口通过光源时,光束照射到光敏三极管 V_2 上,使其导通,V_3 也随之导通,使 V_4 导通,V_5 截止,V_6 导通,于是接通了点火线圈的初级电路;当遮光盘遮住光束时,V_3、V_4 截止,V_5 导通,V_6 截止,点火线圈初级电路被切断,在次级绕组中产生高压电动势而点火。

稳压管 V_7 使发光二极管工作电压稳定。R_7 的作用是当 V_6 截止时,保护 V_6。起动时,通过 S_2 可将附加电阻 R_9 短路使起动容易。C_1 对 V_4 构成正反馈,使 V_4、V_5 加速翻转。

光电式电子点火系的优点是,触发器的触发信号完全由遮光盘的位置(即曲轴的位置)

所决定而与发动机转速无关,故在发动机转速很低时也能正常发出触发信号,并且在分电器内积水冰冻时仍能正常工作;结构简单,对制造精度要求不高且成本低,但缺点是脏污后灵敏度将会降低。

4. 振荡式电子点火系

振荡式电子点火系是利用振荡式传感器作为开关电路的触发器来控制大功率管的导通与截止,即控制点火线圈初级电路的通、断,在次级绕组中产生高电压来实现点火的。

(1)振荡式传感器。振荡式传感器由铁芯、振荡线圈 L_1、正反馈线圈 L_2、耦合线圈 L_3 和信号转子等组成,如图 5-25 所示。

信号转子由圆铜片制成,周围开有若干个 1~1.2mm 宽度的槽口。槽口数与发动机汽缸数相等。信号转子安装在分电器轴上,发动机工作时,通过离心点火调节装置带动信号转子转动。当气隙被铜片遮挡时,由于涡流效应,其振荡线圈产生的交变磁通几乎被铜片阻挡,因而耦合线圈 L_3 无感应信号。当槽口正对着 L_1 和 L_3 时,由于气隙无铜片阻挡,振荡线圈 L_1 产生的交变磁通便耦合到耦合线圈 L_3 上,感应出信号电压。L_2 为正反馈线圈,正反馈三极管 V_4 的输出信号,使传感器维持振荡。

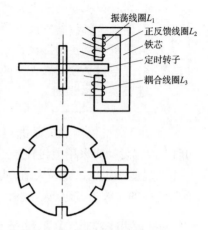

图 5-25 振荡式传感器

(2)振荡式电子点火控制器。图 5-26 为振荡式电子点火控制器电路。图中 V_4、L_1、C_2、L_2 组成正弦振荡器。当 C_2、L_1 两端加上电压时,就激起电磁振荡。虽然这种振荡振幅很小,但经 L_2 的正反馈,会使振幅逐渐增强。经三极管 V_4 的限幅而产生稳定的等幅振荡,由耦合线圈 L_3 输出电信号。

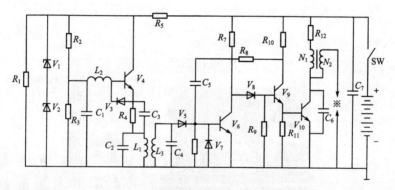

图 5-26 振荡式电子点火系工作原理

当铜片遮挡住 L_1 与 L_3 时,耦合线圈 L_3 无信号输出。三极管 V_6 截止,V_9 和 V_{10} 则导通,点火线圈初级绕组 W_1 中有电流流过。当铜片转至缺口处于 1 与 1,3 之间时,耦合线圈有信号输出,V_6 导通,V_9 截止,V_{10} 也随之截止。点火线圈初级电路被切断,初级电流迅速消失,于是在点火线圈次级绕组 W_2 中感应出高压电动势而点火。

振荡式电子点火系起动性能好,特性与光电效应式电子电火系相当,但因作用元件较多,可靠性和使用寿命稍差,故目前使用量较少。

课题三　微机控制点火系

　学习目标

1. 掌握微机控制点火系的组成和分类；
2. 掌握微机控制点火系的工作原理；
3. 了解微机控制点火系点火提前角和闭合角的控制；
4. 了解微机控制点火系的控制方式。

建议课时：4课时。

发动机微机控制点火系的英文名称是 Microcomputer Controlled Ignition System，缩写为 MCI。汽油发动机采用微机控制点火系能将点火提前角控制在最佳值，使可燃混合气燃烧后产生的温度和压力达到最大值，从而提高发动机的动力性，同时还能提高燃油经济性和减少有害气体的排放量，该点火系在汽车上得到广泛的使用。

一、微机控制点火系种类

微机控制点火系的功能主要包括点火提前角、通电时间及爆燃控制三个方面。

1. 按有无分电器分类

（1）有分电器的微机控制点火系。如图 5-27 所示，微机控制有分电器点火系中，采用一个点火线圈，产生的高压电经过分电器中的配电器按照点火顺序分配给各汽缸，使各缸火花塞完成点火工作，这种点火系应用已经较少。

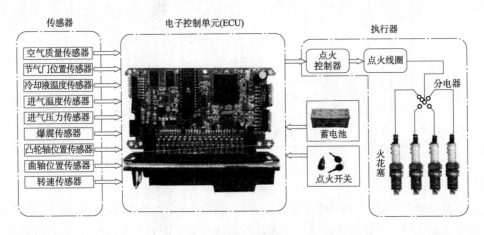

图 5-27　有分电器的微机控制点火系

（2）无分电器的微机控制点火系。微机控制无分电器电子点火系又称为直接点火系。直接点火系又分同时点火和独立点火两种点火方式。直接点火系点火线圈上的高压线直接与火花塞相连，点火线圈产生的高压电直接送到火花塞。

①同时点火控制方式。双缸同时点火是指发动机两个汽缸共用一个点火线圈,点火线圈每产生一次高压电,使两个汽缸的火花塞同时跳火。二次绕组产生的高压电直接加在两个汽缸的火花塞上跳火,四缸发动机是1、4缸或2、3缸,六缸发动机是1、6缸或2、5缸或3、4缸。双缸同时点火又分为二极管分配式和点火线圈分配式两种。

二极管分配式双缸同时点火的控制,其工作原理如图5-28所示。

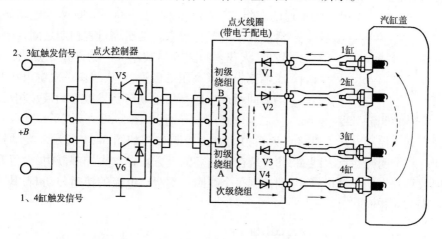

图5-28 二极管分配式电子点火系

点火线圈分配式双缸同时点火的控制,其工作原理如图5-29所示。

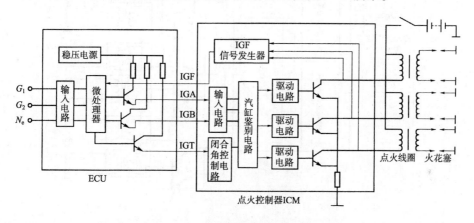

图5-29 点火线圈分配式电子点火系

双缸同时点火主要由闭磁路点火线圈(非自耦式)和点火控制器及电控单元(ECU)、火花塞等所组成,每个点火线圈的一次绕组分别由点火控制器中的一个大功率管控制。

发动机工作时,电控单元(ECU)根据曲轴位置及发动机转速传感器、空气流量传感器、冷却液温度传感器、爆震传感器、点火开关等有关输入信号,与存储器中储存的数据相比较,并经分析、计算后适时地向点火控制器输出点火信号。点火控制器中的大功率管分别接通与切断点火线圈的一次电路,在点火线圈二次绕组中产生出高电压,击穿火花塞间隙,点燃混合气。

同时点火的两个汽缸的工作过程应相差360°曲轴转角,即一个汽缸处于压缩行程的上止点,另一汽缸则处于排气上止点,点火时,两个汽缸的火花塞同时跳火,处于排气行程的汽缸由于汽缸内的压力很小,火花塞很容易跳火,能量损失很小。处于压缩行程汽缸的压缩压力很高,气体分子密度很大,必须要有足够的点火电压。在双缸同时点火的过程中,实际加在压缩行程火花塞的电压远高于排气行程汽缸火花塞的电压,保证了压缩行程汽缸火花塞的正常跳火,而排气行程的火花塞的火花只是一次无效火花,不会造成大的能量损失。

点火线圈一次绕组电流刚接通的瞬间,二次绕组将产生 1000~2000V 的电动势,但此时活塞处于进气行程末期与压缩行程初期之间,气缸内压力较低,火花塞间隙容易被击穿。为防止误点火,一般在高压电路中串联高压二极管,点火线圈一次绕组在电流接通的瞬间所产生的高压电动势与二极管的极性相反,可以防止二次电路的误导通,如图 5-30 所示。

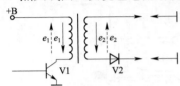

图 5-30　次级回路中高压二极管的作用

②独立点火控制方式。直接点火系独立点火控制方式如图 5-31 所示。发动机的每个汽缸都配有一个闭磁路点火线圈,并安装在火花塞的上方。在点火控制器中,设置有与点火线圈相同数目的大功率三极管,分别控制每个线圈一次绕组电流的接通与切断,其工作原理与同时点火方式相同。

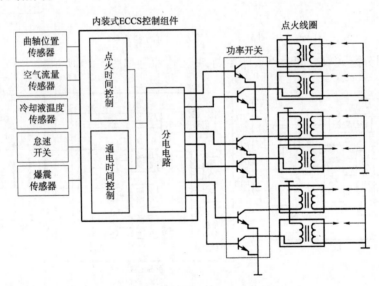

图 5-31　直接点火系独立点火控制方式

独立点火的优点是省去了高压线,点火能量损耗进一步减小;同时所有高压部件都可以安装在发动机汽缸盖上的金属屏蔽罩内,点火系对无线电的干扰较低,中高档车辆大都采用独立点火控制方式。

现代汽车广泛采用是微机控制无分电器的点火系。

2. 按微机控制的方式分类

(1) 开环控制点火系　微机控制点火系的开环控制是指微机检测发动机各种工作状态信息,并根据这些信息从内部存储器中调出相应的点火提前角,然后输出控制信号对点火时刻进行控制。这种控制方式对控制结果不予以反馈,如图 5-32 所示。

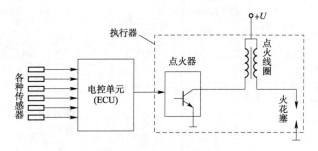

图 5-32 开环控制微机点火系

（2）闭环控制微机点火系　闭环控制是指微机以一定的点火提前角控制发动机工作的同时，还不断地检测发动机的工作状态，然后将检测到的实时信息反馈给控制单元（ECU），由控制单元（ECU）根据需要对点火提前角进行修正，然后输出控制信号对点火时刻进行控制，如图 5-33 所示。目前广泛采用的是通过检测爆震传感器反馈的爆震信号，来判断点火时刻的早晚，进而实现点火提前角的最佳控制。

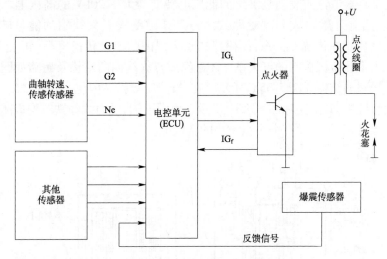

图 5-33 闭环控制微机点火系

二、微机控制点火系的基本组成

微机控制点火系的组成在设计和结构上，根据汽车生产厂家、生产车型及生产年代的不同而有所不同，但其一般都是由各种传感器、发动机电子控制单元、点火控制器、点火线圈、火花塞等组成，有些早期的车辆还有分电器。微机控制点火系组成如图 5-34 所示。虽然用于不同车型的微机点火控制系统的各组成部分的结构不同，但它们的工作原理是相似的。

传感器将检测到的与点火有关的发动机工作和状况信息，输入 ECU，作为计算和控制点火正时的依据。虽然各型汽车采用的传感器的类型、数量、结构及安装位置不尽相同，但是其作用都大同小异，并且这些传感器大多与燃油喷射系统、怠速控制系统等共用。

1. 电源

电源由蓄电池和发电机组成。起动时点火系由蓄电池提供低压电能；起动后，当发电机电压高于蓄电池电压时，点火系由发电机提供低压电能。

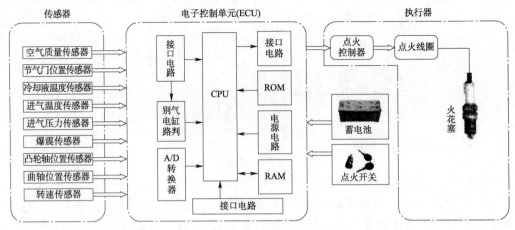

图 5-34　微机控制点火系组成

2. 点火线圈

点火线圈是将蓄电池或发动机供给的低压电转变为 15～20kV 的高压电。按磁路结构的不同,点火线圈有开磁路式和闭磁路式之分。开磁路式点火线圈的能量转换率低(仅 60% 左右),广泛应用在传统点火系;闭磁路式点火线圈的能量转换率高(可达 75% 以上),多用于电子点火系和微机控制的点火系。闭磁路式点火线圈的结构及磁路如图 5-35 所示。闭磁路式点火线圈的结构如图 5-35a)所示。在"日"字形铁芯内绕有初级绕组,在初级绕组的外面绕有次级绕组,其磁路如图 5-35b)所示。由图可知,磁力线经铁芯构成闭合磁路。为了减小磁滞现象,铁芯上常设有一个很微小的空气隙。

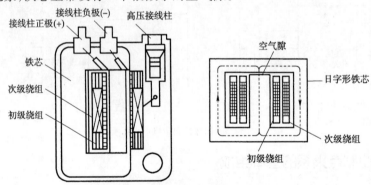

图 5-35　闭磁路点火线圈结构及磁路

3. 火花塞

火花塞的工作条件极其恶劣,它要受到高压、高温以及燃烧产物的强烈腐蚀。因此,要求火花塞必须具有足够的机械强度、能够承受冲击性高压电的作用、能承受剧烈的温度变化且有良好的热特性,并要求火花塞的材料能抵抗燃气的腐蚀。

火花塞的选用是否合适,还可在实践中根据在发动机上的使用情况鉴定。如果火花塞经常发生积炭,证明选用的火花塞过于"冷"了,应改用低热值。若在发动机熄火后仍能工作一段时间,并伴有敲击声时,则为火花塞过"热",应改用高热值。

4. 传感器

传感器的作用是检测发动机运行中与点火有关的各种信息,并将检测结果转变为电信号输入微机,作为选择、计算和控制点火提前角的依据,图 5-36 是微机控制点火系的组成,传感器的结构、类型及安装位置因车型而异。下面介绍汽车上常用的几种传感器。

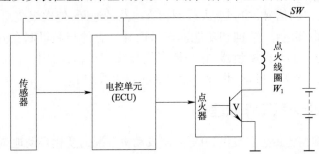

图 5-36 微机控制点火系组成

(1) 曲轴位置、转角与转速传感器。其作用是输入活塞位置（如上止点）信号、曲轴转角及转速信号,它是微机控制点火系最基本的传感器,用于确定发动机基本点火提前角、点火时刻等。

(2) 空气流量传感器。在 L 型电控汽油喷射系统发动机上,空气流量传感器输入的信号除用于计算喷油器基本喷油持续时间外,还作为发动机负荷信号用于计算机确定基本点火提前角。

(3) 进气管压力传感器。在 D 型电控汽油喷射系统发动机上,将节气门后方的负压（真空度）转变为电信号输入微机,微机则以此信号作为发动机的负荷信号,读取并计算基本点火提前角和喷油器基本喷油持续时间等。

(4) 进气温度传感器。将发动机工作时吸入的空气温度转变为电信号输入微机,以便微机对基本点火提前角进行修正。

(5) 冷却液温度传感器。将发动机工作温度转变为电信号输入微机,以便微机对基本点火提前角进行修正。

(6) 节气门位置传感器。将节气门打开的角度转变为电信号输入微机,微机以此信号判断发动机所处工况（怠速、小负荷工况、大负荷工况等）,然后将点火提前角进行修正。

(7) 爆震传感器。检测发动机是否发生爆震以及爆震的强度,并将其转变为电信号输入微机,以便微机对点火提前角进行修正。

(8) 起动开关。用于发动机起动时对点火提前角的修正。

(9) 空调开关。在怠速工况下使用空调时,微机以此信号对点火提前角进行修正。

(10) 空挡开关。在装有自动变速器的汽车上,微机以此开关输入的信号判断汽车处于停止还是行驶状态,然后对点火提前角进行修正。

以上各种传感器大都与电控汽油喷射系统、怠速控制系统等共同使用。

5. 电子控制单元

电子控制单元简称电控单元(ECU),其作用是根据各种传感器输入的信号及内存信息,进行判断、运算、处理后,确定出发动机最佳点火提前角等控制信号,并将其输送给电子点火控制器等执行机构,以使其能适时的接通和切断初级电路。在现代汽车集中控制系统中,点火系控制与燃油喷射系统控制等共同使用同一微机,点火系控制也仅仅是其控制系统的一个子系统。

6. 电子点火控制器

电子点火控制器简称点火器，它是计算机控制点火系的执行机构，其作用是根据电控单元 ECU 输出的点火控制信号，控制点火线圈初级电路的通断，使次级绕组产生点火高压电。电子点火控制器的内部电路、结构和功能因车型而异。有的与微机制在同一电路板上形成一体；有的是单独的电子点火控制器，它与微机用导线相连；有的则仅仅是一只控制点火线圈初级电路通断的大功率三极管，此管一般安装在点火线圈上。

三、微机控制点火系工作原理

微机控制系统根据各传感器提供的信号，随发动机工况的变化自动地调节点火提前角，使发动机在任何工况下，均能获得最佳点火提前角。微机控制点火系工作原理如图 5-37 所示。

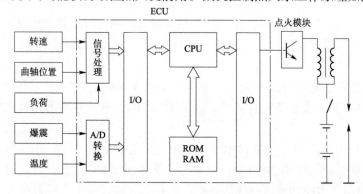

图 5-37　微机控制点火系框图

发动机工作时，控制单元中的 CPU 通过各种传感器把发动机的工况信息采集到随机存储器（RAM）中，并不断检测凸轮轴位置传感器信号（即点火定位信号），判定是哪一缸即将到达压缩上止点。CPU 同时对曲轴转角信号开始进行计数，以便控制点火提前角。与此同时，CPU 根据反映发动机工况的转速信号、负荷信号以及与点火提前角有关的传感器信号，从只读存储器中查询出相应工况下的最佳点火提前角。当 CPU 判定曲轴转角等于最佳点火提前角时，CPU 立即向点火控制器发出控制指令，使功率三极管截止，点火线圈的一次电流被切断，二次绕组产生高压，并按发动机点火顺序分配到各缸火花塞跳火，点燃混合气。

ECU 设有专门的控制程序和控制方式对发动机在起动、怠速工况时进行点火控制。

四、微机控制点火系点火提前角和闭合角控制

1. 起动时点火提前角

起动时，点火提前角的主要控制信号是发动机转速、起动开关和冷却液温度等。发动机起动时，转速较低，进气流量信号或进气歧管绝对压力信号不稳定，一般点火时刻固定在某一初始点火提前角。发动机不同，初始点火提前角的大小也不同。有的发动机在起动时若检测到冷却液温度过低，则适当增大起动时的初始点火提前角。

2. 起动后点火提前角控制

起动后，当发动机转速超过一定值时，自动转换为由 ECU 的点火正时信号控制，即 ECU 根据发动机转速和负荷（进气流量、进气歧管绝对压力、怠速时的空调开关通断）信号，从存

储器的标定数据中找到相应的最佳基本点火提前角,再根据有关传感器信号值加以修正,得出实际点火提前角,即:

实际点火提前角 = 初始点火提前角 + 基本点火提前角 + 修正点火提前角

(1)初始点火提前角。又称固定点火提前角,其值大小由发动机的形式及曲轴位置传感器的初始位置决定,一般为上止点前6°~12°,桑塔纳2000GLi型轿车的初始提前角为8°。

(2)基本点火提前角。是发动机最主要的点火提前角,在设计微机控制点火时确定的点火提前角存储在ECU中。当节气门位置传感器中的怠速触点闭合时,发动机处于怠速工况运行,ECU根据发动机转速和空调开关信号确定基本点火提前角。当节气门位置传感器中的怠速触点断开时,发动机处于正常运行工况,ECU根据发动机转速和负荷(进气流量或进气歧管绝对压力或节气门开度)信号,在存储器的数据中查找到这一工况运行时对应的最佳基本点火提前角。

(3)点火提前角的修正值。

①暖机修正。发动机冷车起动后,当冷却液温度较低时,ECU增大点火提前角,使发动机尽快暖机,随冷却液温度的升高,点火提前角相应减小。

②怠速稳定性修正。发动机在怠速运转时,由于发动机负荷变化(如空调、动力转向等)而使转速改变,ECU随时调整点火提前角,使发动机在怠速工况下稳定运转。ECU不断地计算发动机的平均转速,当平均转速低于规定的怠速目标转速时,ECU根据两者的差值大小相应地增大点火提前角;当平均转速高于规定的怠速目标转速时,相应地减小点火提前角。

③过热修正。发动机处于怠速运行工况,当冷却液温度过高时,ECU将点火提前角增大,避免发动机长时间过热。

④空燃比反馈修正。装有氧传感器的电控燃油喷射系统进行闭环控制时,ECU根据氧传感器的反馈信号对空燃比进行修正。随着修正喷油量的增加和减少,发动机的转速在一定范围内波动。为了提高发动机转速的稳定性,在反馈修正油量减少、混合气变稀时,ECU适当地增大点火提前角。

3. 闭合角(点火时间)**控制**

点火线圈一次绕组电路导通的时间,称为闭合角。

电控发动机常用电感储能式点火系,当点火线圈的一次电路被接通后,一次电流是按指数规律增长的。一次电路被断开瞬间,一次断开电流所能达到的值与一次电路接通的时间长短有关。只有一次电路通电时间达到一定值时,一次电流才能达到饱和。

二次电压最大值与一次电路断开时的电流值成正比,当一次断开电流达到饱和时,点火能量达到规定值,点火更可靠。但一次电路通电时间过长,点火线圈又会发热,并使电能消耗增大。

发动机运行过程中转速变化,使点火线圈一次电路通电时间增大或缩短。同时,电源电压的变化也影响一次电路的电流的大小,若蓄电池电压下降,在相同的时间内一次电流将会减小,蓄电池电压与通电时间的关系如图5-38所示。

综上所述,为了消除由于发动机转速和电源电压的变化而带来点火特性的变化,点火控制系统应能在发动机工作过程中根据其实际工况自动调节点火线圈一次电路的通电时间,使发动机在任何转速下,都能保持有足够的点火能量,而又不会对控制电路和点火线圈造成威胁。

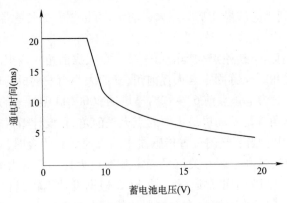

图 5-38　蓄电池电压与通电时间的关系

五、微机控制点火系的控制内容及控制方法

微机控制点火系的控制方式与电控燃油喷射系统一样,有开环控制和闭环控制两种方式。

1. 开环控制方式

即微机确定出点火提前角的修正值,加以修正后,得出最佳点火提前角数值来控制发动机点火,而对控制结果好坏不予考虑。开环控制方式的优点是控制系统及运算程序简单、运算速度快。但其控制精度低。

2. 闭环控制方式

闭环控制方式又称反馈控制方式,它是在控制点火提前角的同时,根据发电机实际运行结果不断反馈的信息,如发动机是否爆震以及爆震强度、怠速是否稳定等及时对点火提前角进行进一步修正,使发动机始终处在最佳点火状态,而不受发动机零件磨损、老化等使用因素影响,故控制精度高。

初级电路导通时间(即导通角或闭合角)主要影响点火线圈初级断开电流值及点火线圈所储存的能量,即影响次级点火电压的高低。而点火线圈初级断开电流大小及所储存的能量取决于发动机转速及电源电压。为了保证在不同转速和供电电压下,都具有相同的初级断开电流,并防止点火线圈因长时间通过大电流而过热烧坏,必须对初级电路导通时间加以控制。在微机控制点火系中,通常将导通时间随发动机转速和电源电压变化的关系以数据或图表的形式储存于计算机的存储器(ROM)中,以便计算机随时读取,并对初级电路导通时间进行最佳控制。

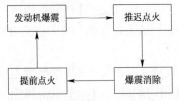

图 5-39　爆震控制过程示意图

安装在发动机汽缸体或汽缸盖上的爆震传感器检测发动机是否发生爆震以及爆震的强弱,并把爆震信号输入微机。微机判定有无爆震以及爆震程度,以推迟点火角度。爆震强,推迟点火角度大;爆震弱,推迟点火角度小。每次调整都以一个固定的角度递减,直到爆震消失为止。而后又以一个固定的角度使点火提前,当发动机再次出现爆震时,计算机再次推迟点火,调整控制过程如此反复地进行,如图 5-39 所示。

带有爆震控制功能的微机控制系统,发动机总是工作在爆震的临界点,因而发动机热效率最高,动力性、经济性也最好,有害物排放量最低。

课题四　点火系的维护与故障诊断

1. 掌握点火系使用注意事项；
2. 熟悉点火系常见故障诊断和维修方法；
3. 独立完成点火系故障的诊断检修。

建议课时:4 课时。

由于蓄电池点火系和普通电子点火系已逐渐淘汰,本节只针对微机控制点火系的维护与故障诊断进行分析。

一、点火系使用注意事项

（1）发动机在运转过程中,严禁拆卸蓄电池,更不允许用划火的方法试电,以免损坏点火控制器、ECU 等电气元件。安装电源或电气元件时,接线必须正确、牢固,电源的极性不能接错。

（2）带高压线的车辆,高压线必须连接牢靠,如果连接不牢,容易造成系统电压过高而损坏高压系统的绝缘。

（3）当需要拆卸点火系的连接导线或安装测试仪器时,应按维修手册的要求,关闭点火开关或拆下蓄电池的负极导线。

（4）需要拆下高压线或点火线圈时,一定要在发动机冷却之后,拆卸和安装火花塞要使用专用工具,并按规定力矩拧紧。

（5）用清洁剂清洁点火线圈表面的灰尘和油污；洗车时,应尽量避免洗车水溅到发动机舱内,防止短路。

（6）在判断点火系的故障时,不要使高压电路处于开路状态,否则,极易使点火器中的大功率三极管损坏。

（7）按维修手册的要求,在维护时要清除火花塞的油污和积炭,校正火花塞的电极间隙。

（8）车辆各电气元件必须搭铁良好,确保电路稳定可靠地工作。

（9）对发动机进行汽缸压缩压力检查时,要将点火控制器或 ECU 的连线端子拆下。

二、微机控制点火系的主要元件的检测

1. 闭磁路点火线圈的检查

闭磁路点火线圈主要故障有一次或二次绕组短路、断路或搭铁,绝缘盖破裂。点火线圈出现故障后会造成点火系不点火或火花弱。

（1）查看点火线圈的外观,若绝缘盖破裂或外壳有裂纹,连线端子松动,工作时温度过高,高压插座接触不良,应及时进行维修或更换。

(2)点火线圈一次、二次绕组直流电阻的检查。关闭点火开关,断开点火线圈低压接线端子,用万用表电阻挡检测点火线圈各端子之间的直流电阻,应符合维修手册的要求。

例如,一汽大众捷达轿车点火线圈各电阻应为:一次绕组电阻值为 0.52~0.76Ω,二次绕组电阻为 2.4~3.5kΩ,一次绕组与外壳应绝缘。打开点火开关,用万用表检测点火线圈 2 号正极对地电压,应为 12V。

2. 火花塞故障检测

火花塞常见故障主要有积炭、间隙不当、绝缘体出现裂缝、漏气和火花塞过热等。

(1)火花塞积炭。火花塞积炭如图 5-40 所示,在火花塞旋入汽缸的部分,出现黑色或灰黑色的沉积物。

若各缸火花塞均出现较严重积炭,主要原因为混合气过浓、点火线圈点火性能下降及火花塞选型不对等。

如只是个别汽缸火花塞积炭,主要原因为气门关闭不严、火花塞间隙过小、高压线漏电及窜机油等。

火花塞积炭可以用专用的火花塞清洁试验器进行清洁,也可以用清洁剂清洁或泡在煤油中一段时间后用钢丝刷刷干净。

(2)火花塞绝缘瓷体破裂。发动机工作温度过高或温度的急剧变化,引起暴露在燃烧室内的火花塞瓷体破裂,轻者在突起的前端会有小块的崩裂,出现缺口,重者会裂成数块脱落,如图 5-41 所示。由于陶瓷硬度较高,会造成拉缸故障。

图 5-40 火花塞积炭　　图 5-41 火花塞绝缘瓷体破裂

(3)中心电极烧蚀。发动机混合气过稀、点火时刻不对、火花塞选型不当、发动机冷却系不良、长期超载超速行驶、火花塞未拧紧等原因,会造成火花塞中心电极烧蚀,甚至熔化。

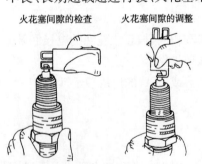

图 5-42 火花塞间隙检测

(4)间隙不当。火花塞中心电极与侧电极间隙大于或小于维修手册的标准间隙。用圆形厚薄规或圆形量规测量,如图 5-42 所示,火花塞间隙一般为 0.6~1.2mm。若间隙不当,用尖嘴钳或专用工具弯曲侧电极进行调整。

3. 爆震传感器的检测

大众车爆震传感器连接电路如图 5-43 所示。

(1)爆震传感器电阻的检测。关闭点火开关,拔下爆震传感器上的电插头,用万用表欧姆挡检测爆震传感器任何两个接线端子与外壳间的绝缘电阻,应为 ∞(不导通),否则,须更换爆震传感器。对于磁伸缩式爆震传感器,还可应用万用表欧姆挡检测线圈的直流电阻,其阻值应符合维修手册规定值,否则,更换爆震传感器。

Motronic 发动机控制单元、爆震传感器、冷却温度传感器、节气门电位计

G61 — 爆震传感器，在曲轴箱左侧
G62 — 冷却温度传感器，在发动机左侧出水管上面
G69 — 节气门电位计，在发动机右侧，进气歧管后部
J220 — Motronic 发动机控制单元，在仪表板左侧下方
T1g — 1针插头，黑色，检查怠速时用于测量点火提前角的专用接地插头，在蓄电池左侧支架旁
T3c — 3针插头，蓝/白色，在发动机舱中间水管支架上
T29a — 29针插头，白色，在左A柱旁
T55 — 55针插头，黑色，在发动机控制单元内
D1 — 接地连接线，在发动机线束内
D2 — 正级连接线，在发动机线束内

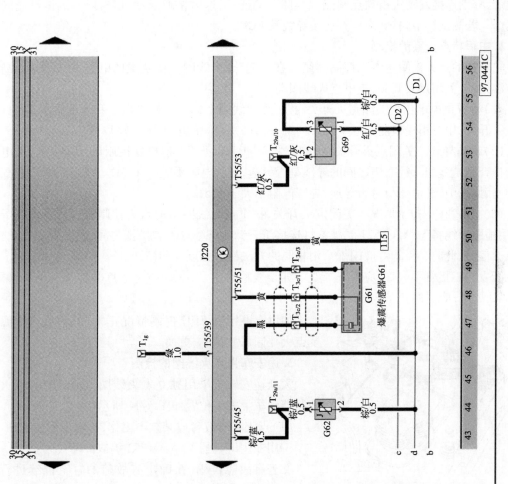

图 5-43　大众爆震传感器电路

（2）爆震传感器的示波器检测。发动机产生敲缸、振动、爆震时，爆震传感器输出波形的峰值电压和频率将会突然增加。

示波器检查爆震传感器的方法是：将示波器的负极检测探针连接到传感器的搭铁线或发动机的缸体，示波器的正极探针接到传感器通往发动机控制模块（ECU）的信号线上；打开点火开关，不起动发动机，用金属物敲击传感器附近的缸体，示波器上应有一个突变波形，敲击力越大，峰值也越大。若波形显示为一条直线，说明爆震传感器没有信号输出，应检查导线和爆震传感器本身的性能。

三、微机控制点火系的故障诊断

微机控制点火系在汽车上已经广泛采用，这里以大众车系为例讲述微机控制点火系的故障诊断方法和步骤。

1. 桑塔纳 2000 点火系检测

桑塔纳 2000 轿车点火线圈电路，打开点火开关，用万用表检测点火线圈 2 号正极对地电压，应为 12V。关闭点火开关，拔下 4 个喷油器的接线和点火线圈的接线，用发光二极管测试灯，分别连接发动机搭铁点和点火线圈上的插头，这时接通起动机数秒钟，测试灯应同时闪烁。若测试灯不闪烁，应检查连接导线及 ECU。

2. 帕萨特点火系的检测

帕萨特的点火线圈与点火控制器组装在一起，点火线圈一次绕组的电阻无法测量。测量方法如下：关闭点火开关，拔下点火线圈端子。

（1）检查供电电压。关闭点火开关，拔下点火线圈上的点火控制器 2 和连线端子 1。打开点火开关，用万用表检测端子 1 的中间触头与搭铁之间的电压是否为 12 V。

（2）检查导线。关闭点火开关，将测试盒 V. A. G1598/22 连接到控制单元线束上，按电路图检查测试盒和三针插座之间的导线是否导通，导线电阻不大于 1.5Ω。按电路图检查三针插座触点②和继电器板是否导通，导线电阻不大于 1.5Ω。

（3）检查 ECU 控制情况。关闭点火开关，拔下点火线圈上的点火控制器 2 和连线端子 1。用辅助导线将 V. A. G1527 二极管灯连接于三针插座触点①和搭铁之间，起动发动机，检查点火信号，此时二极管灯应闪烁。用相同的方法检查触点③和搭铁。

若发光二极管不闪烁，应检查导线。如导线检查正常，三针插座触点②检查有电压，说明 ECU 故障，应更换。

如供电电压和 ECU 控制情况正常，说明点火线圈及点火控制器故障，应更换。

3. 途安车用点火线圈的检测

大众途安轿车采用独立点火线圈，点火线圈、点火控制器在车上安装位置如图 5-44 所示。

（1）点火系有故障或某缸不工作，检查步骤如下：
①用专用解码器 V. A. G1552 提取故障代码。
②若有故障代码，在确定有故障的缸上继续进行检测。

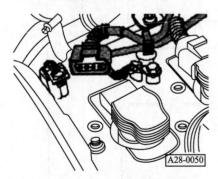

图 5-44　大众途安轿车点火线圈

③若检测不到故障代码,起动发动机,依次拔下喷油器端子,并观察发动机运转情况。若拔下某汽缸喷油器插头,发动机转速无任何变化,则该缸为点火线圈有故障的汽缸。若检测到有故障的缸,将其火花塞与无故障汽缸的火花塞互换,若故障消失,则说明该汽缸火花塞有故障,更换。

④若该缸仍旧有故障,则将该缸点火线圈与另一个缸的点火线圈互换,若该汽缸故障消失,则说明该点火线圈有故障,更换。

(2)检查供电。用万用表一端接四针插座触点①,一端搭铁,打开点火开关,应为蓄电池电压,若测量结果正常,则检查点火线圈的点火控制器。

(3)检查点火控制器

①拔下喷油器连接端子,拔下点火线圈四针插座(如图5-45所示),将电压检测仪SVWl527B连接到端子触点②和③上,短时间起动发动机,发光二极管应闪烁,若不闪烁,则检查供电电路。

②将检测仪V.A.G1598/22连接到ECU导线束上,注意此时不要连接ECU,如图5-46所示。检查各导线连接是否断路、短路。若导线电阻大于1.5Ω,说明导线故障,应排除。若导线无故障,判断为点火线圈内的点火控制器故障,更换点火线圈总成。

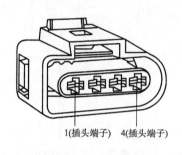
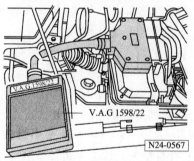

图5-45 点火线圈端子　　　　图5-46 连接检测仪V.A.G1598/22

单元六
照明、信号、仪表与安全设备

课题一 照明装置

学习目标

完成本课题学习后,你应能:
1. 熟悉汽车灯具的种类、用途及特点;
2. 熟悉前照灯的结构;
3. 熟悉常见车型前照灯的控制电路;
4. 掌握前照灯的检测方法;
5. 能够调整前照灯光束。
建议课时:**6** 课时。

为保证汽车在无光或微光条件下安全行驶,汽车上都设置照明系统,照明灯具的种类、数量因车型而定。

一、汽车灯具的种类及用途

汽车灯具按功能可分为照明灯和信号灯。照明灯具有前照灯、防雾灯、顶灯、仪表灯和工作灯等。信号灯具有转向灯、制动灯、小灯、尾灯、指示灯和警示灯等;按安装位置可分为外部灯具和内部灯具。

1. 外部灯具(见图 6-1)

(1)前照灯 通常称为大灯,灯光为白色,安装在汽车头部两侧,有两灯制、四灯制之分。四灯制前照灯并排安装时,装于外侧的一对应为远、近光双光束灯;装于内侧的一对应为远光单光束灯。远光灯灯丝功率一般为 40~60W,近光灯灯丝功率一般为 20~35W。主要用途是夜间行驶时,照亮车前道路及物体,同时还可以用远近光的变换,在超车时告知前方车辆避让。

(2)雾灯 安装在汽车头和尾部。前雾灯功率为 45W,光色为橙黄色(黄色波长较长,透雾性好)。在雾天、下雪、暴雨或尘埃弥漫等情况下,用来改善车前道路照明情况。后雾灯功率为 21W 或 6W,光色为红色,用来提醒尾随车辆保持安全间距。

单元六　照明、信号、仪表与安全设备

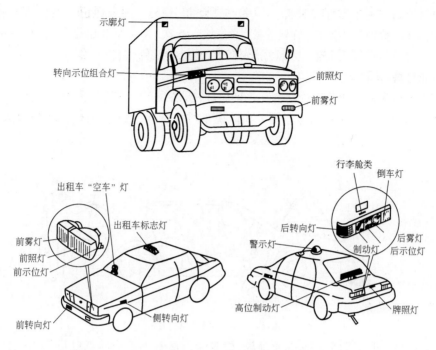

图6-1　常见汽车外部灯具

（3）牌照灯　装于汽车尾牌照上方或左右两侧，功率一般为5～10W，白色光，用来照明后牌照，确保行人距车尾20m处看清牌照上的文字及数字。

（4）倒车灯　安装在汽车尾部，功率为21W，光色为白色，当变速器挂倒挡时，自动发亮，照明车后侧，同时提醒后方车辆、行人注意安全。

（5）制动灯　安装在汽车尾部。功率为21W，光色为红色，灯罩显示面积较后示位灯大。在踩下制动踏板时，发出强红光。为避免尾随大型车对轿车碰撞的危险，轿车后窗内可加装由发光二极管成排显示的高位制动灯。

（6）转向灯　主转向灯一般安装在汽车尾部的左右侧，用来指示车辆行驶趋向。汽车两侧中间装有侧转向灯。主转向灯功率一般为21W，侧转向灯为5W，光色为琥珀色。转向时，灯光呈闪烁状，频率规定为$(1.5±0.5)$Hz，起动时间不大于1.5s。在紧急遇险状态需其他车辆注意避让时，全部转向灯可通过危险报警灯开关接通同时闪烁。

（7）示位灯　安装在汽车前面、后面和侧面。功率为5W。前位灯（俗称"小灯"、"示宽灯"）光色为白色或黄色，后位灯（俗称"尾灯"）光色为红色，侧位灯光色为琥珀色。夜间行驶接通前照灯时，示位灯与仪表照明灯、牌照灯同时发亮，以标志车辆的型位。

（8）示廓灯　GB7258—2012《机动车运行安全技术条件》规定空载，高3.0m以上的车辆均应安装示廓灯。示廓灯用来标识车辆轮廓，安装于车身的前后左右四角，为黄色灯，功率为3～5W，30m外应能看清。

（9）驻车灯　装于车头和车尾两侧。要求从车前和车尾150m远处确认灯光信号，光色要求车前为白色，车尾处为红色，夜间驻车时，将驻车灯接通标志车辆形位，此时仪表照明灯、牌照灯并不亮，电池耗电比示位灯小。

155

(10)警示灯　一般装于车顶部。功率一般为40~45W,用来标示车辆特殊类型。消防车、警车用红色,救护车为蓝色,旋转速度为每秒2~6次;公交车和出租车为白色、黄色。出租车空车标示灯装在仪表台上,功率为5~15W,光色为红色、白色。

2. 内部灯具(如图6-2所示)

(1)顶灯　轿车及载货车一般仅设一只顶灯,功率为5~15W,除用作室内照明外,还可以兼起监视车门是否可靠关闭的作用。在监视车门状态下,只要还有车门未可靠关紧,顶灯就发亮。

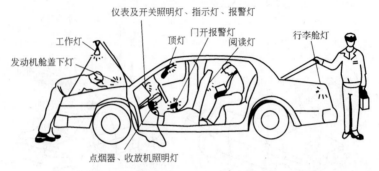

图6-2　常见汽车内部灯具

(2)阅读灯　装于乘员席前部或顶部,聚光时乘员看书不会给驾驶员产生炫目现象,照明范围小,有的还有光轴方向调节机构。

(3)行李舱灯　装于轿车或客车行李厢内,功率为5W。当开启行李舱盖时,灯自动发亮,照亮行李厢内空间。

(4)门灯　装于轿车外张式车门内侧底部,功率为5W,光色为红色。夜间开启车门时,门灯发亮,以告示后来行人、车辆注意避让。

(5)踏步灯　装在大中型客车乘员门内的台阶上,夜间开启时,照亮踏板。

(6)仪表照明灯　装在仪表板反面,功率2W,用来照明仪表指针及刻度板。仪表照明灯与示位、牌照灯并联。有些汽车仪表照明灯发光强度可调节。

(7)仪表报警及指示灯　常见有充电指示灯、机油压力过低报警灯、转向指示灯、远光指示灯等,报警灯一般为红色、黄色,指示灯一般为绿色或蓝色。

(8)工作灯　是车辆维修时可以移动使用的一种随车低压照明工具,电源来自汽车发电机或蓄电池,功率为21W。常带有挂钩或夹钳,插头有点烟器式和两柱插头式两种。

二、前照灯及控制电路

1. 前照灯的照明要求

由于汽车前照灯的照明效果直接影响着夜间交通安全,世界各国都以法律形式规定汽车前照灯的照明标准,以确保夜间行车安全。其基本要求如下:

①应能保证车前明亮而均匀的照明,使驾驶员能看清车前100m内路面上的障碍物。随着汽车行驶速度的提高,对汽车前照灯的照明距离也相应要求越来越远,现代高速汽车其照明距离已达到200~400m。

②应能防止炫目,以免夜间两车交会时,使对面来车驾驶员炫目而造成交通事故。

2. 前照灯的结构

前照灯的光学系统包括反射镜、配光镜和带对焦盘的前照灯灯泡三部分。

(1)反射镜。其作用是最大限度地将灯泡发出的光线聚合成强光束,以增加照射距离。一般用 0.66~0.8mm 厚的薄钢板冲压而成,近年来已有用热固性塑料制成的反射镜。反射镜的表面形状呈旋转抛物面,如图 6-3 所示。其内表面镀银、铝或镀铬,然后抛光。由于镀铝的反射系数可以达到 94% 以上,机械强度也较好,故现在一般采用真空镀铝。

由于前照灯灯丝发出的亮度有限,功率仅 40~60W。如无反射镜,只能照清汽车灯前 6m 左右路面。有了反射镜之后,前照灯照距可达 150m 或更远。因此反射镜的作用就是将灯泡的光线聚合并导向前方。灯丝位于焦点 F 上,灯丝的绝大部分光线向后射在立体角 ω 范围内,经反射镜反射后变成平行光束射向远方,使亮度增强几百倍甚至上千倍,从而使车前 150m,甚至 400m 内的路面照得足够清楚。散射向侧方和下方部分光线,可照明车前 5~10m 的路面和路缘,而其余光线散射向上方。

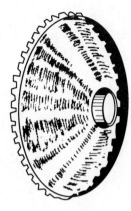

图 6-3 反射镜

(2)配光镜 又称散光玻璃,用透光玻璃压制而成,是很多块特殊形状棱镜和透镜的组合体。外形一般为圆形和矩形,如图 6-4 所示。配光镜的作用是将反射镜反射出的平行光束进行折射,使车前路面和路缘都有良好而均匀的照明。近年来已开始使用塑料配光镜,它不但质量小,而且耐冲击性能好。

(3)前照灯灯泡 汽车前照灯的灯泡主要有传统的白炽灯泡、卤素灯泡及新型氙灯和 LED 灯泡等几种。

① 前照灯用白炽灯泡 其灯丝用钨丝制成。由于钨丝受热后会蒸发,将缩短灯泡的使用寿命,制造时,要先从玻璃泡内抽出空气,然后充以约 86% 的氩和约 14% 的氮的混合惰性气体。由于惰性气体受热后膨胀会产生较大的压力,这样可减少钨的蒸发,故能提高灯丝的温度,增强发光效率,有利于延长灯泡的寿命。为了缩小灯丝的尺寸,常把灯丝制成紧密的螺旋状,以利于聚合平行光束,白炽灯泡的结构见图 6-5。

为保障夜间会车安全,汽车前照灯的近光灯丝下方装设配光屏(见图 6-5),用以遮挡近光灯丝射向反射镜下半部的光线,消除反射后向上照射的光束,提高防炫目效果。

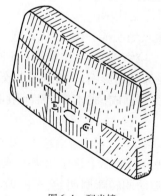

图 6-4 配光镜

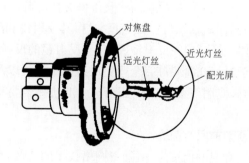

图 6-5 前照灯白炽灯泡

②前照灯用卤素灯泡　虽然白炽灯泡的灯丝周围抽成真空并充满了惰性气体，但是灯丝的钨仍然要蒸发，使灯丝损耗，蒸发出来的钨沉积在灯泡玻璃体上，将使灯泡玻璃体发黑。近年来，汽车上广泛使用了卤素灯泡，这种灯泡内的惰性气体掺有某种卤族元素气体。卤素灯从外形上分 H_1、H_2、H_3、H_4 四种（图6-6），其中 H_4 双灯丝灯泡广泛用于前照灯，H_1、H_2、H_3 灯泡为单灯丝灯泡，常用作辅助前照灯（如雾灯和探照前灯）。

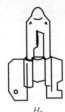

H_1　　　　H_2　　　　H_3　　　　H_4

图6-6　卤素灯泡

卤素灯泡是利用卤钨再循环反应原理制成的，其再反应过程如下：

钨原子容易从炽热的钨丝上蒸发出来→气态钨在小于或等于1450℃环境下，与卤素反应生成了挥发性卤化钨→卤化钨扩散到灯丝附近高温区受热分解→分解后的钨重新回到灯丝上，被释放出的卤素继续扩散参与下一轮循环。如此周而复始地循环下去，防止了钨的蒸发和灯泡玻璃体的黑化现象。

卤素灯泡尺寸较小，壳体用耐高温、机械强度较高的石英玻璃或硬玻璃制成。充入惰性气体压力较高，掺入的卤素一般为碘或溴。因工作温度高，灯内工作气压比其他灯泡高得多，因此钨的蒸发也受到了有效的限制。在相同功率情况下，卤素灯的亮度是白炽灯的1.5倍，而寿命是白炽灯的2~3倍。

3. 前照灯的类型

按前照灯光学组件结构的不同，可将其分为：可拆式、半封闭式和封闭式前照灯3种。

（1）可拆式前照灯　因可拆式前照灯是由反射镜和配光镜等安装而成的组件，因此，气密性差，反射镜易受湿气和尘埃污染而降低反射能力，严重降低照明效果，目前已很少采用。

（2）半封闭式前照灯　其结构如图6-7所示，其配光镜靠卷曲反射镜边缘上的牙齿而紧固在反射镜上，二者之间垫有橡皮密封圈，灯泡只能从反射镜后端装入。当需要更换损坏的配光镜时，应撬开反射镜边缘的牙齿，安上新的配光镜后，再将牙齿处复原。由于这种灯具减少了对光学组件的影响因素且维修方便，因此，得到了广泛使用。

（3）封闭式前照灯　又叫真空灯，其反射镜和配光镜玻璃制成一体，形成灯泡，里面充以惰性气体。灯丝焊在反射镜底座上，反射镜的反射面经真空镀铝，其结构如图6-8所示。

由于封闭式前照灯完全避免反射镜被污染以及遭受大气的影响，因此其反射效率高，照明效果好，使用寿命长。但当灯丝烧断后，需要更换整个总成，成本高，因此限制了它的使用。

4. 新型前照灯简介

除了常规的前照灯外，随着网络技术的普及，在一些高档轿车上逐步出现智能前照灯系统，可以根据行驶条件的不同采用不同的照明模式，如随动的转弯照明、会车时改变配光形状、根据车速自动调节照射距离和配光形状等功能。

单元六　照明、信号、仪表与安全设备

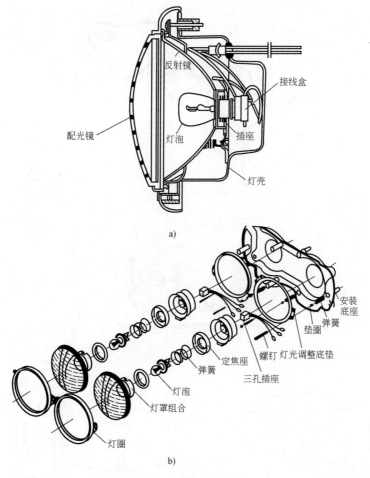

图 6-7　半封闭式前照灯
a)整体结构；b)分解图

（1）投射式前照灯　其外形特点是装用很厚的无刻纹的凸型散光镜,反射镜是椭圆形的,且外径很小,其结构如图6-9所示。

投射式前照灯的反射镜近似于椭圆形状,它具有两个焦点。第一焦点处放置灯泡,第二焦点在灯光中形成。凸形散光镜的焦点与第二焦点是一致的。来自灯泡的光利用反射镜聚成第二焦点,再通过散光镜将聚集的光投射到前方。投射式前照灯采用卤素灯泡。

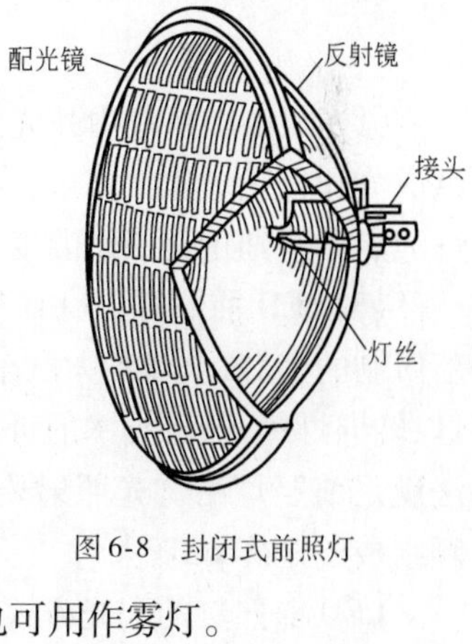

采用投射式前照灯,可利用的光束增多,若将反射镜做成扁长断面,很多光束便可横向扩散,不仅结构紧凑,而且经济实用。

在第二焦点附近设有遮光板,可遮挡上半部分光,形成明暗分明的配光,它的这种配光特性可适用于前照灯近、远光灯,也可用作雾灯。

图 6-8　封闭式前照灯

（2）高亮度弧光灯（氙灯）其结构见图6-10,它没有传统灯泡的灯丝,取而代之的是装在石英管内的两个电极,管内充有氙及微量金属（或金属卤化物）。

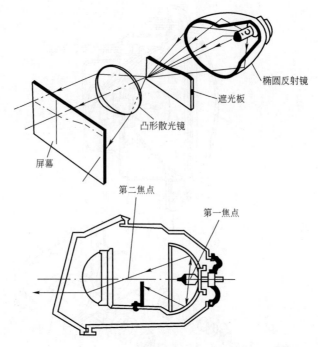

图 6-9 投射式前照灯

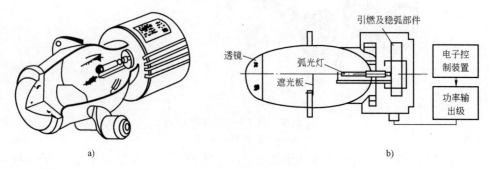

图 6-10 高亮度弧光灯
a) 外形图; b) 原理示意图

弧光放电前照灯由弧光灯组件、电子控制器和升压器三大部件组成。其灯泡发出的光色成分和日光灯非常相似,亮度是卤素灯泡的 2.5 倍,寿命可达卤素气体灯泡的 5 倍。由于灯泡点燃达到正常工作温度后,维持电弧放电的功耗仅为 35W,所以可节约 40% 的电能。

(3) LED 前照灯 LED 是 Light Emitting Diode(发光二极管)的缩写,LED 车灯是目前最新研制的车灯,全球各大汽车制造厂均有不同程度的使用。LED 灯最初只用于示宽灯、制动灯、转向灯等,随着技术的进步逐步开发并应用到汽车前照灯中。使用单个的 LED 显然无法满足前照灯的灯光照射要求,需要使用多个 LED 进行阵列组合。如新奥迪 A8L 采用 25 颗组成了矩阵 LED 大灯。

LED 前照灯的配光方式也有反射镜配光和经过透镜后配光两种形式,如图 6-11 所示。

相比卤素灯、氙气灯而言,LED 灯首先不仅亮度极佳,且最接近自然色,避免眼睛疲劳、视线不清,让行车更安全;其次是节能环保,由于汽车大灯的能量主要是靠燃油燃烧转化而来,所以 LED 灯更省油,且报废后也不产生二次污染;其三是使用寿命很长,基本上是车子报废了 LED 灯还能正常使用。但不足的是,价格太贵。

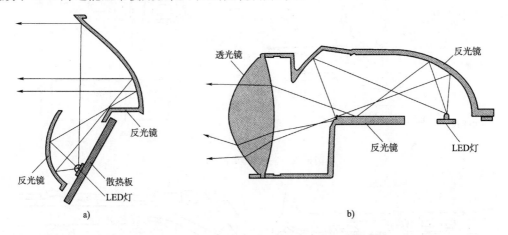

图 6-11 LED 前照灯的配光形式

5. 前照灯光束的检测与调整

汽车在定期维护、更换前照灯部件及总成后均应对前照灯光束进行检测与调整。前照灯检测项目包括发光强度和光束照射位置。国标 BG 7258—2012《机动车运行安全技术条件》中对汽车前照灯的发光强度和光束照射位置都作了规定,标准如下:

①发光强度。是指一光源在给定方向上所能发出的光线强度,即光源发光强度的物理量,只与光源有关。发光强度的单位是坎德拉,简称坎,符号为 cd。

检测要求是:两灯制的新注册汽车的前照灯,每只灯的发光强度应大于 15000cd,四灯制的新注册汽车的前照灯,每只灯的发光强度应大于 12000cd;两灯制的在用汽车的前照灯,每只灯的发光强度应大于 12000cd,四灯制在用汽车前照灯,每只灯的发光强度应大于 10000cd。

②前照灯光束照射位置。用屏幕调试法检验汽车前照灯的近光光束照射位置时,车辆应空载,允许乘坐一名驾驶员,前照灯在距离屏幕 10m 处,且正对屏幕。光束明暗截止线转角或中心的高度应为 $0.6H \sim 0.8H$(H 为前照灯基准中心高度),在水平方向上,向左向右偏均不得超过 100mm。四灯制前照灯其远光单光束灯的调整,要求在屏幕上光束中心离地高度应为 $0.85H \sim 0.90H$,水平位置要求左灯向左偏不得大于 100mm、向右偏不得大于 170mm,右灯向右偏或向左偏均不得大于 170mm。

(1)幕式检测法。用这种方法主要是检测前照灯光束的照射位置是否符合要求,必要时进行调整。具体方法如图 6-12 所示。

双光束灯以调整近光光束为主。按照前述要求停放车辆,在屏幕上画一条汽车中心垂直线 A—A 和一条前照灯中心点离地高度水平线 A′—A′,在 A′—A′下方画出离地面 $0.6H \sim 0.8H$(H 为前照灯基准中心高度)水平线 B—B,并找出近光光束照射中心 a、b 作为近光测试的基准。其测试结果应符合上述标准要求。非对称配光的明暗截止线应与 B—B 线重合,转角点应与 a、b 点重合,转角位 15°。如不符合标准,可调整灯座的上下及左右调整螺钉,见图 6-13。

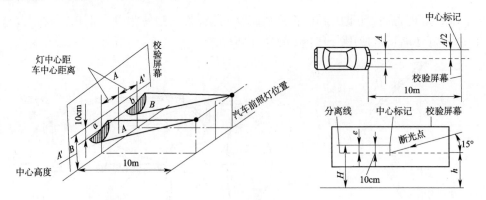

图 6-12 非对称型屏幕式调整

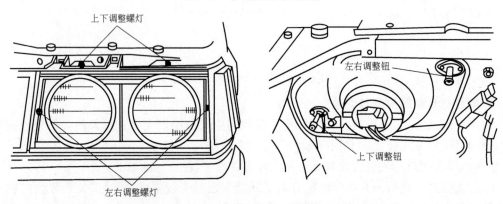

图 6-13 前照灯灯光的调整部位

四灯制前照灯（4 个远光灯丝，2 个近光灯丝）远光光束的测试方法与上述测试相似，远光光束离地高度（类似于上述的 B—B 的离地高度）应为 $0.85H\sim0.90H$，近光光束测试与上述测试相同。

（2）前照灯专用检测仪测试法。前照灯检验仪大多采用光电池感光。把光电池与光度计（电流表）连接起来，在适当的使离内使前照灯照射光电池，光电池会产生相应大小的电流，使光度计动作，便可测出前照灯的发光强度。把光电池分割成上下左右四块，经前照灯照射后，各块光电池分别产生电动势，其差值可以使上下偏斜指示计或左右偏外指示计产生动作，从而判断出光轴位置，如图 6-14 所示。此外，这种设备能按照预先设定的检验标准，自动判别前照灯灯光是否具有良好的功能。故这种设备可用于机动车自动检测线上。

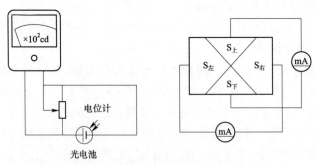

图 6-14 发光强度及光轴位置的检测原理

自动追踪光轴式前照灯检验仪(见图6-15)是一种在前照灯前方3m处用受光器自动追踪光轴的方法来进行检测的一种检验装置。这种检测仪装有聚光透镜和四个光电池,按照前照灯的照射方向自动追踪,使上下左右四个光电池受光量相等,从而可以找出主光轴方向,并从光度计上测得前照灯的发光强度及偏斜量。

6. 前照灯电子控制装置

为了提高汽车夜间行驶的速度,确保行车安全,也为了停车、存车需要照明的方便并减轻驾驶员操作的疲劳,不少车辆上都采用电子控制装置对前照灯进行自动控制,或由车身计算机进行直接控制。根据所要实现的控制功能,其电子装置有前照灯会车自动变光器、前照灯昏暗自动发光器和前照灯自动开灯/延时关灯系统等。

这些电子装置的基本结构大致相同,通常由光敏器件、电子控制电路、电磁继电器(执行机构)等组成。

(1)自动开灯-延时关灯系统　当环境亮度降低时(如当白天汽车通过高架桥、林阴道、森林或突然乌云密布天空昏暗等),该装置能自动点亮前照灯和外部照明灯。另外,当汽车停驶后,为驾驶人员下车离去提供一段照明时间,以免摸黑离开车辆。自动开灯-延时关灯系统包括以下部件:光电管和放大器单元、供电继电器和延时调节器。该系统感受外界亮度的光电管装在仪表板里面。对于大多数系统,要自动模式起作用,灯光开关必须在off档。

如图6-16所示,蓄电池的电压经灯光开关加至功率(供电)继电器的常开触点上,此触点接至前照灯。蓄电池电压的另一路,经熔断丝加至功率(供电)继电器的另一个常开触点上,此触点接外部灯光。

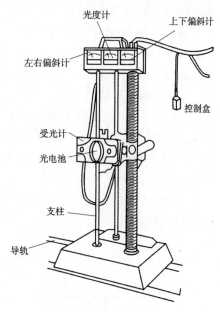

图6-15　自动追踪光轴式前照灯检测仪

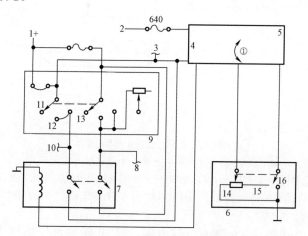

图6-16　自动开灯-延时关灯系统原理

1-蓄电池;2-点火开关在运行挡时;3-往自动变光器;4-光照调节器;5-光电管和放大器单元;6-延时调节器;7-功率继电器;8-接外部照明;9-灯光开关;10-接远、近光继电器和前照灯;11-关断;12-前照灯;13-驻车制动灯;14-电阻最小;15-电阻最大;16-关断为了开动自动开灯-延时关灯系统,光电管和放大器单元必须收到来自点火开关的电压。当环境亮度降低时,光电管内阻增大,当内阻增大到预定值时,光电管和放大器单元中的放大器被触发并激励供电继电器线圈,使上述两个常开的触点闭合,从而点亮了前照灯并通过线路接通外部照明灯。

有些系统,设置了延时调节部件,它是一个电位计,利用电位计发信号给光电管和放大器单元,要放大器单元按预定时间长短解除功率继电器的激励,即驾驶员离车前可以用延时调节器设定前照灯继续点亮多长时间。

(2)前照灯自动变光器 新型自动变光系统利用固体电路模块与电磁继电器等控制远光-近光的变换。大多数系统由以下主要部件组成:对光照射敏感的光电管和放大器单元、远-近光继电器、变光开关和前照灯闪光超车继电器。前照灯自动变光器电路如图6-17所示,图中为变光开关置于自动挡,光电管未受到光线照射(即未受迎面来车前照灯的照射)的情况。其中:

①光电管和放大器单元常装在后视镜支架上,蓄电池正极通过接点20给该单元提供电源,自身搭铁。

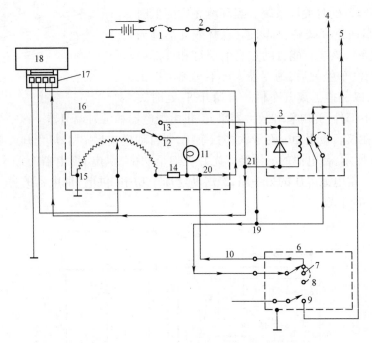

图6-17 前照灯自动变光器电路

1-22A 电路断电器;2-灯光开关总成;3-远-近光继电器;4-至近光;5-至远光;6-变光开关与闪光超车开关(点火开关置于运行时才起作用);7-自动挡;8-近光挡;9-闪光超车开关;10-转向信号开关的变光器部分;11-指示灯;12-接通;13-关断;14-阻值最大(灵敏度低);15-阻值最小(灵敏度高);16-灵敏度调节器;17-4 芯插接件;18-光电管和放大器单元;19、20、21-接点;V-钳位二极管

②远光-近光继电器是一只单臂双位继电器,为防止瞬变电压损坏光电管和放大器,在继电器线圈两端跨接一支钳位二极管V。

③灵敏度调节器是一个电位计,装在灯光开关旁,或是开关的一部分。往灵敏度高方向调节,迎面汽车离得还远就变换近光;若反时针拧到底,自动变光系统则变回到手动变光

系统。

④一般汽车都附有前照灯闪光超车开关。如抬起(或压下)转向开关手柄,便将闪光超车开关接通,便激励前照灯闪光超车继电器(图中未画出),继电器触点(即闪光超车开关)闭合,将前照灯远光灯点亮,只要不放开手柄,远光灯一直亮着,放开手柄才熄灭。即使没有将灯光开关打到前照灯挡,也无论驾驶员选在近光挡或自动挡,都可操作前照灯闪光超车。

三、典型灯具控制电路

为提高工作可靠性,在每个灯具支路上还安装了熔断式保险器。确保某支路出现故障时,不会影响其他支路电器的工作。

为确保照明及信号灯系正常工作,照明信号灯具不但配备了各种灯具开关,现代汽车还加装了部分继电器。灯具开关由独立式发展为组合式。

1. 北京切诺基汽车照明电路

北京切诺基汽车照明系(图6-18)具有下列特点:

(1)车灯开关为独立式不与组合开关合为一体,位于仪表板左侧。向外拉出开关手柄一档,示位灯、内部照明灯及牌照灯亮;向外拉出开关手柄二档,一档接通的灯仍发亮的同时前照灯发亮。旋转开关手柄,可调节仪表灯亮度。逆时针旋转开关手柄到底,顶灯亮。

(2)变光开关设在组合开关上,由手柄控制。向上拨动变光开关手柄,可使前照灯远光与近光灯交替通电闪烁,作为超车用灯光信号。变光开关控制前照灯火线支路。

(3)雾灯不但受雾灯继电器、雾灯开关控制,其电源电路还受车灯开关、变光开关控制。只有在近光灯亮时,雾灯电路才能接通。

(4)顶灯还兼有监视车门关起的作用,当车门未关严时顶灯发亮以示报警。

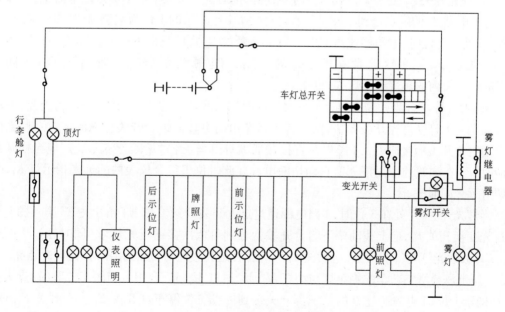

图6-18 北京切诺基照明灯电路

2. 桑塔纳汽车照明电路

桑塔纳汽车照明电路如图 6-19 所示。其电路原理及控制过程如下：

（1）仪表板照明灯 L_{10} 两只、时钟照明灯 L_{41}、点烟器照明 L_{39}、烟灰缸照明灯 L_{28}、除霜器开关照明灯 L_{39}、雾灯开关照明灯 L_{40}、空调开关板照明灯 L_{21} 的电源来自 A 电源，在灯光总开关 E_1 处于 2 位或 3 位时，通过 E_1 第四掷，调压电位器 E_{20} 同时点亮，其电压及亮度可用 E_{20} 调节。

（2）两只牌照灯 X 受灯光开关 E_1 控制，E_1 处于 1 位时，牌照灯 X 熄灭，E_1 在 2 位或 3 位时，A 路电源通过 E_1 第四掷开关、熔断丝 S_{20} 将两只牌照灯点亮。

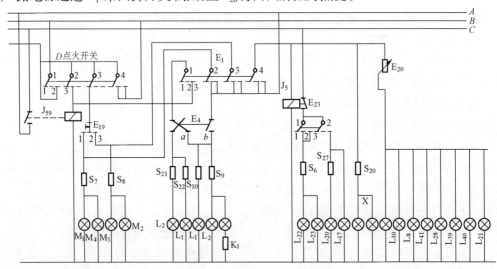

图 6-19　桑塔纳汽车照明灯电路

（3）灯光开关 E_1 处于 2 位或 3 位时，第四掷接通位于中央电器的雾灯继电器 J_5，C 源通过雾灯继电器 J_5 的触点送到二掷三位雾灯开关 E_{23} 上。E_{23} 的 1 位为空位，此时雾灯不工作；开关 E_{23} 处于 2 位时，电源经过 E_{23} 的第一掷、熔断丝 S_6 将两只前雾灯 L_{22}、L_{23} 点亮；开关 E_{23} 处在 3 位时，L_{22}、L_{23} 仍然亮，此时开关 E_{23} 的第二掷将电源经熔断丝 S_{27} 接通后雾灯 L_{20}，同时位于雾灯开关内的雾灯指示灯 K_{17} 也亮。

（4）大灯分左右两只 L_1 和 L_2，每只大灯灯泡均由双丝灯泡组成，其中一丝为近光，另一丝为远光。大灯受灯光开关 E_1 和位于转向盘左边的由转向组合开关操纵的 E_4 控制，当向上拨动组合开关柄接通 E_{4b}，A 路电源直接接通大灯灯丝（经过熔断丝 S_9、S_{10}），但当松开开关柄时，E_{4b} 在弹簧的作用下立即自动切断电源。此时位于组合仪表内的远光指示灯 K_1 与前照灯远光同时亮、闭。

当灯光开关 E_1 处在 3 位时，A 路电源通过点火开关 D 第二掷、灯光开关 E_1 第一掷引至远近光变换开关 E_4，向上拨动一下组合开关柄分别可依次接通近光灯丝（同时经过熔断丝 S_{21}、S_{22}）或远光灯丝（同时经过熔断丝 S_9、S_{10}）。在远光接通时，远光指示灯 K_1 同时点亮。

（5）上海桑塔纳轿车的停车灯与小灯 M_1、M_3 尾灯 M_2、M_4 合用。当轿车停驶时，点火开关 D 处于 1 位，A 电源通过 D 的第三掷开关传到一掷三位停车灯开关 E_{19} 上。开关 E_{19} 的 2 位为空位，1 位即点亮左小灯 M_1 和左尾灯 M_4；3 位即点亮右小灯 M_3 和右尾灯 M_2，此时均用作停车灯用。停车灯开关在转向组合开关内,用其手柄进行操作。当汽车行驶时,点火开关 D 处在 2 位,停车灯 E_{19} 电源切断,此时 M_1、M_2、M_3、M_4 受四掷三位的灯光开关 E_1 控制。开关 E_1 在 1 位时四只灯均闭;在 2 位或 3 位时 A 电源通过灯光开关 E_1 的第二掷和第三掷分别点亮 M_1、M_4、M_2、M_3,此时起小灯和尾灯作用。

课题二 信号装置

学习目标

完成本课题学习后,你应能:
1. 掌握汽车信号装置的类型及用途;
2. 掌握转向及危险信号灯电路,了解闪光继电器的种类及工作原理;
3. 了解倒车蜂鸣器、制动信号灯电路;
4. 掌握汽车电喇叭的结构,了解工作原理;
5. 熟悉常见车型电喇叭的控制电路;
6. 掌握电喇叭音量和音调的调整方法。
建议课时:**4 课时**。

汽车上的信号装置有灯光信号装置和音响信号装置,其中灯光信号装置有:转向信号灯、报警信号灯、倒车信号灯、制动信号灯等。音响信号装置有:喇叭和消防车、救护车、警车上的音响报警装置。

一、转向灯及危险信号报警灯电路

转向灯的作用是指示汽车的行驶趋向;当接通危险报警灯开关时,前后左右全部转向灯同时闪烁,表示车辆遇紧急情况,请求其他车辆避让。危险报警灯操纵装置不得受点火开关控制。

转向灯及危险报警灯电路由闪光器、转向灯开关、报警灯开关、转向灯及转向指示灯等部件组成。转向灯闪烁由闪光器控制电流断续得到,转向信号闪光器与危险报警闪光器可以共用,也可以单独设置(见图6-20)。

二、闪光器的结构原理

转向信号闪光器是使转向信号灯按一定时间间隔闪烁的器件,其种类主要有电热式、电容式、电子式。由于电热式闪光器闪光频率不稳定、寿命短、信号明暗不够明显,已经被淘汰。由于电子式闪光器具有性能稳定、可靠性高、寿命长的特点,已获得广泛应用。电子闪光器分晶体管式和集成电路式两类。

1. 电容式闪光器

电容式闪光器结构如图 6-21 所示,它由一只大容量电解电容器和双线圈继电器组成。其工作原理如下:

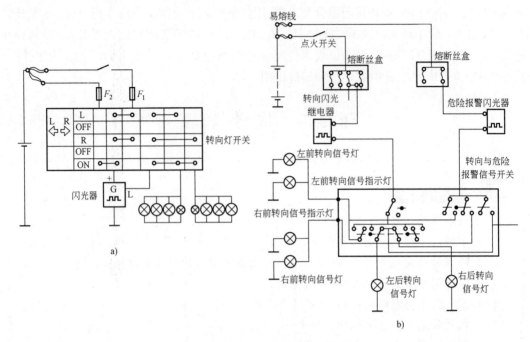

图 6-20 转向灯电路
a）共用闪光器；b）单独设闪光器

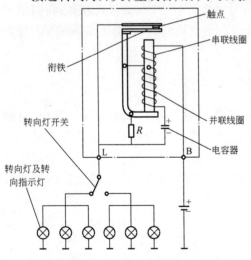

图 6-21 电容式闪光器示意图

接通转向灯开关（左或右）后，串联线圈经触点，转向信号灯构成回路，且电流较大，产生较强磁场，吸动衔铁，使触点张开，串联线圈通电时间极短，转向信号灯不亮。触点张开后电容器经串联线圈、并联线圈、转向灯开关、转向灯及转向指示灯构成充电回路。由于充电电流很小，此时，转向灯与转向指示灯不亮。触点在串并联线圈的合成磁场（方向相同）作用下，仍保持张开状态。电容器充足电后，并联线圈电流消失，铁芯吸力减小，触点在复位弹簧作用下闭合，转向灯与转向指示灯亮；同时电容器经并联线圈及触点放电，由于串联线圈与并联线圈磁场方向相反，铁芯吸力极小，触点保持闭合状态。当电容器放电结束后，并联线圈电流消失，铁芯吸力在串联线圈磁场作用下增强，触点再次张开，转向灯与转向指示灯变暗，电容器再次充电。如此周而复始，转向灯与转向指示灯不断地闪烁。

电容式闪光器具有监控功能，当一侧转向灯有一只或一只以上转向灯泡烧断或接触不良时，闪光器就使该侧转向灯接通时只亮不闪，提示电路异常。

2. 电子闪光器

电子闪光器具有闪光频率稳定，亮暗分明，清晰，无发热元件，节约电，有故障报警功能等优点。电子闪光器分晶体管式和集成电路式两类。

(1) 晶体管式闪光器　见图 6-22a),它主要由一个晶体三极管 V 所组成的开关电路和小型触点式继电器组成。

当汽车右转弯时,接通开关 S_1、S_2,右转向信号灯亮。电路由蓄电池正极→电源开关 S_4→接线柱 B→电阻 R_1→继电器 J 的常闭触点 S_3→转向开关 S_2→右转向信号灯→搭铁→蓄电池负极。当电流通过 R_1 时,在 R_1 上产生电压降,晶体管 V 因正向偏压而导通,集电极电流通过 J 的线圈产生电磁吸力,使继电器 J 常闭触点 S_3 断开,右转向信号灯熄灭。

当 V 导通时,其基极电流向电容器充电,充电电路由蓄电池正极→电源开关 S_4→接线柱 B→V 的发射极、基极→电容 C→电阻 R_3→转向灯信号灯开关 S_2→右转向信号灯→搭铁→蓄电池负极。随着电容器 C 的充电,充电电流逐渐减小,三极管 V 的集电极电流也随之减小,当电流减小到不足以维持继电器 J 衔铁的吸合而释放时,继电器的常闭触点又重新闭合,右转向信号灯再次发亮。这时电容器 C 则通过电阻 R_2→S_3→R_3 组成放电回路而进行放电,其放电电流在 R_2 上的电压降为三极管 V 提供反向偏压,加速了三极管的截止,使继电器触点保持闭合,从而延长了右转向信号灯点亮的时间。

当电容器接近放电终了时,R_1 上的电压降又为三极管提供偏压而导通,继电器 J 线圈磁力使常闭触点 S_3 断开,右转向信号灯熄灭。

随着电容器的不断充电和放电,晶体管不断导通和截止,控制着继电器的常闭触点不断打开与闭合,使转向信号灯发出闪光信号。同时,继电器衔铁周期性地吸合与释放,发出有节奏的响声。

(2) 集成电路式闪光器　上海桑塔纳轿车装用的电子闪光器即为集成电路式闪光器,其电路原理如图 6-22b) 所示。它的核心器件 IC 是一块低功耗、高精度的汽车电子闪光器专用集成电路。

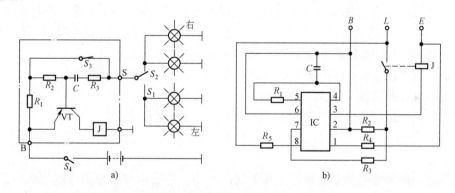

图 6-22　电子闪光器
a) 晶体管带继电器式闪光器;b) 集成电路式闪光器

三、倒车信号灯及报警器电路

汽车倒车时,为了提醒车后的行人和驾驶员注意避让,在汽车的后部常装有倒车灯、倒车蜂鸣器(或倒车语音报警器)。它们均由装在变速器上的倒挡开关控制。

解放 CA1092 型汽车倒车信号电路如图 6-23 所示。将变速杆挂入倒挡时,在拨叉轴的作用下,倒挡开关顶杆有了一定位移。接通了倒车报警器和倒车电路,从而发出声光倒车信号。

倒车报警器有倒车蜂鸣器和倒车语音报警器两种。

1. 倒车蜂鸣器

倒车蜂鸣器是一种间歇发声的音响装置,图 6-24 为解放 CA1092 型汽车装用的倒车蜂鸣器的电路。其发音部分是一只功率较小的电喇叭,控制电路是一个由无稳态电路(即"多谐振荡器")和反相器组成的开关电路。

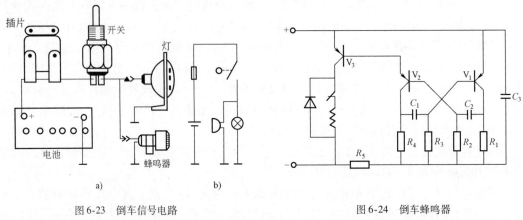

图 6-23 倒车信号电路
a)示意图;b)电路原理图

图 6-24 倒车蜂鸣器

三极管 V_1、V_2 组成一个无稳态电路,由于 V_1 和 V_2 之间采用电容器耦合,所以 V_1 与 V_2 只有两个暂时的稳定状态,或 V_1 导通、V_2 截止;或 V_1 截止,V_2 导通,这两个状态周期地自动翻转。

V_3 在电路中起开关作用,它与 V_2 直接耦合,V_2 的发射极电流就是 V_3 的基极电流,当 V_2 导通时,V_3 也导通,电流便从电源正极,经 V_3、蜂鸣器的常闭触点 K、线圈回到电源负极。线圈通电后,线圈中的铁芯吸动衔铁,带动膜片变形,产生声音。当 V_2 截止时,V_3 无基极电流也截止,于是线圈断电,铁芯退磁,衔铁与膜片回位,如此周而复始,V_3 按无稳态电路的翻转频率不断导通、截止,从而使得倒车蜂鸣器发出"嘀、嘀、嘀"的间歇鸣叫声。

2. 倒车语音报警器

随着集成电路技术的发展现在已经能将语音信号压缩存储于集成电路中。倒车语音报警器,在汽车倒车时,能重复发出"请注意,倒车!"的声音,以此提醒车后行人避开车辆而确保安全倒车。

倒车语音报警器的典型电路如图 6-25 所示。IC_1 是储存有语音信号的集成电路,集成块 IC_2 是功率放大集成电路,稳压管 VD 用于稳定语音集成块 IC_1 的工作电压。为防止电源电压接反,在电源的输入端使用 4 个二极管组成的桥式整流电路。这样无论它怎样接入 12V 直流电源,均可保证电路正常工作。

当汽车挂入倒挡时,倒车开关接通了倒车报警电路,电源接入桥式整流电路,语音集成电路 IC_1 的输出端便输出一定幅度的语音电压信号。此语音电压信号经 C_2、C_3、R_4、R_5 组成的阻容电路消除杂音,改善音质,并耦合到集成电路 IC_2 的输入端,经 IC_2 功率放大后,通过喇叭输出,即可发出清晰的"请注意,倒车!"的声音。

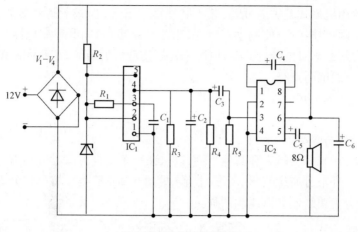

图 6-25 倒车语音报警器

四、制动灯及其电路

汽车制动时,踩下制动踏板,制动报警灯发亮,以提醒后方行驶的车辆,避免相撞。制动报警装置的电路如图 6-26 所示。

由电路图可知,制动报警灯由制动开关控制,按控制的方式不同可分为:液压式、气压式和机械式三种。

液压式制动报警开关(图 6-27a)装在制动总泵的前端,其工作过程为:当踩下制动踏板时,制动系管路中液压增大,膜片拱曲,动触片接通接线柱,报警灯开关导通,制动报警灯发亮。松开制动踏板,液压降低,在弹簧作用下,动触片回到原位,制动报警灯便熄灭。

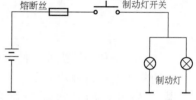

图 6-26 制动信号电路

气压式制动开关(图 6-27b)的工作过程与液压式报警灯开关基本相似,它们的区别在于工作介质不同。

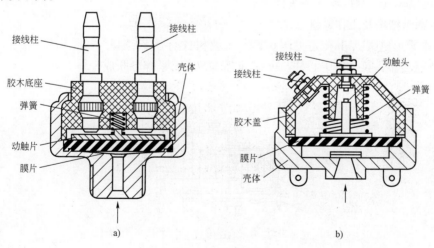

图 6-27 制动报警灯开关
a) 液压制动报警开关; b) 气压制动开关

轿车经常使用机械式开关,一般安装于制动踏板下方,当踩下制动踏板时,制动开关内的活动触点便将两接柱接通,使制动灯点亮,当松开踏板后,断开控制电路。目前大部分车辆将制动信号发送给车身电脑,由车身电脑来控制制动灯的通断,车身控制模块接收到制动信号后,给制动灯通电后点亮。

五、电喇叭

1. 电喇叭作用与分类

汽车的喇叭,用来警告行人和其他车辆,以保证行车安全。按发音动力的不同分气喇叭和电喇叭两类;按外形分有螺旋形、筒形、盆形(见图6-28)三类。按声频分为高音和低音两种;按接线方式分为单线制和双线制两种。

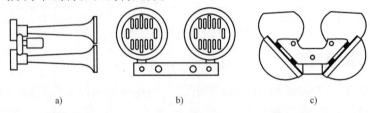

图6-28 喇叭外形
a)长筒形;b)盆形;c)螺旋形

气喇叭是利用气流冲击使金属膜片振动产生音响的,外形一般为长筒形,多用在具有空气制动装置的重型载货汽车上。电喇叭是利用电磁力使金属膜片振动产生音响,其声音悦耳,广泛使用于各种类型的汽车上。

电喇叭按有无触点可分为普通电喇叭和电子电喇叭。普通电喇叭主要是靠触点的闭合和断开,控制电磁线圈激励膜片振动而产生声音的;电子电喇叭中无触点,它是利用晶体管电路产生的脉冲激励膜片振动产生声音的。

在中小型汽车上,由于安装的位置限制,多采用螺旋形和盆形电喇叭。盆形电喇叭具有体积小、质量轻、指向好、噪声小等优点。

2. 电喇叭结构及工作原理

(1)螺旋形电喇叭 其构造见图6-29。主要机件有铁芯、励磁线圈、衔铁、膜片、扬声筒、触点以及电容器。膜片借中心杆与衔铁、调整螺母、锁紧螺母联成一体。

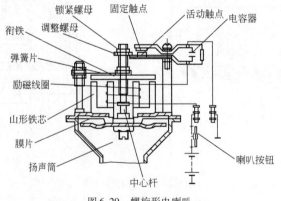

图6-29 螺旋形电喇叭

当按下按钮时,电流由蓄电池正极→按钮→线圈→触点→搭铁→蓄电池负极。当电流通过线圈时,产生电磁吸力,吸下衔铁,中心杆上的调整螺母压下活动触点臂,使触点分开而切断电路。此时励磁线圈电流中断,电磁吸力消失,在弹簧片和膜片的弹力作用下,衔铁又返回原位,触点闭合,电路重又接通。此后,上述过程反复进行,膜片不断振动,从而发出一定频率的音波,由扬声筒共鸣后发出和谐悦耳的声音。

为了减小触点张开时的火花,避免触点烧蚀,在触点间并联了灭弧电容。

(2) 盆形电喇叭　其工作原理与螺旋形喇叭相同,结构特点见图6-30。

铁芯上绕有励磁线圈,上、下铁芯间的气隙在线圈中间,所以能产生较大的吸力。它无扬声筒,而是将上铁芯、膜片和共鸣片装在中心轴上。当电路接通时,励磁线圈产生吸力,上铁芯被吸下与下铁芯撞击,产生较低的基本频率,并激励膜片及与膜片联成一体的共鸣片产生共鸣,从而发出比基本频率强得多、且分布又比较集中的谐音。

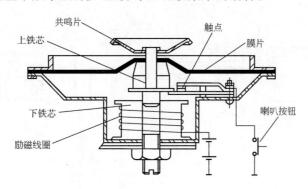

图6-30　盆形电喇叭

为保护触点,盆形喇叭在触点之间也并联了一只灭弧电容器。

3. 电喇叭控制电路

为了得到较为和谐悦耳的声音,在汽车上常装有两个不同音调(高、低音)的电喇叭。其中高音喇叭膜片厚、扬声筒短,低音喇叭则相反。

装用单只螺旋形电喇叭或装用两只盆形喇叭时,电喇叭总电流较小(<8A)。可以直接受转向盘上喇叭按钮控制。当装用两只螺旋形电喇叭时,电喇叭耗用电流较大(>15~20A),用按钮直接控制,易烧蚀按钮。为避免这个缺点,应采用继电器控制双音电喇叭。

喇叭继电器结构和接线如图6-31所示。按下转向盘上喇叭按钮时,蓄电池便经喇叭继电器线圈形成小电流,使继电器铁芯产生电磁吸力,将继电器触点闭合,接通了双音电喇叭,喇叭发音。松开转向盘喇叭按钮时,继电器线圈断电,铁芯电磁吸力消失,触点在自身弹力作用下张开,切断了电喇叭电路,电喇叭停止发音。

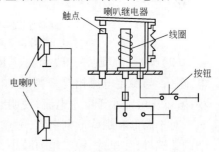

图6-31　喇叭继电器电路

喇叭继电器的作用是利用铁芯线圈的小电流控制触点的大电流,从而保护喇叭按钮。有些汽车为提高可靠性,双音盆形喇叭也采用了继电器控制电路。

4. 电喇叭的调整

(1) 喇叭音调调整 改变铁芯气隙,可以改变喇叭发音频率(即音调)。螺旋形电喇叭铁芯气隙可掀开半球形盖后用厚薄规测量,低音喇叭为 1.0～1.3mm;高音喇叭为 0.9～1.1mm。结构不同,调整方法有差异。

筒形和螺旋形电喇叭铁芯气隙的调整见图 6-32a),对左图电喇叭,应先松开锁紧螺母,然后转动衔铁,即可改变气隙 δ;对中图电喇叭,松开上、下调节螺母,即可使铁芯上升或下降,从而改变气隙;对右图电喇叭,可先松开锁紧螺母,转动衔铁加以调整然后松开调节螺母,使弹簧片与衔铁平行后再紧固。调整后应使铁芯四周间隙均匀,以免工作时产生杂音。

盆形电喇叭铁芯气隙无法直接测量,其调整部位见图 6-32b)。调整时应先松开锁紧螺母,然后转动音量调整螺栓(铁芯)进行调整。

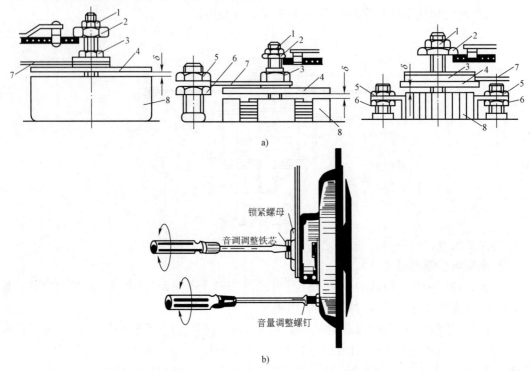

图 6-32 电喇叭的调整
a) 筒形、螺旋形电喇叭的调整部位;b) 盆形电喇叭的调整
1、3-锁紧螺母;2、5、6-调节螺母;4-衔铁;7-弹簧片;8-铁芯;δ-气隙

(2) 喇叭音量调整 改变触点压力可以改变音量,检验时触点预压力是通过校验时工作电流是否与额定电流相符来判定的。若工作电流大于额定电流,说明触点压力过大,应调小;若工作电流小于额定电流,说明触点压力小,应调大。

对于筒形和螺旋形电喇叭,触点预压力调整时应先拧松中心螺杆上的锁紧螺母,然后转动调整螺母,往里拧,触点压力减小,反之则触点压力增大。对于盆形喇叭,可先松开锁紧螺母,转动音量调整螺钉调整。

喇叭音量与音调调整并不是各自独立的,事实上两者相互关联,因此,需反复调试才会获得最佳声音。

课题三 汽车常见仪表及电子显示装置

 **学习目标**

完成本课题学习后,你应能:
1. 认识仪表板上的各种仪表;
2. 了解常见仪表的结构;
3. 熟悉常见仪表的工作情况;
4. 熟悉常见仪表电路。

建议课时:2 课时。

为使驾驶员及时获取汽车各系统工作状态的相关信息,在驾驶室转向盘的前方台板上都装有仪表、报警灯及电子显示装置(见图 6-33)。常见的汽车仪表有电流表、电压表、燃油表、水温表、机油压力表、车速里程表、发动机转速表等。

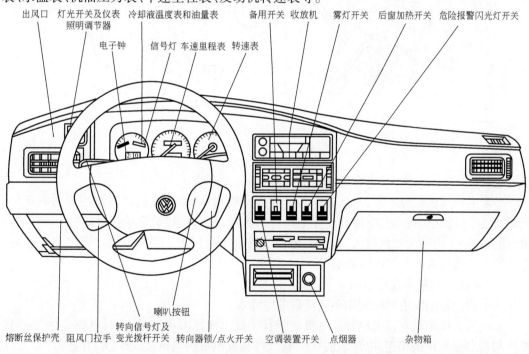

图 6-33 桑塔纳 2000 型轿车仪表板布置

一、汽车常见仪表

1. 电流表

电流表用来指示蓄电池的充电电流值,同时还用以监视充电系是否正常工作。汽车常用电流表的结构可分为动铁式(也称电磁式)和动磁式两种。

(1) 动铁式电流表 解放 CA1092 型汽车用动铁式电流表，其结构见图 6-34a)。黄铜板条或铅合金架固定在绝缘底板上，两端与接线柱相连，下边前侧夹有永久磁铁。下边的后侧支撑有转轴，在转轴上装有带指针的软钢转子。

当无电流流过电流表时，软钢转子被永久磁铁磁化而相互吸引，指针保持在中间 0 的位置。

当蓄电池向外供电时，放电电流通过黄铜板条产生的磁场与永久磁场形成一个合成磁场，在合成磁场吸引下，软钢转子偏转一个与合成磁场方向一致的角度。于是转子就带动指针指向刻度板"-"的一侧，放电电流越大，合成磁场越强，电流表指针偏转角度也越大，指示放电电流数值也越大。

当发电机向铅蓄电池充电时，指针指向与蓄电池向外供电时相反。

(2) 动磁式电流表 东风 EQ1092 型汽车装用动磁式电流表，其结构见图 6-34b)。黄铜板固定在绝缘底板上，两端与接线柱相连，中间夹有磁轭，与导电板固装在一起的转轴上装有指针与永久磁铁转子组件。

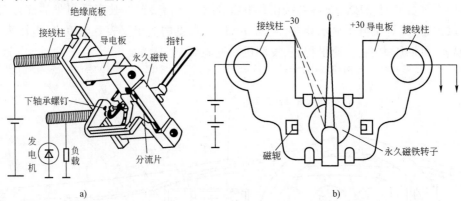

图 6-34 电流表
a) 动铁式电流表；b) 动磁式电流表

当无电流通过电流表时，永久磁铁转子通过磁轭构成磁路，使指针保持在中间的 0 位。当蓄电池向外供电时，放电电流通过导电板产生磁场，使永磁转子带动指针向"-"侧偏转。放电电流越大，指针偏转角越大，指示放电电流的数值也越大。当发电机向蓄电池充电时，指针指向与蓄电池向外供电时相反。

(3) 电流表的使用注意事项。

① 不同型号的发电机应配用不同量程的电流表。

② 电流表应串联在蓄电池和发电机之间且接线时极性不可接错。即：电流表的"-"接线柱与蓄电池的正极相连，电流表的"+"接线柱与发电机的电枢接线柱(B)相连。

③ 电流表只允许通过较小电流。用电设备的大电流（如起动机、电喇叭等）均不通过电流表。

2. 机油压力表

(1) 机油压力表的结构和工作原理 机油压力表的作用是在发动机运转时，指示发动机主油道机油压力。它由装在发动机主油道上（或粗滤器壳上）的油压传感器配合工作。常用油压表结构有电热式和电磁式两种，现代汽车上大多采用电热式油压表。

电热式油压表结构及电路如图6-35所示，油压传感器为圆盒形，内部有感受机油压力的膜片，膜片下方的油腔与润滑系主油道相通。膜片上方顶着弓形弹簧片，弹簧片的一端焊有银合金触点，另一端固定并搭铁。双金属片上绕有电热线圈，线圈的一端焊在双金属片上，另一端接在接触片上，校正电阻与电热线圈并联。

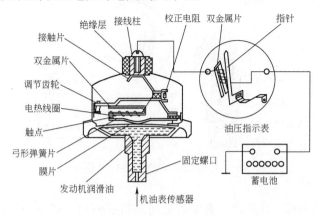

图6-35　电热式油压表

油压表内装有双金属片，其上绕有电热线圈，线圈一端经接线柱和传感器的触点串联，另一端接电源正极。双金属片的一端制成钩状，钩在指针上，另一端则固定在调整齿轮上。当油压表接入电路中工作时，电流由电源正极经油压表双金属片电热线圈到传感器接线柱、接触片校正电阻、电热线圈、触点、弹簧片、搭铁构成回路。

未接通点火开关时，仪表电路不通，指示表靠双金属片保持在0位置。

发动机转动时，如果机油压力较大，膜片向上拱曲，传感器内触点的压力较大，这时，电热线圈必须经过较长时间通电后，才能使双金属片弯曲变形将触点分开。触点分开后，只需较短时间的冷却，又使触点重新闭合。因此，当油压较高时，传感器内触点断开时间短，闭合时间长，电流平均值较大，油压表内双金属片变形相应较大，从而指示较高的油压。反之，当油压较低时，传感器内触点断开时间长，闭合时间短，电路中电流的平均值较小，油压表内双金属片变形较小，指针指示较低油压。

（2）机油压力表使用注意事项。

①油压表必须与传感器配套使用。

②油压表安装时必须注意接线柱的绝缘应良好，拆卸时不要敲打或碰撞。

③电热式油压传感器安装时，一定要使外壳上的箭头符号向上，与垂直中心线的夹角不得超过30°，否则，会造成示值误差。

3. 水温表

水温表的作用是指示发动机冷却水的温度。正常指示值一般为80～105℃。由装在仪表板上的水温指示表和装在发动机水套上的水温传感器配合工作。水温指示表有电热式和电磁式两类。现代汽车常用电热式水温指示表配热敏电阻式水温传感器。

热敏电阻式水温传感器如图6-36所示。热敏电阻下端与壳体接触，通过壳体搭铁，上端通过弹簧与接线柱相通。

当发动机冷却水温度低时，传感器热敏电阻阻值较大，水温表电路电流较小，水温表加热线圈温度较低,双金属片受热弯曲变形量较小,拉动指针指示低温区。当冷却水温度上升后,热敏电阻阻值减小,水温表电路电流增大,水温表加热线圈温度上升,双金属片受热弯曲变形量增大,指针指示高温区。

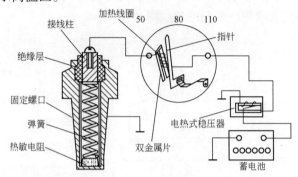

图 6-36　电热式水温表配热敏电阻式水温传感器

4. 燃油表

(1)燃油表的结构和工作原理　燃油表是用来指示油箱内储蓄油量多少的。它由装在仪表板上的燃油指示表和装在燃油箱内的传感器构成。燃油指示表有电磁式和电热式两种,现代汽车常用电热式燃油指示表配可变电阻式传感器。

电热式燃油表的结构与电热式水温表相似,仅指示表的刻度不同。为了稳定电源电压,在电路中串接了一个稳压器,其结构如图 6-37 所示。

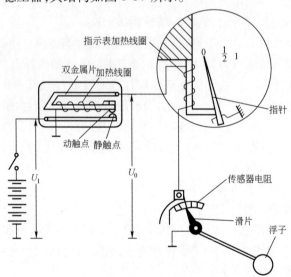

图 6-37　电热式燃油表

当油箱无油时,传感器中的浮子处于最低位置,此时接通点火开关,电流便从蓄电池正极→点火开关→稳压器触点→稳压器双金属片→燃油指示表加热线圈→传感器电阻→滑片→搭铁→蓄电池负极。由于传感器电阻全部串入电路中,流过燃油指示表加热线圈的电流很小,所以双金属片几乎不变形,指针指在 0 处,表示油箱无油。

当油箱的油量增加时,传感器的浮子上浮,滑片移动,使部分电阻被接入电路,于是流入加热线圈中的电流增大,双金属片受热弯曲而带动指针向 1 移动,指出油量的多少。

(2)燃油表的接线及使用注意事项。

①燃油表的两个接线柱是上下排列,一般情况下应将上接线柱与电源线相连,下接线柱与传感器相连。否则,不论油箱是装满油或无油,燃油表的指针总是指示在 0 处。另外,个别产品应按制造厂说明书接线。

②在安装传感器时,与油箱搭铁必须良好,如搭铁不好,不论油箱装满油或无油,燃油表的指针总是指示在 1 处。

③传感器的电阻末端必须搭铁,这样可以避免因滑片与电阻接触不良时产生火花而引起火灾。

5. 仪表稳压器

电热式水温表及燃油表配用可变电阻式传感器时,应在电路中串入仪表稳压器,其作用是当电源电压变化时稳定仪表平均电压,避免仪表的指示误差。仪表稳压器常见有电热式和电子式两类。

(1)电热式仪表稳压器 电热式仪表稳压器的结构见图 6-38a),它由双金属片、一对常闭触点、电热线圈、座板和外壳等组成。

电热线圈绕在双金属片上,一端搭铁,另一端焊在双金属片上。双金属片的一端用铆钉固定,并与仪表接线柱连接,另一端铆有活动触点。固定触点铆在调节片上,调节片的一端也用铆钉固定并与电源接线柱相连。两触点之间压力可通过螺钉调整。

仪表稳压器的原理电路见图 6-38b),当电源电压偏高时,电热线圈中的电流增大,产生热量大,使触点在较短时间里断开,断开的触点又需较长时间冷却才能重新闭合,于是触点闭合时间短,断开时间长,从而将偏高的电源电压降低为某一输出电压平均值。若电源电压偏低时,电热线圈中的电流减小,产生热量小,使触点断开时间短而闭合时间长,从而将偏低的电源电压调整到同一输出电压平均值。

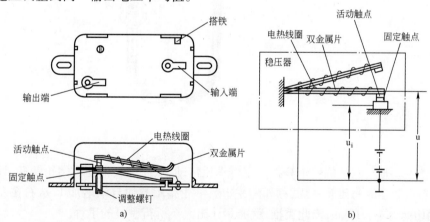

图 6-38 电热式仪表稳压器
a)稳压器的结构;b)工作原理

(2)电子式仪表稳压器 采用三端集成稳压器可简化仪表结构,降低仪表成本,提高稳压精度,延长仪表寿命。

桑塔纳、奥迪轿车采用专用的三端式电子仪表稳压器。图 6-39 中 A 脚为输出脚,Z 脚为搭铁,E 为电源输入端。该稳压器输出电压为 9.5~10.5V。

6. 车速里程表

车速里程表用来指示汽车行驶速度和累计汽车行驶里程数,它由车速表和里程表两部分组成。按其工作原理可分为磁感应式和电子式两种。

(1) 磁感应式车速里程表　磁感应式车速里程表的结构如图6-40a)所示。它没有电路连接,由汽车的变速器或分动器软轴驱动仪表的主动轴。

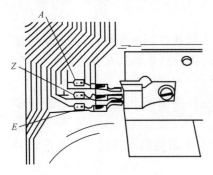

图6-39　电子式仪表稳压器

磁感应式车速里程表的工作原理如图6-40b)所示。当汽车行驶时,主动轴带动U形永久磁铁旋转,在感应罩上产生涡流磁场和转矩,驱使感应罩克服盘形弹簧弹力作同向旋转,从而带动指针在刻度盘上指示相应的车速值。车速越快,永久磁铁旋转越快,感应罩上的涡流转矩越大,感应罩带着指针偏转的角度越大,指示的车速值也越大;反之,车速越慢,则指示车速值越小。

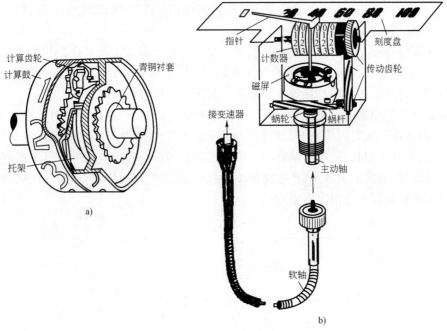

图6-40　磁感应式车速里程表
a) 结构；b) 原理

里程表主动轴与三套蜗轮蜗杆按一定传动比传动,从而逐级带动数字轮转动,计数器为十进制。右边数字轮每旋转一周,相邻的左边数字轮指示数便自动增加1,从右往左其单位依次为1/10km、1km、10km,依此类推,就能累计出汽车所行驶过的里程。

汽车停驶时,永久磁铁以及蜗轮、蜗杆均停止转动,感应罩上的涡流转矩消失,在盘形弹簧作用下使转速表指针回到0位置,同时里程表也停止计数。当汽车继续行驶时,里程表又继续计数。

(2) 电子式车速里程表　桑塔纳2000型轿车采用的是电子车速里程表(见图6-41),由于它是从装于变速器后的传感器中取得脉冲信号,通过导线输送给指示器,克服了原机械式车速里程表用软轴传输转矩的缺点。并具有精度高、指针平稳和寿命长等特点。

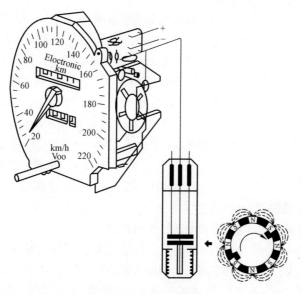

图 6-41 电子式车速里程表

车速表由永久磁铁、矩形塑料框内线圈、针轴、游丝组成;里程表由电子模块、步进电动机、机械计算器组成。

7. 发动机转速表

发动机转速表用来测量发动机曲轴转速。转速表按其结构不同可分为机械式和电子式,其中应用较广泛的是电子式转速表。

电子式转速表按转速信号的获取方式不同可分为:①从点火系获取信号的转速表;②测取飞轮(或正时齿轮)转速的转速表;③从发电机上获取转速信号的转速表。

图 6-42 为脉冲式电子转速表的原理图,其信号取自点火系初级电路。

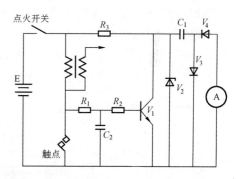

图 6-42 脉冲式电子转速表

二、报警信号装置

为了警示汽车、发动机或某一系统处于不良或特殊状态,引起汽车驾驶员的注意,保证汽车可靠工作和安全行驶,汽车仪表板上安装了多种报警装置。

报警装置由报警灯和报警灯开关组成,当被监测的系统或总成工作不正常时,开关自动接通而使报警灯发亮,以提醒驾驶员注意,如水温报警灯、机油压力报警灯、燃油不足报警灯、气压不足报警灯、制动灯断线报警灯、液面过低报警灯等。报警灯通常安装在仪表上,功率为 1~4W,在灯泡前设有滤光片,使报警灯发出黄光或红光,滤光片上通常制有标准图形符号。

1. 机油压力报警

某些汽车上,除装有机油压力表之外,还装有机油压力报警灯。当润滑系压力降低到允许限度时,报警灯亮,以便引起汽车驾驶员注意,东风 EQ1090 型载货汽车装用的弹簧式机

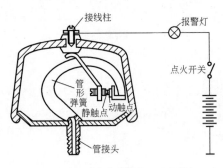

图 6-43 弹簧管式机油压力报警灯

油压力报警灯的电路如图 6-43 所示。它由装在发动机主油道的弹簧式传感器和装在仪表板上的红色报警灯组成。传感器为盒形,内有管形弹簧,管形弹簧一端经管接头与润滑系主油道相通,另一端与动触点相接,静触点经接触片与接线柱相连。

当机油压力低于 6～10kPa 时,管形弹簧变形很小,于是触点闭合,电路接通,使报警灯发亮。当机油压力超过 6～10kPa 时,管形弹簧变形大,使触点分开,电路切断,报警灯熄灭,说明润滑系工作正常。

2. 燃油箱存油量报警灯

当燃油箱内燃油减少到规定值以下时,燃油存量报警灯点亮,如图 6-44 所示。它由热敏电阻式传感器和报警灯组成。当燃油箱内燃油量多时,热敏电阻元件浸没在燃油中散热快,其温度较低,电阻值大,报警灯处于熄灭状态。当燃油减少到规定值以下时,热敏电阻元件露出油面,散热慢,温度升高,电阻值减小,电路中电流增大,则报警灯发亮,提醒驾驶员及时加油。

3. 水温报警灯

水温报警灯的作用是:当冷却系水温升高到一定限度时,报警灯自动发光,以示报警,其电路如图 6-45 所示。在传感器的密封套管内装有条形金属片,双金属片自由端焊有动触点,静触点直接搭铁。冷却水正常时,传感器因感温低,双金属片几乎不变形,触点分开,报警灯不亮。如果冷却水温升高到 95℃ 以上时,双金属片则由于温度高而弯曲,使触点闭合,红色报警灯便通电发亮,以警告驾驶员采取适当降温措施。

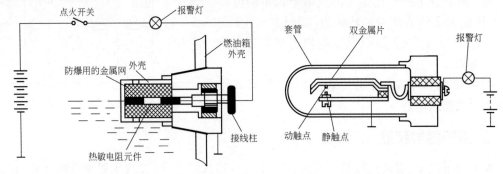

图 6-44 热敏电阻式存油量报警灯   图 6-45 水温报警灯

4. 制动系低气压报警灯

在采用气制动的汽车上,当制动系气压过低时,制动系低气压报警灯即发亮,以引起汽车驾驶员注意。低气压报警灯开关装在制动系贮气筒或制动阀压缩空气输入管路中,红色报警灯装在仪表板上,其电路如图 6-46a)所示。低气压报警灯开关的结构见图 6-46b)。

电源接通后,当制动系贮气筒内的气压下降到 35～38kPa,由于作用在气压报警灯开关膜片上的压力减小,于是膜片在复位弹簧的作用下向下移动而使触点闭合,电路接通,低气压报警灯发亮。当贮气筒中的气压升高到 45kPa 以上时,由于开关中的膜片所受的推力增大,而使复位弹簧压缩,触点打开,于是电路切断,低气压报警灯熄灭。

单元六 照明、信号、仪表与安全设备

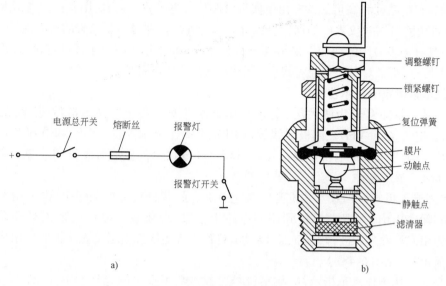

图 6-46 低气压报警灯接线图
a) 报警灯电路; b) 报警灯开关

5. 制动信号灯断线报警灯

如图 6-47 所示,在制动信号灯电路中接有两个电磁线圈,分别与左右两侧的制动信号灯串联。

在正常情况下制动时,踩下制动踏板,制动灯开关接通,电流分别经电磁线圈,使左右制动信号灯亮。此时,两线圈所产生的磁场互相抵消,报警灯不亮。若有一侧制动信号灯断路(或灯丝烧断),制动时,该侧电磁线圈无电流通过,而通电的线圈所产生的磁场吸力吸动舌簧开关触点闭合,报警灯亮。

三、电子显示装置

1. 汽车仪表电子化的优点

为了满足汽车新技术、高速度的要求,现代汽车广泛采用了电子显示装置。其优点概括如下:

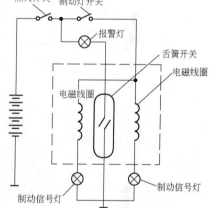

图 6-47 制动信号灯断线报警灯线路图

(1) 电子显示装置能提供大量、复杂的信息 为适应汽车排气净化、节能、安全性和舒适性的要求,汽车电子控制装置必须能迅速、准确地处理各种复杂的信息,并能以数字、文字或图形显示出来,供驾驶员了解,并及时处理。

(2) 能满足小型、轻量化的要求 为了能使有限的驾驶室空间尽可能地宽敞些,用于汽车的各种仪表及部件都必须小型、轻量化。电子显示装置不仅能适应各种传感器或控制系统的电子化,而且可实现小型轻薄化,这样既能加大汽车仪表台附近的宝贵空间,还能处理日益增多的信息。

(3) 显示图形设计的自由度高 仪表盘造型美观对一辆汽车来说非常重要,推出最流行的仪表盘新款式,选用造型设计自由度特别高的电子显示器件则是实现汽车现代化的需要。

(4) 具有高精度和高可靠性　由于实现汽车仪表电子化,可为使用者提供高精度的数据信息,也可免除机械式仪表中的那些可动部分,从而改善、并提高了仪表的可靠性。

(5) 具有一表多用的功能　采用电子显示器显示易于用一组显示器进行显示,并可同时显示几个信息,不必对每个信息都设置一个指示表,故使组合仪表得以简化。

2. 汽车常用电子显示器件

电子显示器件可分为两大类:发光型和非发光型。发光型显示器件有:发光二极管(LED)、真空荧光管(VFD)、阴极射线管(CPT)、等离子显示器件(PDP)和电致发光显示器件(ELD)等;非发光型的有液晶显示器件(LCD)和电致变色显示器件(ECD)等。这些均可作为汽车电子显示器件。

(1) 发光二极管(LED)　其发光的颜色有红、绿、黄、橙,可单独使用,也可用来组成数字。在实际应用中,常把它焊接到印刷电路板上,以形成数字显示或带色光杆显示。图6-48a)为用七只发光二极管组成的数码显示装置。有些仪表则用发光二极管所组成的光点矩阵型显示器(见图6-48b)。

LED只适用于作汽车指示灯、数字符号段或点数不太多的光杆图形显示,不宜作大型显示。

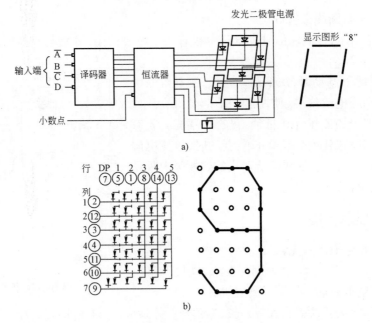

图6-48　发光二极管的显示
a) 数码显示;b) 光点矩阵显示图

(2) 真空荧光管(VFD)　它实际上是一种低压真空管,由玻璃、金属等材料构成。它是一种主动显示,其发光原理与电视机中的显像管相似。

真空荧光管的结构和工作原理如图6-49所示。图示为汽车用的数字式车速表的真空荧光显示屏,三位数字。其阳极为20个字形笔画小段,上面涂有荧光体(或磷光体),各与一个接线柱相接,且笔画内部相互连接;其阴极为灯丝,在灯丝与笔画小段(阳极)之间插入栅格,其构造与一般电子管相似。整个装置密封在一个被抽空了的玻璃罩内。

VFD 具有色彩鲜艳、可见度高、立体感强等特点,是目前汽车上采用最多的一种。但由于做成大型的、多功能 VFD 成本较高,故现在大多由一些单功能小型的 VFD 组成汽车电子式仪表盘。

(3)液晶显示器件(LCD) 液晶是一种有机化合物,它由长杆形分子构成。在一定的范围,它具有普通液体的流动性质,也具有晶体的某些特征。

液晶显示器件是一种新型的非发光型平板显示器件,其结构见图6-50。

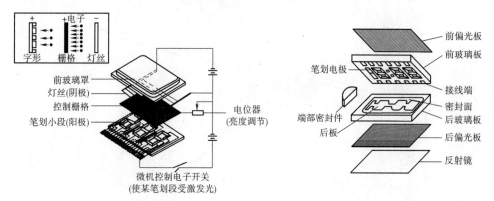

图 6-49　真空荧光管　　　　　　图 6-50　液晶显示器结构

它有两块厚约 1mm 的玻璃基板,基板上涂有透明的导电材料,以形成电极图形。两基板间注入主层 5~20μm 厚的液晶,再在两玻璃基板外表面分别贴上前偏光板和后偏光板,并将整个显示板完全密封,以防湿气和氧侵入,这便构成透射式 LCD。

由于 LCD 为非发光型显示,所以夜间显示必须采用照明光源,这便削弱了它所具有的低功耗之优点;其次是 LCD 的低温响应特性较差;再就是 LCD 的显示图形不够华丽明显,这是所有非发光型显示器件共有的缺陷。

课题四　电动车窗、电动后视镜及电动座椅

 学习目标

完成本课题学习后,你应能:
1. 掌握电动车窗、电动天窗、电动后视镜及电动座椅的组成;
2. 熟悉电动车窗、电动天窗的结构,了解工作原理和控制电路;
3. 熟悉电动后视镜的结构,了解工作原理和控制电路;
4. 熟悉电动座椅的结构,了解工作原理和控制电路。

建议课时:4 课时。

一、电动车窗

电动车窗一般由电动机、减速装置、车窗、车窗升降器、开关等组成。桑塔纳2000系列

轿车采用了电动车门玻璃升降器(见图6-51)。电器部分由过热熔丝(20A)、开关、自动继电器、延时继电器、直流电动机等组成;机械部分由蜗轮、蜗杆、绕线轮、钢丝绳、导轨、滑动支架等组成。

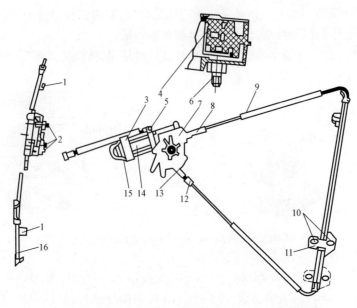

图 6-51　桑塔纳 2000 系列轿车电动车门玻璃升降器结构

1-支架安装位置;2-电动机安装位置;3-固定架;4-联轴缓冲器;5-电动机;6-卷丝筒;7-盖板;8-调整弹簧;9-绳索结构;10-玻璃安装位置;11-滑动支架;12-弹簧套筒;13-安装缓冲器;14-铬牌;15-均压孔;16-支架结构

桑塔纳 2000 系列轿车采用的永磁直流电机,是通过改变电枢电流的方向来改变电动机的旋转方向使车窗玻璃升或降。当电动玻璃升降器中的直流永磁电动机接通额定电流后,转轴输出转矩,经蜗轮蜗杆减速后,再由缓冲联轴器传递到卷丝筒,带动卷丝筒旋转,使钢丝绳拉动安装在玻璃托架上的滑动支架,在导轨上上下运动,达到使车门玻璃升降的目的。

电动车窗一般有两套控制开关,一套为总开关,由驾驶员控制每个车窗的升降;另一套是分别装在每个车窗中部的分开关,可由乘客操纵。桑塔纳 2000 使用的是电动车门窗玻璃升降器组合开关见图6-52。电动车门玻璃升降器的组合控制开关,位于仪表板下方、前排左右座椅之间的中央通道面板上。

将点火开关置于 ON 位置,通过组合开关的 4 个白色按键开关可以方便地控制四扇车窗玻璃的升降,后排座位的乘客还可使用左右后门上的按键开关进行单独操作。组合开关上的中间黄色开关为锁定开关,按下此开关,后门的开关就失去作用。

驾驶员门窗玻璃的操作与其他车窗有所不同,只需要点一下升降键,车窗自动继电器会自动保持接通约 300ms 的时间,将玻璃升降到底,如需中途停下,点一下

图 6-52　电动车门窗玻璃升降器组合开关

反向键即可。当点火开关处于 OFF 时，延时继电器自动延时 50s 后切断所有电动车窗的搭铁端。

桑塔纳 2000 电动车窗升降器的电气线路图如图 6-53 所示。

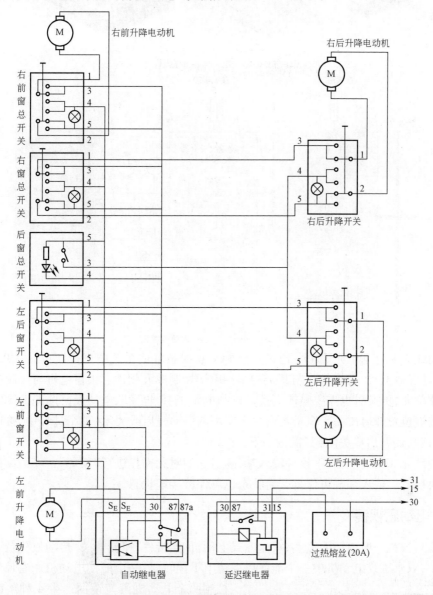

图 6-53　电动车门窗升降器线路图

二、电动天窗

汽车天窗安装于车顶，能够有效地使车内空气流通，增加新鲜空气进入，为车主带来健康、舒适的享受。同时汽车车窗也可以开阔视野，也常用用于移动摄影摄像的拍摄需求。电动天窗主要由滑动机构、驱动机构、控制系统和开关等组成。图 6-54 为电动天窗示意图。

奥迪 A5 全景天窗拥有独立的控制单元如图 6-55 所示。

图 6-54 电动天窗示意图

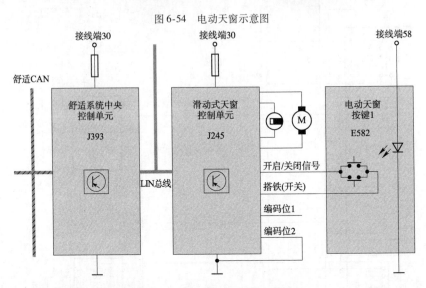

图 6-55 奥迪 A5 全景天窗电路图

滑动式天窗控制单元 J245，通过一根 LIN 总线与舒适系统中央控制单元 J393 进行通信，并通过舒适 CAN 总线依次与其余的车辆电子控制单元相连。天窗电机与控制单元构成一个整体单元，更换时也需要整体更换。控制单元 J245 也读取电动天窗按键 E582 的信息，并根据按键位置开启或关闭全景天窗。天窗可以手动开启或关闭（整个过程中，按键保持按下状态）或自动开启或关闭（只需按一下）。

控制单元 J245 拥有两个硬件输入端，通过它们对此操作进行"编码"。车载编码操作通过电缆束执行。输入端既可保持开启状态也可保持接地状态。

三、电动后视镜

电动后视镜一般由镜面玻璃、双永磁式电动机、连接件、控制开关、传动机构及壳体等组成。其中，双永磁式电动机中一个能使后视镜上下偏转，另一个能使电动机左右偏转。通过控制两个电动机可使镜面产生 4 种不同方位的位置调整。控制开关由旋转开关、摇动开关和线束等组成。桑塔纳 2000 系列轿车电动后视镜结构见图 6-56。

图 6-56 电动后视镜

桑塔纳 2000 系列轿车电动后视镜的电路控制见图 6-57。C 是受点火开关控制的电源线，31 是搭铁线。电动机 V_{33-1} 调整右外侧后视镜的左右摇摆角度；电动机 V_{33-2} 调整右外侧后视镜的上下摇摆角度;电动机 V_{34-1} 调整左外侧后视镜的左右摇摆角度;电动机 V_{34-2} 调整左外侧后视镜的上下摇摆角度,所有电机均由设置在左前门内把手上端的组合开关 M 控制,该开关即可旋动,又可上下、左右拨动。为叙述方便,将组合开关 M 分为 3 个具有独立控制功能的子开关 M_{11}、M_{21}、M_{22}。接通点火开关后,即可根据需要通过操作组合开关 M 进行调整。

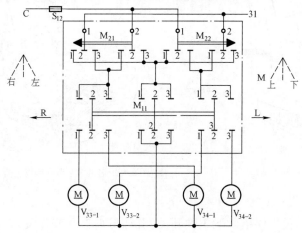

图 6-57　电动后视镜电路图

例如调整右外侧后视镜角度时,先将点火开关处于 ON 位置,再将组合开关 M 的旋钮旋至 R(右)位置,左、右拨动组合开关 M 的旋钮,可控制电机 V_{33-1} 电枢电流的方向,带动右外侧后视镜左右摆动;上下拨动组合开关 M 的旋钮,可控制电机 V_{33-2} 电枢电流的方向,带动右外侧后视镜上下摆动。

四、电动座椅

由电动机控制的汽车座椅称为电动座椅。许多国家都把带调节系统的座椅作为驾驶员座椅的标准装备,通常在电子控制系统的存储器里储存有两种不同的理想位置,驾驶员一按控制开关便可获得一种理想的位置。

图 6-58 为带调节系统的电动座椅基本结构,包括前后滑动调节、前后垂直调节、靠背位置调节、头枕高度调节、头枕前后调节、腰部支撑调节装置等,其功能见表 6-1,各装置或总成在座椅上的布置见图 6-59。

电动座椅的功能　　　　　　　　　　　　　　　表 6-1

序号	功　能	带调节功能		不带调节系统	
		驾驶员	乘客	驾驶员	乘客
①	前后滑动调节	电动带存储功能	电动	电动	电动
②	前垂直位置调节	电动带存储功能	无	电动	无
③	后垂直位置调节	电动带存储功能	无	电动	无
④	靠背位置调节	电动带存储功能	电动	电动	电动
⑤	头枕位置调节	电动带存储功能	电动	手动	手动
⑥	腰部支撑调节	电动	无	电动	无
⑦	头枕前后调节	手动	手动	手动	手动

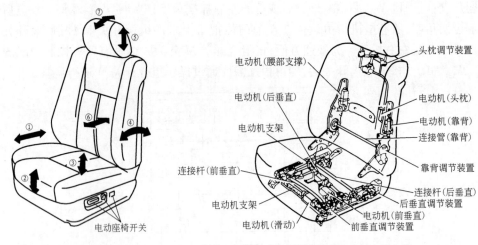

图6-58 电动座椅基本结构　　图6-59 各调节装置在座椅上的布置

1. 控制开关

电动座椅控制开关主要指以下3种开关：滑动与垂直调节开关、靠背与头枕调节开关、腰部支撑调节开关，如图6-60所示。

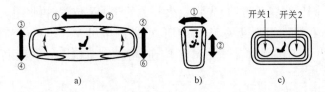

图6-60 电动座椅控制开关

a) 滑动与垂直调节开关；b) 靠背与头枕调节开关；c) 腰部支撑调节开关

（1）滑动与垂直调节开关　由图6-60a)可见，当此开关置向①或②方向时，座椅就向前或向后移动；当此开关向③或④方向转动时，座椅前端的高度即可改变；向⑤或⑥方向移动时，座椅后端的高度亦可调节。当此开关整个压下或拉出时，便可进行整个座椅的垂直（高度）调节，也即座椅前、后垂直调节的电动机同时工作。

（2）靠背与头枕调节开关　见图6-60b)，当此开关按照①方向工作时，即可改变座椅靠背的角度；当此开关按②方向滑动时，可调节头枕的高度（只限带自动调节系统的车辆）。

（3）腰部支撑调节开关　由图6-60c)所示，压下开关1可增加腰部的支撑力，压下开关2则能减小腰部的支撑力（仅限驾驶员座椅）。

2. 调节机构

以前、后滑动调节机构为例（见图6-61）简要介绍如下：

工作时，当滑动与垂直调节开关朝A（实箭头）方向移动时，电动机运转，动力依次经外壳、螺杆、塑料螺母，沿螺杆方向将座椅向前移动；当开关向B（空心箭头）方向移动时，座椅可向后滑动。座椅的滑动量（调节范围）由固定在螺杆上的挡块来决定，驾驶员座椅的最大滑动量约240mm，乘客座椅约为210mm。

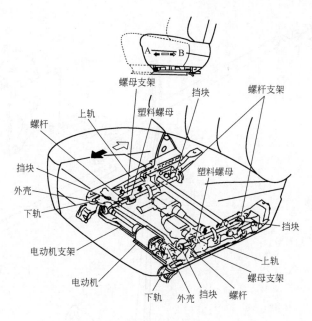

图 6-61 前、后滑动调节机构

课题五　刮水器与洗涤装置

 学习目标

完成本课题学习后,你应能:
1. 掌握电动刮水器的结构组成;
2. 熟悉电动刮水器的工作过程;
3. 熟悉电动刮水器的控制电路;
4. 能够对刮水器电路进行检查。
建议课时:2 课时。

一、刮水器

为了保证雨、雪天时驾驶员有良好的视线,汽车上都装有刮水器。

刮水器根据其动力不同可分为真空式、气动式和电动式三种。由于电动刮水器具有动力大,工作可靠,容易控制,不受发动机工况影响等优点。因此,目前在汽车上得到广泛的应用。

1. 电动风窗刮水器的组成

电动刮水器的组成见图 6-62。蜗轮箱与电动机合装在一起,并固定在底板上,蜗轮的旋转运动通过曲柄、连杆、摆杆等转变成为摆臂的左右往复摆动,刮水片安装在两摆臂上。

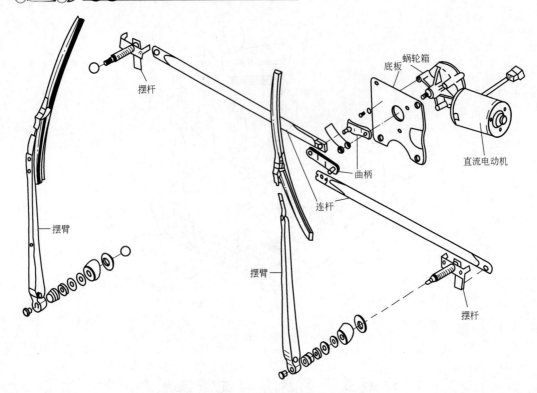

图 6-62 电动刮水器的组成

2. 刮水电动机的结构及变速原理

刮水电动机按其磁场结构不同分为绕线式和永磁式两种。永磁式刮水电动机具有体积小、质量轻、噪声小、结构简单等优点,在国内外汽车上得到广泛应用。永磁式刮水电动机总成的结构见图 6-63。

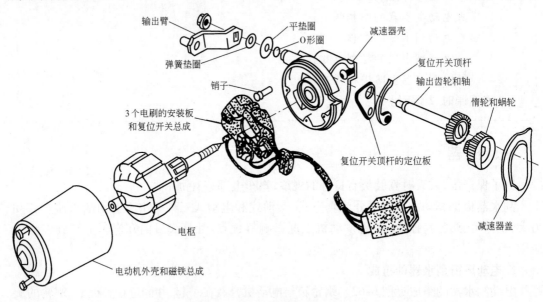

图 6-63 永磁式刮水电动机的结构

由于永磁刮水电动机的磁场强弱是不能改变的,为了改变刮水电动机的转速,实现变速刮水,采用三刷式电动机(图6-64a)。

电刷 B_3 为高、低速共用,电刷 B_1 与 B_3 对称,为低速电刷,电刷 B_2 偏离电刷 B_1 60°,为高速电刷。电枢绕组采用叠绕式。永磁式三刷电动机是利用三个电刷来改变串联在与 B_1、B_2 与 B_3 之间的不同电枢绕组数来实现变速的。

3. 刮水电动机的控制电路和自动复位装置

图 6-64 所示为铜环式刮水电动机控制电路和自动复位装置示意图。用刮水器开关控制刮水器的刮水速度和复位。刮水器开关是一个三挡开关,有 0、Ⅰ、Ⅱ 三个挡位,4 个接线柱,①接线柱接复位装置,②接线柱接电动机的低速电刷,③接线柱搭铁,④接线柱接电动机高速电刷。0 挡为复位挡,Ⅰ 挡为低速挡,Ⅱ 挡为高速挡。复位装置是在减速蜗轮(由塑料或尼龙材料制成)上,嵌有铜环。此铜环分为两部分,其中大铜环与电动机外壳相连(为搭铁)。触点臂用磷铜片或其他弹性材料制成,其一端分别铆有触点。由于触点臂具有一定的弹性,因此,在蜗轮转动时,触点与蜗轮的端面和铜滑环保持接触。

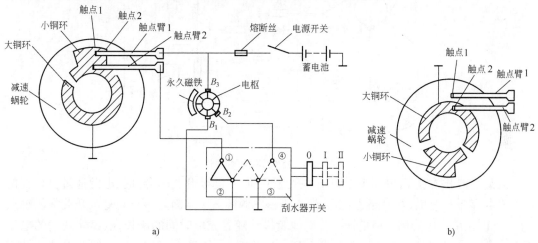

图 6-64 铜环式刮水电动机控制电路和自动复位装置
a) 三刷式电动机；b) 触点与铜环接触

接通电源开关,将刮水器开关拉到Ⅰ挡(低速)位置时,电流从蓄电池正极→电源开关→熔断丝→电刷 B_3→电枢绕组→电刷 B_1→刮水器开关接线柱②→接触片→刮水器开关接线柱③→搭铁→蓄电池负极,构成回路,电动机低速运转。

把刮水器开关拉到Ⅱ挡(高速)位置时,电流从蓄电池正极→电源开关→熔断丝→电刷 B_3→电枢绕组→电刷 B_2→刮水器接线柱④→接触片→刮水器接线柱③→搭铁→蓄电池负极,构成回路,电动机以高速运转。

当把刮水器开关退回到 0 挡时,如果刮水片没有停止到规定的位置,由于触点与铜环相接触,如图 6-64b)所示,则电流继续流入电枢,其电路为蓄电池正极→电源开关→熔断丝→电刷 B_3→电枢绕组→电刷 B_2→接线柱②→接触片→接线柱①→触点臂→大铜环→搭铁→蓄电池的负极。由此可以看出,电动机仍以低速运转直至蜗轮旋转到图 6-64a)所示的特定位置,电路中断。由于电枢的运动惯性,电机不能立即停止转动,此时电动机以发电机方式运行。因此时电枢绕组通过触点臂与铜环接通而短路,电枢绕组将产生(能耗)制动力矩,电动机迅速停止运转,使刮水片复位到风窗玻璃的下部。

4. 间歇式电动刮水器

为了满足汽车在毛毛细雨或雾天行驶时对刮水器的要求,在现代汽车刮水器上都加装了电子间歇控制系统,使刮水器能按照一定的周期停止和刮水,即每动作一次停止 2~12s,这样可以使驾驶员获得更好的视线。

汽车刮水器的间歇控制电路有多种形式,按照间歇时间是否可调有可调节型和不可调节型之分。

(1)不可调节间歇控制电路　刮水器的间歇控制一般是利用自动复位装置和电子振荡电路或集成电路实现的。图 6-65 为同步间歇刮水器控制电路。

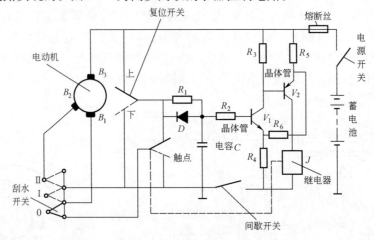

图 6-65　同步间歇振荡电路

当刮水器开关置于间歇挡位置(开关处于 0 位,且间歇开关闭合)时,电源通过自动复位开关向电容器 C 充电,其电路为:蓄电池正极→电源开关→熔断丝→自动复位开关常闭触点(上)→电阻 R_1→电容器 C→搭铁→蓄电池负极。随着充电时间的增长,电容器两端的电压逐渐升高。当电容器 C 两端的电压升高到一定值时,晶体管 V_1 和 V_2 先后相继由截止转变为导通,从而接通继电器磁化线圈的电路,其电路为:蓄电池正极→电源开关→熔断丝→电阻 R_5→晶体管 V_2(e→c)→继电器磁化线圈→间歇刮水器开关→搭铁→蓄电池负极。在电磁吸力的作用下,继电器常闭触点打开,常开触点闭合,从而接通刮水电动机的电路,其电路为:蓄电池正极→电源开关→熔断丝→B_3→B_1→刮水继电器常开触点→搭铁→蓄电池负极。此时电动机将低速旋转。

当复位装置将自动复位开关的常开触点(下)接通时,电容器 C 通过二极管 D、自动复位装置使常开触点迅速放电,此时刮水电动机的通电回路不变,电动机继续转动。随着放电时间的增长,晶体管 V_1 基极的电位逐渐降低。当晶体管 V_1 基极的电位降低到一定值时,V_1 和 V_2 由导通转为截止,从而切断了继电器线圈的电路,继电器复位,常开触点打开,常闭触点闭合。此时,由于自动复位开关的常开触点处于闭合状态,电动机仍将继续转动,其电路为:蓄电池正极→电源开关→熔断丝→B_3→B_1→继电器常闭触点→复位开关的常开触点→搭铁→蓄电池负极。只有当刮水片回到原位(即不影响驾驶员视线位置),自动复位开关的常开触点打开,常闭触点闭合时,电机方能停止转动。继而电源将再次向电容器 C 充电,重复以上过程。如此反复,实现刮水片的间歇动作,其间歇时间的长短取决于 R_1、C 电路充电时间常数的大小。

(2)可调式间歇控制电路　所谓可调式间歇控制电路是指刮水器控制电路,能使汽车刮水器根据雨量大小自动开闭,并自动调节间歇时间。

图 6-66 所示为刮水自动开关与调速控制电路。电路中,S_1、S_2 和 S_3 是安装在风窗玻璃上的流量检测电极,雨水落在两检测电极之间,使其阻值减小,水流量越大,其阻值越小。

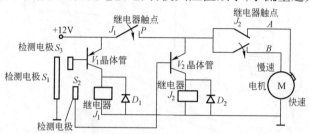

图 6-66　刮水自动开关与调速控制电路

S_1 与 S_3 之间的距离较近(约 2.5cm)。因此,晶体管 V_1 首先导通,继电器 J_1 通电,在电磁吸力的作用下,P 点闭合,刮水电动机低速旋转。当雨量增大时,S_1 与 S_2 之间的电阻减小到使 V_2 导通,于是继电器 J_2 通电,在电磁吸力的作用下,A 点断开,B 点接通,刮水电动机转为高速旋转。雨停时,检测电阻之间的阻值均增大,V_1、V_2 均截止,继电器复位,刮水电动机自动停止工作。

二、洗涤装置

为及时清除风窗玻璃上的尘土和污物,保证驾驶员有良好的视线,现代汽车上均装有风窗玻璃洗涤器。

风窗洗涤装置按照控制方式不同分为手动控制、脚踏控制和电机驱动式三种。喷嘴的安装有两种形式:一种是在前围板总成的左右两面各安装一个喷嘴,各自冲洗规定区域。另一种是将喷嘴安装在刮水器臂内,当刮水器臂作弧形刮水运动时,喷管嘴即刻向挡风玻璃上喷洒清洗液。

在一些豪华汽车上,风窗洗涤装置的喷嘴能喷射出两种以上强度的水柱,在刮水器的配合下,清洁效果更佳。

1. 风窗洗涤装置的组成

风窗洗涤装置的组成如图 6-67 所示,洗涤泵一般由永磁直流电动机和离心叶片泵组装成一体,喷射压力可达 70~88kPa。

电动洗涤泵一般直接安装在贮液罐上,但也有安装在管路内的。在离心泵的进口处设置有滤清器。

洗涤泵喷嘴安装在挡风玻璃的下面,其喷嘴方向可以根据使用情况调整,喷水直径一般为 0.8~1.0mm,能够使洗涤液喷射在挡风玻璃的适当位置。

2. 洗涤器使用注意事项

(1)洗涤泵的连续工作时间不能过长,储液罐内无洗涤液时不得开动液泵。

(2)使用洗涤器时,应先开洗涤泵再接通刮水器。

（3）洗涤液应保持清洁，以免堵塞喷嘴。

（4）冬季使用洗涤器时，洗涤液中应加防冻剂，也可加少量的去垢剂和防锈剂。如冬季不用洗涤器时，应将贮液罐中的洗涤液倒掉。

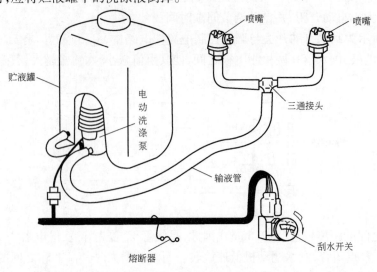

图 6-67　风窗洗涤装置的组成

三、电动刮水器及洗涤器实例

1. 工作原理

图 6-68 为上海桑塔纳轿车风窗刮水器及洗涤器的控制电路。

刮水电动机 V 由三掷五位与点动开关 E_{22} 控制。开关 E_{22} 的第 4 位为空位，不使用刮水器和洗涤器时，E_{22} 就处在 4 位上。E_{22} 在三掷五位上均可独立工作，互不干扰。刮水电动机 V 为双速永磁直流电动机，空载高速时刮水器曲柄转速为 62～80r/min，空载低速时为 42～52r/min。

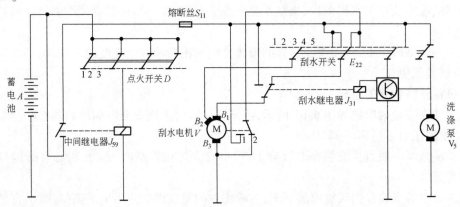

图 6-68　上海桑塔纳轿车风窗刮水器及洗涤器的控制电路

A-蓄电池；D-点火开关；J_{59}-中间继电器；V-刮水电动机；E_{22}-刮水开关；J_{31}-刮水继电器；V_5-前风窗清洗液泵；S_{11}-熔断丝

刮水器的电源由点火开关 D 经中间继电器 J_{59} 控制，当点火开关处于 2 位（点火）时，J_{59} 的线圈有电流通过，其触点闭合，这时刮水电动机 V 才可以接入工作。

(1) 快速挡工作　当 E_{22} 处于 1 位（将开关手柄推至最前端）时，刮水电动机 V 的电路被接通，回路为：蓄电池正极→中间继电器 J_{59} 的触点→熔断丝 S_{11}→刮水器开关 E_{22} 的第 1 掷→电刷 B_2→电枢→电刷 B_3→搭铁→蓄电池负极。因电动机合成磁场较弱，电动机转速较高。

(2) 慢速挡工作　当 E_{22} 处于 2 位时，刮水电动机 V 的电路被接通，但电流在电动机内部是由电刷 B_1、电枢经电刷 B_3 搭铁构成回路的，这时电动机磁场较强，因此，电动机转速较低。

(3) 点动挡工作　E_{22} 在 3 位时为点动挡，将 E_{22} 开关手柄稍向前推去，尚未达到 2 位（此时即处在 3 位）时，电动机即处在与 2 位相同的工作状态。当松开手柄时，在开关的弹簧作用下，E_{22} 会自动回到空位 4 位上。

(4) 停机复位　刮水电动机总成内附设单掷二位自动开关，只有当刮水片处于风窗玻璃的右下端位置时，该开关才处在 2 位，其他情况下均处在 1 位。当 E_{22} 由接通状态变为 4 位（空位），而刮水片未处在风窗玻璃的右下端位置时，由于电动机 V 内自动开关仍处于 1 位，电动机电路仍接通，回路为：蓄电池正极→中间继电器 J_{59} 的触点→熔断丝 S_{11}→电动机 V 内的开关 1 位→E_{22} 的第 2 掷→继电器 J_{31} 的常闭触点→电动机 V 的电刷 B_1、电枢、电刷 B_3→搭铁→蓄电池负极。刮水电动机仍带动刮水片摆动，当刮水片到达风窗右下端位置时，电动机 V 内的自动开关处于 2 位（即图 6-68 所示状态），电动机断电。这时 E_{22} 的第 2 掷和继电器 J_{31} 的常闭触点将电动机短接制动，电动机立即停止运转，使刮水片停在风窗玻璃的右下端，不妨碍驾驶员视线的位置上。

(5) 间歇挡工作　当开关 E_{22} 正处于 5 位，即将开关手柄向后扳至极限位置时，E_{22} 的第 3 掷将刮水继电器 J_{31} 的电源接通，J_{31} 的常开触点间歇地闭合、打开，使刮水器间歇地通电工作，刮水片每隔 6s 左右摆动一次。

J_{31} 的常开触点闭合时，刮水电动机即通电运转，回路为：蓄电池正极→中间继电器触点→熔断丝 S_{11}→J_{31} 的常开触点→刮水电动机→搭铁→蓄电池负极。J_{31} 的常开触点闭合较短时间（1.5～2s）后打开，待刮水片停在风窗玻璃右下端时，由自动复位装置使其断电并制动停止运转。刮水器停转一段时间后，J_{31} 又使其通电运转，刮水片再摆动一次。以上过程不断重复，就使刮水片间歇摆动。

(6) 洗涤风窗玻璃　当向上扳动开关手柄时，E_{22} 的点动触头接通清洗泵 V_5，位于发动机盖上的 4 个喷头同时向前风窗玻璃喷出清洗液。与此同时，也接通了刮水继电器 J_{31}，使其常开触点闭合，接通了刮水电动机电路，V 通电运转，刮水片即刮掉已经湿润了的尘土、脏污。当驾驶员松开开关手柄时，点动触头即切断 V_5 的电路，清洗泵停止工作。这时 J_{31} 的常开触点仍要闭合一段时间，刮水继电器继续通电运转，J_{31} 的触点打开后，在复位装置作用下，刮水片处于风窗玻璃右下端位置时，刮水电动机自动停止运转。

2. 风窗刮水器和洗涤装置的维修

1) 风窗刮水器维修

风窗刮水器系统常见的故障有：刮水器不工作、间断性工作、持续运转不停及刮水片不能复位等。此外，还有一些与刮水片调整有关的故障，例如刮水片拍打风窗下方排水槽或其中一个刮水片低于另一个刮水片的停止位置等。

在对风窗刮水器系统进行检修之前，需要确定是电器故障还是机械故障。其方法就是从电动机上拆下连接刮水片的机械臂，接通刮水器系统，观察电动机的运行。如果电动机工作正常,则是机械问题。

(1) 刮水器不工作　如果刮水器在所有挡位都不工作,可按图6-69的步骤进行检查。

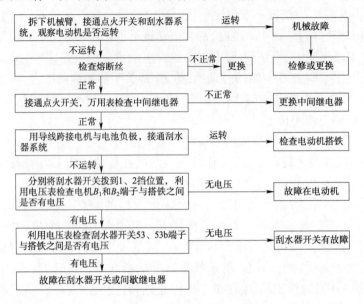

图6-69　刮水器不工作的检查

(2) 刮水器速度比正常慢　电器或机械故障均能引起刮水器速度比正常慢。首先,按照上述方法确定故障在电器部分,还是在机械部分。

大多数导致刮水器动作慢的电路故障是由于接触电阻大而引起的。如果故障表现为所有的速度档都慢,应检查电源到刮水器开关之间的电路,主要是中间继电器、熔断丝和刮水器开关连接线端子插接是否牢固可靠。电源供电电路正常,则应检查刮水器开关中有无接触不良现象。

如果电源供电回路正常,则应检查刮水电动机的搭铁回路是否正常。其方法是:将电压表的正表笔接电动机的搭铁端(或电动机壳体),负表笔接到电池负极,电压降不应超过0.1V,否则,应修复电动机搭铁回路。以上检查均正常的情况下,则检修或更换刮水电动机。

(3) 间歇刮水系统不正常　如果刮水系统只是在间歇挡位工作不正常,首先应检查间歇继电器的搭铁是否良好。如果搭铁正常,利用万用表欧姆挡表检查继电器到刮水器开关之间的电路;如果连接线路也是良好的,则应更换间歇继电器。

(4) 刮水器不能复位　造成刮水器不能复位的故障,是复位开关的原因,也可能是刮水器开关内接触片变形所致。最常见的与复位开关有关的故障是当开关断开时,刮水器就停在该位置。首先要拆下电动机端盖,接通刮水开关,观察复位开关的工作情况。当关闭刮水器开关时,复位开关应能使其常闭触点闭合到位,否则,应更换复位开关,如图6-70所示。

如果刮水器开关内接触片弯曲变形或折断,同样能造成刮水器不能复位,应检修或更换刮水器开关。

2) 风窗刮水器的分解和安装

图6-71为桑塔纳轿车风窗刮水器的分解图。

单元六 照明、信号、仪表与安全设备

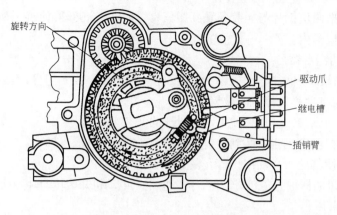

图 6-70 电动机复位开关的检查

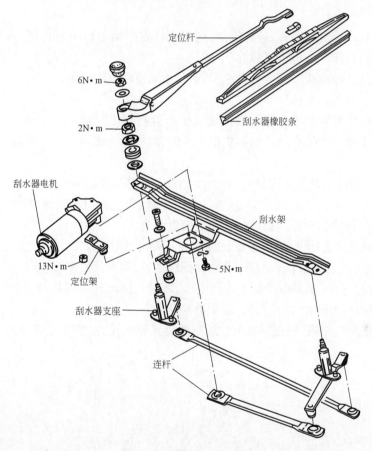

图 6-71 风窗刮水器的分解图

(1) 拆卸和安装刮水橡胶条。

① 用鲤鱼钳把刮水橡胶条被封住的一侧的两块钢片钳在一起,从上面的夹子里取出,并把橡胶条连同钢片从刮水片其余的几个夹子里拉出。

② 把新的刮水橡胶条塞进刮水片下面的夹子里,并把它扎紧。

③ 把两块钢片插入刮水橡胶条第一条的槽口,对准橡胶条并进入槽内的橡胶条凸缘内。

④用鲤鱼钳把两块钢片与橡胶条重新钳紧,并插入上端夹子,使夹子两边的凸缘均进入刮水橡胶条的限位槽内。

(2)安装电动刮水器。

把电动机的输出曲柄往电动机轴上装时,应对准记号。若无记号,安装时应做好下列工作,以确保刮水器自动复位停机时位置正确。

①安装好电动机,接通电路,使电动机处于自动停转状态。

②将平行四杆联动机构安装到位,使曲柄松套在电动机输出轴上。

③移动刮片使其处于自动回位停止的水平位置。

④旋紧电动机曲柄轴固定螺母,开机作慢速试验,电动机开始转动时,雨刮应立即向上摆动。

(3)安装刮水片。

①刮水片与玻璃平面的交线与刮杆轴轴线的交角应为90°,如不相符可以将输出轴套前后调节。

②刮水片与玻璃面应垂直,若有侧偏,应将刮杆臂平面扭转一定角度,这样可有效防止刮拭时产生振动和噪声,以及单向刮试不清。

③刮水器处于停放状态时,刮水片应基本与挡风玻璃下沿线平行。

3)风窗洗涤装置的维修

许多风窗洗涤装置的故障都是因输液系统而引起的。因此,应首先拆下泵体上的水管然后使电动泵工作。如果电动泵能够喷出清洗液,则故障在输液系统。否则,按照下列步骤查找故障。

(1)目测贮液罐内的液体存储量,检查熔断丝和线路连接是否良好。

(2)打开洗涤器开关,同时观察电动机。如果电动泵工作但不喷液,检查泵内有无堵塞,排除泵体内的任何异物;如果没有堵塞,须更换电动泵。

(3)若电动泵不运转,用电压表或试灯检查开关闭合时洗涤泵电动机上有无电压。若有电压,用万用表欧姆挡检查搭铁回路,若搭铁回路良好,需更换电动泵。

(4)在第(3)步中,如果电动机上没有电压,需沿线路向开关查找,检测开关工作是否正常。如果开关有电压输入,但没有输出,需更换开关。

(5)如需更换电动机,先拔下泵上的线束插接器和水管后,按照图6-72所示进行操作。

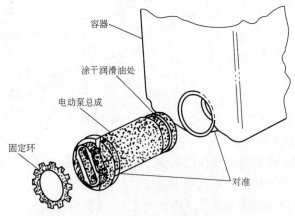

图6-72 洗涤泵和电动机的更换

课题六　中央门锁与防盗报警系统

学习目标

完成本课题学习后,你应能:
1. 熟悉电动门锁的结构组成;
2. 掌握电动门锁的控制电路与工作原理;
3. 能熟练地在车辆上拆卸和安装中控门锁;
4. 能熟练对中控门锁电路进行检查。
建议课时:2 课时。

一、中央门锁

门锁是锁止车门的机构,是保证汽车行驶安全的一项重要措施。门锁的一般要求是门锁不仅能将车门可靠锁紧或打开,而且要求门锁在锁止位置时,操纵内外手柄均不能打开车门。为了提高汽车使用的安全性、方便性,现代轿车大多安装中央门锁控制系统。

1. 中央门锁的功能

(1)能对车门及行李舱锁进行集中控制。当驾驶员对左前门进行控制(锁门、开门)时,汽车所有的门锁及行李舱锁能同时实现相同的控制效果。

(2)在中控门锁系统不工作时,乘客仍可使用各车门的机械锁扣开关车门。

2. 中央门锁系统的组成

中央门锁系统一般由门锁开关、门锁执行机构和门锁控制器组成,系统零部件位置如图 6-73 所示。

(1)门锁开关　大多数汽车的中控门锁系统在驾驶室车门上装有门锁总开关。驾驶员操纵此开关,其他几个车门锁扣,包括后车门或行李箱将同时扣下或同时打开。另外,除驾驶席侧车门外其他车门上单独设置门锁开关,独立地控制一个车门,便于单独操作。有些汽车的中控门锁系统由门锁杆兼作门锁开关,不另设门锁开关。当提起驾驶席侧车门的门锁杆时,则可使其他锁都打开;当压下门锁杆时,其他门锁也同时锁定,其功能与门锁开关相同。

(2)门锁执行机构　驱动中控门锁执行机构动作的形式有直流电机式门锁,如图 6-74 所示,在中央集控门锁系统中还有一种执行机构是电磁线圈式门锁。两种结构都是通过改变极性转换其运动方向而执行锁门或开门动作的。图 6-75 所示为一种双线圈式(电磁式)门锁执行机构。当给锁门线圈通正向电流时,衔铁带动连杆左移,锁门;当给开门线圈通反向电流时,衔铁带动连杆右移,开门。直流电动机式门锁执行机构,其驱动力由可逆转的直流电动机提供,利用电动机正转和反转,完成锁门和开门动作。

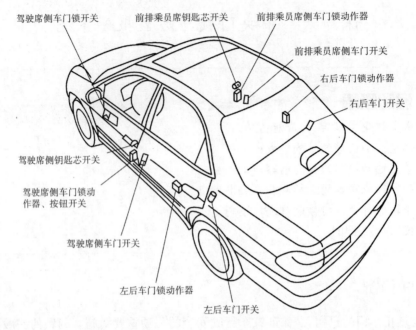

图 6-73 中央门锁系统零部件位置图

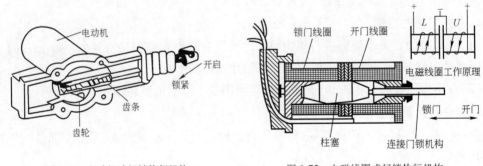

图 6-74 电动机式门锁执行机构　　图 6-75 电磁线圈式门锁执行机构

(3) 门锁控制器　为门锁执行机构提供锁、开脉冲电流的控制装置称为门锁控制器, 常用形式有以下 3 种:

① 晶体管式门锁控制器: 如图 6-76 所示, 该门锁控制器内部有两个继电器, 一个控制锁门, 一个控制开门。继电器由晶体管开关控制, 它利用电容器的充放电过程控制一定的脉冲电流持续时间, 使执行机构完成锁门和开门动作。

② 电容式门锁控制器: 如图 6-77 所示, 该门锁控制器利用电容充放电特性, 平时电容器充足电, 工作时把它接入控制电路使电路放电, 使两电路中之一通电而短时吸合, 电容器完全放电后, 通过继电器的电容中断而使其触点断开, 门锁系统不再工作。

③ 车速感应式门锁控制器: 见图 6-78, 在中控门锁系统中加装一车速为 10km/h 的感应开关, 当车速在 10km/h 以上时, 若车门未上锁, 驾驶员不需动手, 门锁控制器自动将门上锁。如果个别车门要自行开门或锁门可分别操作。

单元六　照明、信号、仪表与安全设备

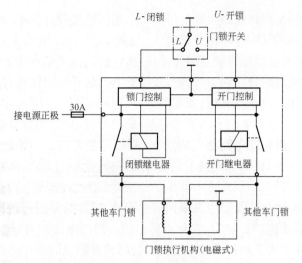

图6-76　晶体管式门锁控制器

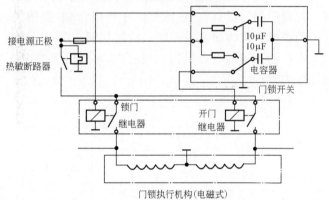

图6-77　电容式门锁控制器

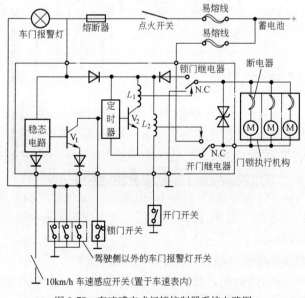

图6-78　车速感应式门锁控制器系统电路图

当点火开关接通时,电流流经报警灯可使3个车门的报警灯开关(此时门未锁)搭铁,报警灯亮。若按下锁门开关,定时器使三极管 V_2 导通一下,在三极管 V_2 导通期间,锁定继电器线圈 L_1 通电,锁定继电器常开触点闭合,门锁执行机构通过正向电流,执行锁门动作。当按下开锁开关,则开锁继电器线圈 L_2 通电,开锁继电器常开触点闭合,门锁执行机构通过反向电流,执行开门动作。汽车行驶时,若车门未锁,且车速低于10km/h 时,置于车速表内的10km/h 开关闭合,此时稳态电路不向三极管 V_1 提供基极电流;当行车速度高于10km/h 时,车速感应开关断开,此时稳态电路给三极管 V_1 提供基极电流,V_1 导通,定时器触发端经三极管 V_1 和车门报警开关搭铁,如同按下锁门开关一样,使车门锁定,从而保证行车安全。

3. 中央集控门锁实例

桑塔纳2000系列轿车装备了中央集控门锁装置,门锁的锁闭与开启有两种方式可供选择。一是独立地按下或提起右前、右后和左后车门上的门锁提钮可分别锁闭或开启这3个车门的门锁。另一种方式是通过设在左前门上的门锁提钮或门锁钥匙对4个车门门锁的锁闭和开启进行集中控制。为此右前、左后和右后门各自采用手动和电机驱动同步联动的门锁锁闭与开启装置。左前门的门锁只有通过钥匙(车外钥匙)和提钮(车内锁门)手动进行锁闭和开启操作。但门锁操纵机构通过一个联动的连杆同步带动一个集控开关,通过该开关可以同时控制其他车门的锁闭与开启机构,对各自的车门门锁进行集中的操纵。中央集控门锁控制电路如图6-79所示。

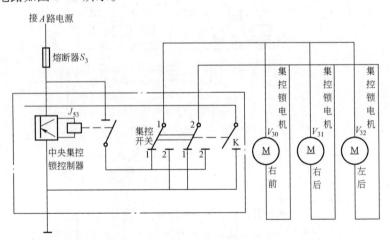

图6-79 桑塔纳2000系列轿车中央集控门锁控制电路图

将左前门门锁提钮压下,集控开关第2位触点被接通。由于提钮压下过程中,集控开关附带的控制触点 K 已被短暂闭合过,故 J_{53} 已使其触点闭合。这时 A 路电源经熔断器,并通过 J_{53} 的闭合触点及集控开关第二掷第2位加至集控门锁内部电源线 P_2;与此同时电源的负极经集控开关第一掷第2位加至集控门锁内部电源线 P_1。电机 V_{30}、V_{31} 和 V_{32} 反转,带动各自门锁锁闭。$1\sim 2s$ 后,J_{53} 控制其已闭合的触点断开,从而切断了为电机供电的 A 路电源,电机停转,并一直保持此状态。

若将左前门门锁操纵提钮拔起,集控开关2位触点被断开,第1位触点闭合。在这一过程中,集控开关附带的控制触点 K 又被短暂闭合,从而使 J_{53} 的触点再次闭合 $1\sim 2s$。这时 A 路电源经 J_{53} 的闭合触点和集控开关第一掷第1位加至内部电源线 P_1;而电源的负极经集控开关第二掷第1位加至内部电源线 P_2。内部电源的供电电压极性改变,电机 V_{30}、V_{31} 和 V_{32} 正转,带动各自的门锁开启。1~2s 后 J_{53} 控制其已闭合的触点断开,电机停转。

由于图 A 路电源为车内常火线,与蓄电池直接相连,所以中央集控门锁装置对门锁的控制功能与点火开关的钥匙位置无关。

二、防盗报警系统

为了防止车辆被盗,大多数轿车上装有防盗系统。初期的防盗系统主要在控制门锁、门窗、转向盘、制动器、切断供油等方面设置机械防盗装置,但安全性较差,不能解决防抢和远距离遥控报警问题。随着电子技术的发展,汽车防盗系统日趋完善,现已发展为电子密码、遥控呼救、信息报警等电子防盗系统。其功能是,当偷盗者企图行窃时,使偷盗者不能开动汽车,并随即以蜂鸣、警笛、灯光等方式吓退窃贼,并同时引起路人的注意。

1. 汽车防盗装置的分类

(1)机械式防盗装置 机械式是比较常见而又古老的方式,就是在开车所必须用到的零件上加锁,结构、原理也比较简单,只是将转向盘、控制踏板钢圈或挡柄锁住,安全性差,所以正在趋于淘汰。

(2)电子式防盗装置 电子式防盗装置由于其强大的安全性正在走进千家万户,电子式防盗装置按照密码输入方式的不同可分为:

①按键式电子锁:按键式电子锁采用键盘(或组合按钮)输入开锁密码,操作方便,内部控制电路常采用电子锁专业集成电路 ASIC。此类产品包括按键式汽车电子门锁和按键式汽车点火锁。

②拨盘式电子锁:这种电子锁采用机械式拨盘开关输入开锁密码。很多按键式电子锁可以改造成拨盘式电子锁。

③电子钥匙式电子锁:这种电子锁使用电子钥匙输入(或作为),开锁密码,电子钥匙是构成控制电路的重要组成部分。电子钥匙可以由元器件或由元器件构成的单元电路组成,做成小型手持单元形式。

④触摸式电子锁:这种电子锁采用触摸方法输入开锁密码,操作简便。相对于按键开关,触摸开关使用寿命长,造价低,因此,优化了电子锁控制电路。安装了触摸式电子锁的轿车前门没有门把手,而是代之以电子锁和触摸传感器。

⑤生物特征式电子锁:这种电子锁将声音、指纹等人体生物特征作为密码输入,由计算机进行模式识别控制开锁。因此,生物特征式电子锁的智能化程度相当高。

电子式防盗装置又可根据其功能、使用情况分为:

①电子式防盗锁:就是给车门锁加上电子识别,开锁配钥匙需要输入十几位密码的防盗方式。按类别来分,现在我们常见的主要有插片式、按键式和遥控式 3 种电子防盗方式。

②机电结合式电子防盗系统:采用机械锁自身坚固性能的优点,由无线遥控电动执行机构控制机械锁的动作,使机械与电子编程技术相结合,达到了机电的统一。

③网络式防盗装置:该类系统目前大体有两种,一是利用车载台(对讲机)通过中央控制中心进行定位监控;二是利用卫星进行定位跟踪(GPS),发达国家已开始试用。

2. 增强防盗报警系统控制功能的 3 种方法

(1)使起动机无法起动 使用该种方法的汽车上有一根线是接起动机断电器的,该线外部连接至断电器控制线路,通过防盗电脑来控制该线是否搭铁,从而控制断电器是否闭合,也就控制了起动机是否能正常工作。

(2) 使发动机无法工作　采用此种方法,防盗电脑不仅控制着起动电路,还控制着发动机的其他部件(具体控制方式因品牌、厂商不同而有所不同),并可切断汽油泵断电器控制线路,使发动机处于无油供给的状态;还可控制自动变速器控制线路,使自动变速器液压油路控制极中的电磁阀无法打开,以达到即使起动了发动机,亦无法使变速器运转的目的。

(3) 使发动机电脑处于非工作状态　与前两种方法不同的是,这种方法不是通过自行搭铁的方法来达到防盗的目的,而是防盗电脑通过连线把一特定信号直接输入至发电机电脑。在未解除防盗警戒或直接切断防盗电脑电源情况下,该信号不存在,发动机电脑亦停止工作,那么发动机便无法起动了;解除防盗警戒后,防盗电脑便发出该信号,发动机电脑才能正常工作。

3. 防盗报警系统实例

桑塔纳 2000Gsi 型轿车采用的汽车防盗器是一种防盗点火开关系统。它通过电子应答来判断用户使用的钥匙是否合法,并以此确定是否允许发动机控制器工作。这种使发动机不能起动的方式防盗,可以避免汽车被非法开走。

(1) 汽车防盗系统的组成　系统是由带脉冲转发器的汽车钥匙、读识线圈 D_2(在点火开关上)、防盗器控制单元 J_{362}(装在转向管柱左边支架上)、有可变代码的发动机控制单元 J_{220}、防盗器警告灯 K_{117} 等组成,其组成见图 6-80,防盗系统电路见图 6-81。

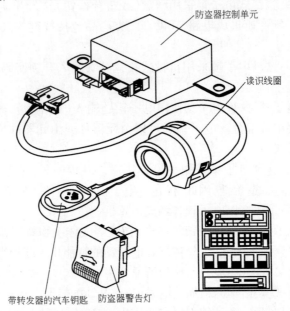

图 6-80　桑塔纳 2000Gsi 型轿车防盗系统的组成

脉冲转发器是一种不需要电池驱动的感应和发射的元件。当点火开关打开时,读识线圈把能量用感应的方式传送给脉冲转发器。这时,脉冲转发器接受感应能量后立即发射出程控代码,通过读识线圈把程控代码输送给防盗控制单元。每一把钥匙(脉冲转发器)有不同的程控代码。

读识线圈包在机械点火开关外面,把能量传送给钥匙中的脉冲转发器,并把脉冲转发器存储的代码输送给防盗器控制单元。

防盗器控制单元有一个14位的识别号码和一个4位数的密码。一辆新车,它的密码在钥匙牌上,上面被黑胶纸封住。如果钥匙丢失,维修站应先用V.A.G1552或V.A.G1551故障阅读仪,输入地址指令25后,从仪器显示器上读出14位字符的识别号码,电传给大众售后服务中心,然后由上海大众售后服务中心,将查得的密码电传给维修站。

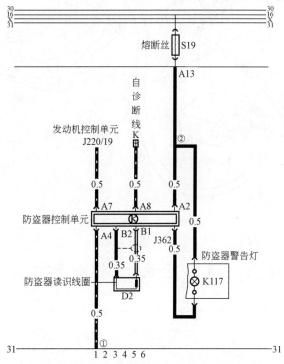

图6-81 桑塔纳2000Gsi型轿车防盗系统电路

如果是一辆新车,密码被隐含在钥匙牌上,剥去黑胶纸后可显示出4位数密码。在把密码输入到V.A.G1552之前,必须先输入一个"0",否则防盗器的控制单元会锁死。输入密码之后,防盗器控制单元可编制新的钥匙代码。如果输错了密码,允许再输入一次。第二次输错后,控制单元锁死。在点火开关打开的状态下,大约30min后,可以再试两次。

防盗器经过与发动机控制单元匹配后,介入发动机管理系统中。每次打开点火开关时,防盗器读识线圈将读取钥匙中转发器发出的答复代码。

当使用合法钥匙时,警告灯亮一下就会熄灭(约3s),如果使用非法钥匙或在系统中存在故障时,打开点火开关后,警告灯就连续不停地闪亮。

(2)防盗器的工作原理 当点火开关打开时,防盗器开始工作。防盗器控制单元通过读识线圈把能量传送给钥匙中的脉冲转发器,如图6-82所示。

此时,脉冲转发器被激活,通过读识线圈把它的程控代码送给防盗器控制单元。在防盗器控制单元里,输入的程控代码与先前存储在防盗器控制单元的钥匙代码进行比较。然后,防盗器控制单元再核对发动机控制单元的代码是否正确。该代码是由发动机控制单元存储在防盗器控制单元中。每次起动发动机时,控制单元中的随机代码发生器都会发生一个可变的代码。如果核对后,代码不一致,发动机将在起动后2s内熄火。

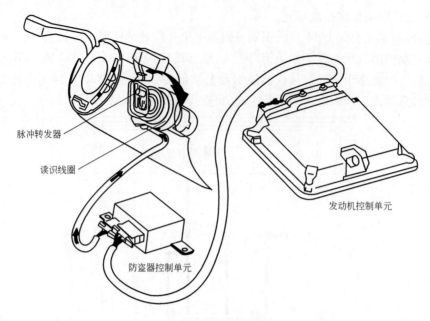

图 6-82　防盗器工作原理

课题七　汽车音响、视频和导航装置

 学习目标

完成本课题学习后,你应能:
1. 了解汽车音响、视频装置的类型;
2. 掌握汽车音响、视频装置的使用要点;
3. 了解常见存储数据接口类型;
4. 了解车载卫星导航系统的作用、分类和工作原理;
5. 了解车载卫星装置的一般使用方法。

建议课时:4 课时。

一、汽车音响与视频

汽车音响系统像空调器一样,音响系统有助于创造车内舒适环境,驾驶员和乘客能轻松自在地从音响系统上收听音乐和节目,汽车音响也使驾驶员能听到重要新闻,包括道路交通消息。它除了收听广播电台外,还可欣赏自己喜欢的音乐磁带。

目前,汽车音响系统采用电子调谐收音机(ETR),用数字显示所收到的频率,大多还将汽车收音机和 CD 唱机组合为一个整体。其电路部分又分为收音部分、放音部分、功率放大部分以及其他的信号部分。图 6-83 是常见简单的汽车音响方框图。

单元六　照明、信号、仪表与安全设备

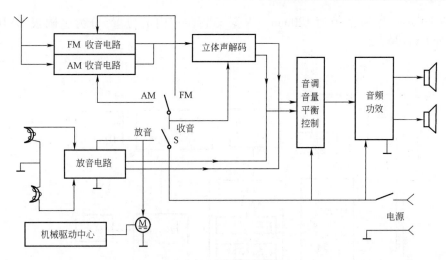

图6-83　汽车音响方框图

1. 收音机

收音机由天线、无线电接收机和扬声器组成。无线电接收机包括两大部分：调谐器和放大器。

（1）天线　为取得较好的收听效果，汽车安装的电动天线在车内即可控制天线的伸缩。接收天线的形式有电动天线和全自动天线两种。

（2）调谐器　把从天线接收到的低压信号，选择出听众想听的节目的频率，进入高频放大器电路放大，再传送到解调电路，把声音信号和载波信号分开，然后送至低频放大器进一步放大，经过放大器放大的声音信号，可分左、右声道放出。

（3）放大器　放大来自调谐器的声音信号，并将其传送至扬声器。放大器是与调谐器结合在一起的。放大器由两大部分组成：前置放大器和主放大器。前置放大器控制音量、音调和左右前后平衡，并通过 LCD（液晶显示）显示工作情况。主放大器则将来自前置放大器的信号原样放大，驱动扬声器。放大器的性能可用输出功率（W）和信噪比（SN）来表示放大器的性能和质量。

（4）扬声器　把来自放大器的电信号转换成声波。为了取得高保真声音效果，汽车音响系统安装有全频段扬声器，还包括低、中、高各频段扬声器。

2. CD 唱机

CD 唱机用激光光束读出刻录在 CD 唱片上的数字音乐信号，并将其转换为原来的模拟电信号。这些信号传送至放大器放大后，再传送至扬声器转换为声音。

CD 唱机主要包括机械系统、信号读取系统（激光头系统）、伺服系统（包括聚焦伺服、跟踪伺服、径向进给伺服、主轴伺服）、解码、纠错和数/模转换器等数字信号处理系统及系统控制等如图6-84所示。

3. 车载 DVD

DVD 是 Digital Video Disc（数字视频光盘）的缩写，车载 DVD 是安装在汽车内为车内乘坐人员提供影音娱乐的多媒体播放系统，一般除了播放 DVD 格式影碟外，还支持 VCD、MP3、WMA、CD、CDR、JPEG、MPEG4 等格式的影音文件和碟片，有的还支持 SD、USB、IPOD

等。一般 DVD 碟片的直径为 120mm。根据安装在车内的位置,分为遮阳板 DVD、吸顶 DVD、头枕 DVD 等。

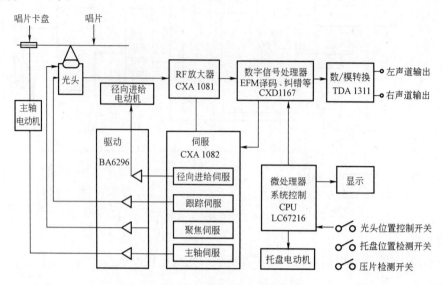

图 6-84　CD 唱机系统组成框图

(1)DVD 分类　DVD 有六种主要格式,其格式标识为:
①DVD – ROM——只读光盘,用途类似 CD – ROM。
②DVD – Video——影视光盘,用途类似 LD 或 Video CD。
③DVD – Audio——音乐光盘,用途类似音乐 CD。
④DVD – R—— 一次写入的光盘,用途类似 CD – R。
⑤DVD – RAM——可擦写的光盘。
⑥DVD – RW——可擦写的光盘,用途类似 CD – RW。
(2)车载 DVD 特点。
①支持 MP4、DVD、VCD、MP3、CD 播放格式。
②兼容 DVD – R、DVD – RW、CD – R、CD – RW 光盘介质。
③提供 USB/SD 接口/读卡器,广泛支持的储存器。
④超长 45s ESP 电子避振系统。
⑤特大液晶屏 LCD 显示/数码时钟。
⑥高/低音电子控制、加强型输出,加强超重低音。
⑦等响度控制、红外线遥控。
⑧高品质数字式 FM/AM 调谐器。
⑨大功率场效应管四声道功率放大器 45W ×4。
⑩直入蝶式前置面板。

4. 存储数据接口

汽车不仅是把驾驶人和乘客从 A 点送到 B 点的工具,它还要承担起车内人员从 A 到 B 途中的资讯、娱乐等需求。要实现此功能,一是汽车自带设备,二是由外界设备提供。当车载设备不能满足车内成员需求时,就用 U 盘、MP3、手机等外界设备提供。用这些设备前要先弄清楚车上有没有相对应的数据接口。现在车内常见的数据接口有 AUX 音频输入接口、ipod 接口、USB 接口、SD 卡接口。图 6-85 为北京现代 ix35 的 AUX、IPOD、USB 接口示意图。

图 6-85　北京现代 ix35　AUX、IPOD、USB 接口示意图

（1）AUX 接口　AUX 音频输入接口理解为外界音源的输入接口就行,想要用车载音响播放 MP3、手机里的音乐,首先得用数据线把 AUX 接口和播放设备的输出端连接起来。车载 AUX 接口的直径是 3.5mm,当播放设备的输出接口是同样规格时。用单对单的 3.5mm 音频线即可,正反顺序都没有问题。

（2）USB 接口　USB 是英文 Universal Serial Bus 的缩写,中文含义是"通用串行总线"。它是一个外部总线标准,用于规范电脑与外部设备的连接和通信。USB 支持设备的即插即用和热插拔功能。一般情况下,车内带有 USB 接口就支持 U 盘播放音乐。为了确保车载音响能够识别,尽量把音乐文件放在 U 盘的上层或根目录里。

USB 是一种常用的 PC 接口,它有 4 根线,两根电源线,两根信号线,故信号是串行传输的,USB 接口也称为串行口,USB2.0 的速度可以达到 480Mbit/s。USB 接口的输出电压是 +5V,电流是 500mA。它的 4 条线一般是这样分配的,需要注意的是千万不能把正负极弄反了,否则会烧掉 USB 设备或者电脑的南桥芯片。USB 接口连接头如图 6-86 所示。

接口颜色一般的排列方式是：从左到右分别为红、白、绿、黑,其定义如下：

红色 – USB 电源：标有 – VCC、Power、5V、5VSB 字样

白色 – USB 数据线：（负）– DATA –、USBD –、PD –、USBDT –

绿色 – USB 数据线：（正）– DATA +、USBD +、PD +、USBDT +

黑色 – 地线：GND、Ground

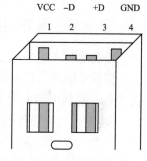

图 6-86　USB 接口连接头

（3）IPOD 接口　IPOD 接口是一个特殊的 USB 接口,是专为对接苹果公司生产的手机或者该公司生产的外接移动硬盘而专门准备的。IPOD 接口是一个能智能识别苹果设备的 USB 接口,必须具备苹果设备和苹果专用数据传输线才能使用。由于功能单一,使用条件苛刻,除拥有苹果手机或其他苹果设备的车主外,一般极少使用。

5.汽车音响系统的使用

(1)汽车收音机的使用要点

①接收天线的状态良好、连线可靠。

②注意防止干扰。当汽车在电磁干扰较强的场合时,例如接近雷达、无线电电报台、吊车及电焊切割等,应停止使用收音机。

③用好电台储存功能。把平时经常收听的节目台存储在收音机内,存储台可以经常使用,重新开机后,记忆便生效。

(2)激光电唱机的使用要点

①注意合理安放。激光电唱机怕振动,在后备箱内注意不要有来回活动的重物碰撞激光电唱机;注意盖好并锁定仓门。

②正确取放唱片。打开唱片仓盘后,要将唱片的标签面朝上放入仓盘。如唱片装反,将无法读出信号。

③不要将其他物品放到唱片盘内,也不要将两张唱片重叠在一起放唱,否则将会加重驱动系统的负担,并可能造成损坏。

④对于设有数字信号端口的 CD 唱机,应尽量使用该接口,将输出的信号送至外接的数字解码器,最后送到放大器,这样可以获得更优良的音质。

⑤注意各接口的连接位置正确。仔细阅读说明书后,再实施连接。

(3)车载 DVD 的使用要点

①使用前应先仔细阅读使用说明书,掌握基本的操作方法。

②使用时要遵循正确的操作顺序,使用时先发动汽车再开机,先关页面再关机,否则,会影响使用寿命。

③不要让尖锐物体接触触摸屏,以免损坏或划伤。

二、车载卫星导航系统

1.概述

车载导航系统利用卫星定位和电子地图,通过图像和语音将车辆引导到目的地,导航系统首先需要利用卫星对车辆进行定位(经度、纬度和高度),再在电子地图上找到相应的位置,当地图上的位置与定位系统有误差时,再在地图上修正,获得在地图上的具体位置,当在系统中输入目的地后,系统可以在通过计算得出从当前位置或指定位置的路径,路径可以有高速优先、最短路径、最经济路径等多种可以选择的路线,在交通信息比较发达的国家,还可以根据道路的情况调整导航路线,避开由于车多或意外造成的堵塞路段。目前还有利用公司做成的系统进行导航服务,例如通用的 on star 系统、丰田的 gbook 系统,当用户提出导航目的地后,该系统即可以通过语音或下载地图等方式为用户导航,带领用户的车辆到达目的地。

导航仪目前大致可以分为两类,一类是原车安装的导航仪,出厂时,汽车制造厂就已经将导航仪安装好,用户可以直接使用;另一类是用户后来加装的导航仪,既可以安装原厂的,也可以安装独立的导航仪,这种导航仪使用方便,价格便宜。

2.卫星定位系统

目前采用的卫星定位系统有美国的 GPS 系统、我国的北斗卫星系统、我国与欧洲共同开发的伽利略系统等。目前最为广泛的是 GPS 系统,该系统在 20 世纪 60 年代由美国开发,由于军事用途,后来开放用于民事用途,目前是免费使用。GPS 系统共发射 24 颗卫星覆盖全世界,实现全球定位,用于军事通途的定位精度较高,精度可以精确到 1m,用于民用系统的精度较低,精度在 10m 左右。我国的北斗系统目前已经开始使用,但由于卫星系统的数量较少,目前只能在我国使用。同时由于设备开发的较少,还没有普及。伽利略系统则还在开发中。还不能使用。图 6-87 是 GPS 卫星定位的示意图,完成定位理论上至少要 3 颗卫星,为满足定位要求,通常定位采用 4 颗卫星,完成被定位物体所在的经度、纬度和海拔高度。

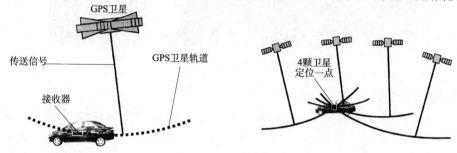

图 6-87　卫星定位示意图

3. 电子地图

卫星定位系统只能将被定位的物体进行经纬度和海拔高度定位,但是通常人们不用经纬度找地方,还要将被定位的对象定位在地图上面,落实到具体的街道,建筑物等。因此,绘制精确的电子地图是实现导航的必要条件,目前我国有许多版本的电子地图可提供使用,比较著名的有百度、凯立德、高德、道道通等,目前高德地图已经宣布免费使用。由于我国目前正处于大规模建设阶段,所以道路情况会出现很大变化,因此电子地图需要进行不断更新,制造厂和地图出版商也在提供这方面的服务。

4. 导航软件

导航软件用于将定位信息与电子地图结合,通过软件设计导航路线,通过语音和图像对使用者导航,导航软件由专门的公司开发,通常将定位,地图、软件联系在一起,通过软件设计的相应界面进行操作,不同的软件有不同的操作界面,具体使用时可按照使用说明书进行操作。导航软件也随着使用的要求不断更新,也需要进行升级,比如早期的导航地图只是二维地图(6-88 图),现在很多导航软件已将地图做成三维导航画面(6-89 图),方便用户使用。

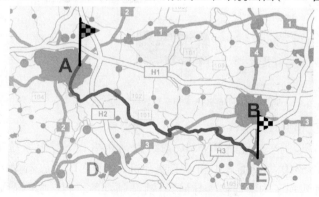

图 6-88　二维导航示意图

图 6-89　三维导航示意图

5. 导航系统的功能

目前的导航系统多为集成系统，集成了很多娱乐功能，包括收音机、音乐播放器（CD、DVD、MP3 等）、游戏、电子书等功能。就导航功能来说，可以进行目的地设定、回家设定、查询历史目的地、收藏夹、路径选择（最短、最快、最经济）、语音导航等。通常在选择了导航的目的地后，就可以选择路径，路径选择完成后，即可开始导航。国外的交通信息比较发达。在导航过程中，导航仪可以接收实时路况信息，根据道路的拥堵状况，选择路线。目前原厂的导航仪，有自带硬盘的，也有没有硬盘的，没有硬盘的导航仪将地图存放在光盘或 SD 卡中，这样的导航仪地图升级只需将光盘或 SD 卡升级即可。

6. 导航系统的组成

图 6-90 为丰田车载导航仪的基本组成部分，包括一个导航控制单元、导航光盘、GPS 天线、显示屏等。

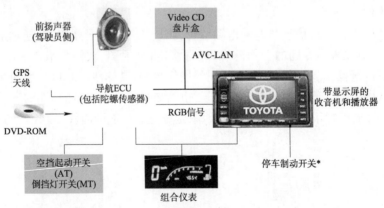

图 6-90　丰田车载导航仪的组成

7. 导航系统的工作原理

下面以一汽大众迈腾车载导航 RNS510 系统为例介绍一下导航系统的电路，图 6-91 为 RNS510 外形图。RNS510 集成了 AM 和 FM 收音机、CD/DVD 播放器、MP3 文件播放、免提电话等功能，车内部实现了网络通信。导航系统联网后可以与其他系统通信，从而可借助多个控制单元实现收音机导航系统的功能。导航仪连接娱乐 CAN 总线，外部连接 GPS 和收音机的天线,外接的CD/DVD机可利用屏幕进行CD/DVD机的操作,还有外界音源的插口,播放外部的音源,还可以通过网关与其他控制单元交换信息。GPS工作时,通过GPS天线接收卫星信号,经过控制单元的计算与地图匹配,通过屏幕的操作将导航信息输入,经过控制单元的计算算出导航路径,在显示屏幕上显示点行情况,同时在扬声器中播出导航的语音。

图6-91　图RNS510外形图

单元七
汽车空调系统

空调器即空气调节器,它是在封闭的空间内,对温度、湿度及洁净度进行调节的装置。现代汽车空调的基本功能是在任何气候和行驶条件下,都能改善驾驶员的工作条件和提高乘员的舒适性。为此,现代汽车空调系统一般应具备以下装置。这些装置既可单独使用,也可综合使用,各装置的功能是:

(1)汽车暖风装置 天气寒冷时,向车内提供暖气,以提高车厢内的温度。另外,在冬季或春季,室内外温差较大,风窗玻璃会结霜或起雾,影响驾驶员和乘员的视线,这时可以用热风来除霜或除雾。

(2)汽车制冷装置 在天气较热时,提供冷气,以降低车厢内的温度。

(3)除湿、加湿装置 保持车内湿度适宜。

(4)送风装置 向车内提供新鲜空气和保持适宜气流。

(5)空气净化装置 保持车厢内空气洁净。

课题一 汽车暖风装置

学习目标

完成本课题学习后,你应能:
1. 掌握汽车水暖式加热系统的构造、工作过程与使用;
2. 了解气暖式加热系统的结构域工作过程;
3. 了解独立热源式加热系统。

建议课时:1 课时。

一、余热式加热系统

轿车、货车和中小型客车取暖所需要的热量较小,可以用发动机的余热来直接供暖。余热式加热设备具有结构简单,使用安全,运行经济等优点。缺点是热量较小,受汽车运行工况的影响,发动机停息后,即无暖气提供。余热式加热系统可分为水暖式和气暖式两种。

1. 水暖式加热系统

(1)水暖式加热系统的工作原理 其工作原理见图 7-1。从发动机出来的冷却液在温度达到80℃时,节温器开启,让发动机冷却液流到供暖系统的加热器芯,在节温器和加热器芯之间设置了一个热水开关,用来控制热水的流动,冷却液的另一部分流到散热器散热。冷却液在加热器芯散热,用来加热周围的空气,然后再用风扇送到车内。冷却液从加热器芯出来,通过水泵又重新进入发动机的水腔内,冷却发动机,完成一次供暖循环。

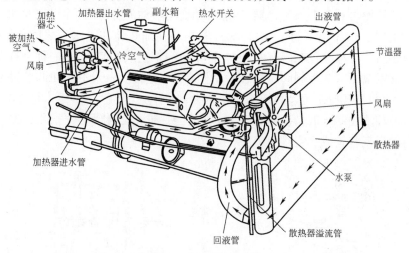

图7-1 水暖式加热系统

(2)水暖式加热装置 水暖式加热装置有两种,一种是单独暖风机总成;另一种是整体空调器。现代汽车多用整体空调器,它是把水暖加热器和制冷蒸发器装在一个箱体内,共用一台风扇(桑塔纳2000时代超人的空调器就属该类,见图7-2),但是两者之间用阀门隔开。

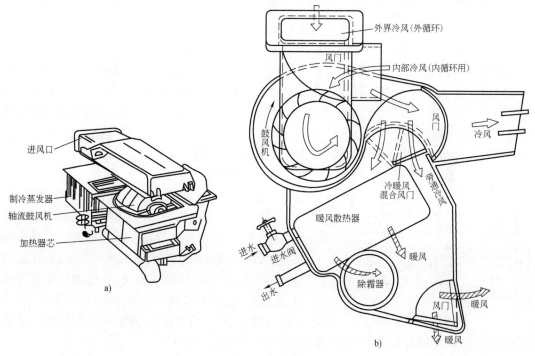

图7-2 整体空调器
a)外观;b)风道示意图

加热器的构造和发动机冷却水散热器有些相似,分管翅式和管带式两种,其材料有铜质和铝质两种。冷却液自下而上通过加热器,这样可以使空气和蒸气不存留在加热器管道内,以免妨碍液体流动。

如果是装有自动变速器的轿车,在加热器芯内还附有向自动变速器供油的冷却器,这样发动机冷却液从加热器芯出来后,需要经过自动变速器油的冷却后,才回到发动机。

(3) 冷却液控制阀(热水阀) 冷却液控制阀装在加热器和进水管之间,用来控制供暖器的冷却液通路。冷却液控制阀有两种,一种是拉绳钢索式控制阀,另一种是真空控制阀。

① 拉绳钢索式冷却液控制阀应用在手动空调中,它需依靠人工移动调节键来移动开关的钢索,以关闭和打开控制阀。其结构如图 7-3a) 所示。

② 真空冷却液控制阀的构造如图 7-3b) 所示。冷却液控制阀是一个封闭真空膜片盒,真空由发动机的进气歧管或真空罐引来。

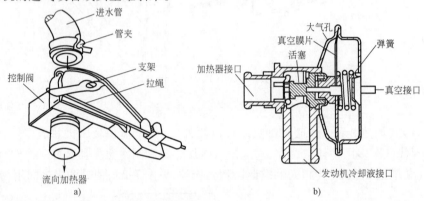

图 7-3 冷却液控制阀
a) 拉绳钢索式控制阀;b) 真空冷却液控制阀

供暖时,真空膜片盒的右空腔与真空源导通,在两端压力差作用下,膜片克服弹簧弹力,带动活塞一起右移,活塞将冷却液通路开启,这时发动机冷却液便流向加热器,系统处于供暖状态。若真空膜片盒的真空源断开,则弹簧压力通过膜片带动活塞左移,此时冷却液的通路被关闭,加热器不会发热。

真空控制阀可以用在手动空调上,也可用在自动空调上。

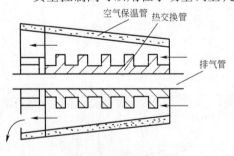

图 7-4 气暖式热交换器

2. 气暖式加热系统

气暖式加热系统是最早采用的空调形式之一,它是让排气管通过驾驶室直接供暖,例如早期的北京吉普车,以及北方寒冷地带的长途客车。另一种方法是将换热器铸成带散热翅片的管子,装在发动机排气管上,内腔作排气管用,外侧加热空气并将此汇集起来,送到车内供暖用,如图 7-4 所示。由于发动机的废气含热量较高,能够提供足够暖气来调节车内的温度,所以特别适合于北方寒冷地区解决车内供暖问题。

3. 废气水暖式加热系统

气暖式加热系统送来的暖气,由于直接采取与高温废气热交换,温度高、空气干燥,送到车内后的空气湿度偏低,总让人有一种烦躁的感觉,舒适性比较差,而废气水暖式加热系统可以改变这种情况。

废气水暖式加热系统类似于燃气热水器,在总废气出口处,安装一个带翅片的热水器,700~800℃的高温废气加热流过热水器的水溶液。这种水溶液是乙二醇和水的液体,温度达到105℃左右,再将热水送到空调器的加热器以加热空气,热空气再送到车内进行温度的调配和控制。其原理如图7-5所示。

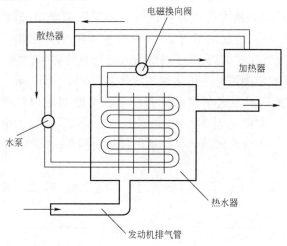

图7-5　废气水暖式加热系统

加热器的热水溶液放热后冷却,流进水箱,再在重力和加热后水溶液膨胀的抽力的作用下,流过加热器加热,热水溶液再次流到加热器加热空气,完成一次循环。

夏天,加热器停止运行时,电磁换向阀将热水器加热的水溶液直接换流进散热器而不经过加热器,在散热器和热水器之间循环。

在散热器温度高于加热器的条件下,可以不用水泵,因为受热膨胀的水溶液会自动的沿着散热器→热水器→加热器→散热器方向循环。如果增加水泵,则可以加快液体的循环流动,有利于暖气温度的增高。

系统的水溶液因长期在系统内部循环,因此必须使用去离子水,并使用防冻液。热水器既可加热水溶液,也可以作消声器。

二、独立热源式加热系统

大型豪华旅游车、寒带地区使用的客车等,常采用独立热源式加热系统。

独立热源式加热系统是在燃烧室里燃烧汽油、煤油、柴油等燃料,将产生的热量输送到车内,而燃烧的废气则排放到大气中。

独立热源加热系统分为独立热源气暖式和独立热源水暖式加热系统两种。

1. 独立热源气暖式加热系统

该型加热装置由燃烧室、热交换器、燃料供给系统、空气供应系统等几部分组成。

燃料进入燃烧室经雾化装置雾化后,由火花塞点火引燃,产生热量,燃烧室的温度可达800℃。

在热交换器中,燃料燃烧所产生的热量通过金属隔板加热空气,加热后的空气先集中至暖气室,然后送到车内。

燃烧泵将燃油从油箱中抽取,经过过滤器、吸入管到油泵,送入雾化器后和空气混合燃烧,燃烧室内空气供应由鼓风机完成。

2. 独立热源水暖式加热系统

独立热源水暖式加热装置的工作原理与气暖式基本相同,其加热的不是空气而是水,用水泵代替了风扇。水暖式的最大优点是不仅可作为车厢采暖用,而且可预热发动机、润滑油,以利于冬季发动机起动,待发动机起动后,再将被加热的水通向车厢内的水散热器。水散热器一般是管带式或管片式结构,管子内部流入已加热的热水,而管外则流过待加热的车厢内空气,管外的铝带或铝翅片是为了增加其散热能力。

如果水暖式的水加热器与汽车发动机的冷却液管路相通,在发动机冷却液温度低于80℃时,水加热器工作。温度高于80℃时,恒温器会自动切断油泵的电源,停止供油,而加热器中的水泵继续工作,以保证水加热器零件不因过热而损坏,并继续向车厢内供应暖气。

课题二　汽车制冷系统的组成与工作原理

 学习目标

完成本课题学习后,你应能:
1. 掌握空调制冷的基本原理;
2. 掌握制冷系统的组成,了解制冷剂;
3. 掌握汽车制冷系统适用与维护要点。

建议课时:1课时。

一、空调制冷的基本原理

在日常生活中,我们都有这种体会:用酒精棉擦身体或手上沾了汽油时,都会有凉的感觉。这说明当液体变成气体时吸收了热量,从而降低了温度。

汽车空调制冷就是利用此基本原理,制冷机理有3个要点:

①液体变成气体时,需要吸收大量的热量,热量被吸收而温度随之降低。

②温度的变化不仅与物体内所含热量的大小有关,而且与物体的体积、质量有关。

③物体热量的自然传递,只能从高温物体向低温物体传递,即高能向低能传热。假如想从25℃的汽车厢内向35℃的车外放热,即由低能向高能传热,就必须依靠相关设备来进行,这些设备和有关附件就组成了汽车冷气系统。

汽车冷气系统设计是利用制冷剂蒸发时需吸收蒸发潜热的基本原理。制冷剂从液体转变为气体时会吸收热量,该过程是在蒸发器中发生的,蒸发器位于乘客车厢内,其作用是吸走热量。制冷剂从气体转变为液体时需要放出热量,这个过程是在冷凝器中进行的。通常轿车的冷凝器位于发动机散热器的前面,而客车冷凝器的安放位置则有多种方案。

二、汽车制冷系统的组成

系统由压缩机、冷凝器、储液干燥器、膨胀阀、蒸发器等制冷部件组成,各制冷部件之间用耐压的铜管或铝管、橡胶管连接成一个密闭的循环系统,如图7-6所示。

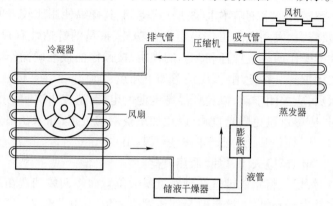

图7-6 制冷系统热力循环图

1. 压缩机

安装在发动机一侧,由发动机驱动工作。压缩机的作用是将来自蒸发器的低温、低压的制冷剂气体压缩后成为高温、高压的制冷剂气体并使之进入冷凝器,并维持制冷剂的不断循环。

2. 冷凝器

冷凝器的作用是将高温、高压的气态制冷剂冷却,使之凝结为高温、高压的液态制冷剂。

3. 储液干燥器

储液干燥器的作用是储存冷凝后的液态制冷剂,并对其进行干燥、吸湿处理,除去制冷剂中的水分及杂质。

4. 膨胀阀

膨胀阀的作用是自动调节进入蒸发器的制冷剂量,使液态制冷剂经节流减压形成雾状喷入蒸发器中,使制冷剂充分蒸发,吸收热量。

5. 蒸发器

蒸发器和冷凝器都属于热交换器。蒸发器的作用是通过内部的低温、低压的制冷剂来吸收空气中的热量,从而达到降温的目的。

三、制冷剂

制冷剂也称为制冷工质或冷媒,长期以来,汽车空调系统大多采用R12作为制冷剂。但R12进入大气会破坏地球的臭氧保护层,引起地球的温室效应。1987年国际上制定了控制破坏大气层的蒙特利尔协议。我国于1991年加入该协议,并决定从1996年起,汽车空调的制冷剂开始使用R134a。

R134a制冷剂具有无毒、无臭、不燃烧、与空气混合不爆炸等优点。

R134a 具有与 R12 不同的性质,因此,它不能简单地应用于原来的 R12 空调系统,当更换制冷剂时,必须改变其结构。

四、汽车制冷系统使用与维护

1. 汽车空调器的使用

轿车以及中小型旅行车空调基本上是独立式空调,其操纵使用比较方便,但如果使用不当,会对空调性能及寿命、发动机的工作稳定性及功耗、乘员的舒适性有很大的影响,因此,驾驶员应了解空调器操作面板上推杆和按钮的作用,按操作面板准确操作。起动发动机时,空调开关应处在关闭位置。在使用时,应注意如下几点:

①发动机熄灭后,应关闭空调,以免耗尽蓄电池的电能,造成再次起动困难。

②夏天停车时,应尽量避免阳光直晒,以免加重空调的负担;如果在阳光下长时间停车,在开空调时,应先打开门窗和风机,把车内的热气赶出。

③开空调后,车厢门窗应关闭,以降低热负荷。

④在使用空调时,切勿将功能键选在制冷量最大位置而将调风挡选在最小位置,如果这样,冷气排不出去,蒸发器易结霜,严重时会使压缩机发生"液击"现象。

⑤上长坡时,应暂时关闭压缩机,以免散热器过热。

⑥超车时,应了解本车是否装有超速停转装置,超速停转装置开关一般安装在加速踏板下面,可先试一下,突然重重踩一下踏板,压缩机停转,说明有,否则无。如果无超速停转装置,在超车时,应先关闭压缩机。

⑦应经常清洗冷凝器。清洗时使用压缩空气或冷水冲洗,不可用热蒸气冲洗。

⑧冬季不使用空调时,也应定期开启压缩机(每两周一次,每次 10 min 左右)以避免压缩机油封处因油干而泄漏,转轴因油干而咬死。如果气温过低,空调系统中温控保护起作用而使压缩机不能启动,此时可将保护开关短接或用一根导线直接给离合器通电,使压缩机工作,待保养性运行结束后,再将电路恢复原样。

⑨汽车停驶时最好不要长时间使用空调器,以免耗尽蓄电池电能和防止废气被吸入车内,造成再次起时困难或乘客吸入二氧化碳中毒。

⑩在空调运行过程中,若听到空调装置有异响或发现其他异常情况,应立即关闭空调系统,并及时请有关维修人员进行检修。

2. 例行检查

(1)观察 主要察看压缩机的两条出入软管。这两条软管分别与压缩机的排气阀(高压阀)和吸气阀(低压阀)相连,其中与排气阀相连的称为高压管,与吸气阀相连的为低压管。空调器运行正常时,低压管在接近阀体的位置应凝结有水珠,但不应出现结霜现象。用手去触摸高、低压管有明显温差。正常状态时,低压管较凉,高压管则很烫手。

观看储液干燥器上的示液镜,可看见制冷剂流动的情况。正常情况下,示液镜中大体透明,增加或降低发动机转速时会出现气泡。如果在视液镜中经常看见气泡在流动,则说明系统中制冷剂不足,需补充制冷剂。

(2)触摸感觉 用手触摸进气管与排气管的温度,正常状态时,进气管比排气管凉;若两管温差不大(或基本相同),说明冷凝器冷却不良,空调器制冷不足或者不制冷;触摸储液干燥器的进入、排出管道,其温度应一致;如果温差较大,说明空调器不正常,通常为储液干燥器堵塞;用手感受蒸发器冷风机出风情况,有冰凉的感觉,并且风速要足够大。

总之,在空调器正常运行时,即使在最炎热的夏天,也能保持车厢内外温差在 7~8℃以上,否则,可能是汽车空调器冷气制冷量不足(多数情况下),也有可能是车厢隔热保温不理想所致。

3. 日常维护

①压缩机的支架不得有松动现象,传动三角皮带松紧要适宜,压缩机润滑油(也称冷冻机油)应在规定的范围内,如发现机油液面不正常时,应到专业维修厂添加,如从压缩机的视油镜片中看不到冷冻机油,应及时进厂维修。

②蒸发器进风口上的空气滤网,应每周清洗一次,以免车内的灰尘、污物吸附在空气滤网上面而阻碍空气的流通,造成制冷量不足。另外每 3 个月应用高压空气吹掉蒸发器上的灰尘,以达到清洁的目的。

③经常检查空调系统各管道有无磨损、老化现象,有磨损的情况要及时处理,对已磨损破口的部件要用布包好并停止使用空调器,尽快送去维修。

④经常检查空调器的线路,防止导线的绝热层磨破;当空调器的保险管烧损时,要先检查出故障所在,待处理完后再换上保险管通电。切不可把保险短接,否则有可能烧坏整个线路,也可能对汽车上的其他电路产生不良影响。

课题三　汽车制冷系统主要部件

学习目标

完成本课题学习后,你应能:
1. 了解汽车制冷系统主要部件结构与功用;
2. 解汽车制冷系统主要部件的工作过程。
建议课时:2 课时。

一、空调压缩机

压缩机是汽车冷气系统的心脏,它推动制冷剂在系统中循环。其动力来自汽车发动机。汽车空调制冷压缩机为蒸气式制冷压缩机,即把制冷剂蒸气从低压压缩到高压。目前空调压缩机有几十种。

1. 往复活塞式压缩机

目前此类压缩机使用量占半数以上,大型公共汽车、旅游车广泛使用曲轴连杆式压缩机,轿车则较多使用斜盘式、摇板式压缩机。图 7-7 为活塞式压缩机工作过程。

压缩机活塞在往复运动的过程中会不断地吸入低压制冷剂气体,将其压缩,压力升高后排入冷凝器,使制冷剂得以在冷气系统内循环。

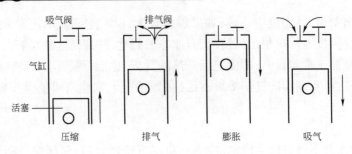

图 7-7 活塞式压缩机工作过程

2. 摇板式压缩机

摇板式压缩机的结构如图 7-8 所示。活塞和摇板用连杆相连,各汽缸以压缩机轴线为中心,均匀分布,摇板中心用钢球作支承以实现轴向定位。圆锥齿轮限制摇板只能摇动不能转动。工作时,主轴带动与其固定连接的传动板一起旋转,由于传动板是楔形的,迫使摇板左右移动,但受圆锥直齿轮限制,不能旋转,只能如跷板一样移动。跷板的任何一边向后移动,相对的另一边就向前移动,带动活塞完成膨胀、吸气、压缩、排气过程。如果有 5 个活塞,主轴旋转一周,活塞在其气缸中就有 5 次上述的顺序过程。工作原理见图 7-9。

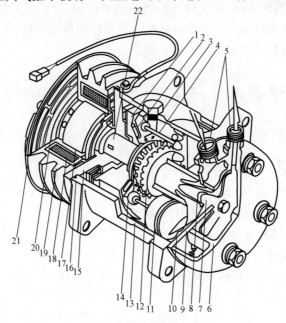

图 7-8 摇板式压缩机结构

1-传动板;2-推力轴承;3-注油塞;4-连杆;5-进出接口;6-头盖;7-限位板;8-排气阀片;9-阀板;10-吸气阀片;11-活塞;12-固定锥齿轮;13-缸体;14-装有锥齿轮的行星盘(摇板);15-前盖;16-密封圈;17-轴承;18-线圈;19-V 带轮;20-电磁离合器;21-吸盘;22-主轴

日本三电公司生产的 SD-5 型系列,即为这类压缩机,是较常见的压缩机品种,这类压缩机国内亦有生产。普通桑塔纳轿车就是使用 SD-508 型压缩机。图 7-10 为桑塔纳 2000GSi 轿车使用的摇板式压缩机的零件分解图。

3. 斜盘式压缩机

斜盘式压缩机与摇板式同属于轴向往复活塞式压缩机,是目前使用较多的一种。国产轿车红旗、奥迪100、捷达等款型均应用此类型压缩机。图7-11为其结构图。

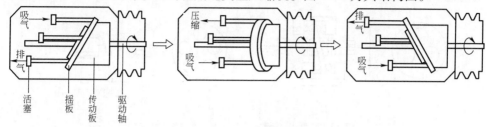

图7-9　摇板式压缩机工作原理

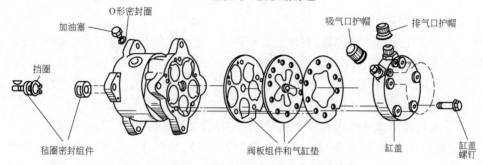

图7-10　桑塔纳2000GSi摇板压缩机的主要部件

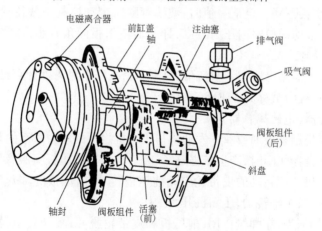

图7-11　斜盘式压缩机结构图

斜盘式压缩机主轴有一斜置的驱动盘,当主轴旋转时,斜盘亦随之旋转,驱动活塞在缸体内往复运动。当它使某个活塞向左运动时,其相对应的活塞就向右运动,由于是双向运动,倘若是3个活塞,则起到六缸的作用。图7-12为其工作示意图。

由于这类压缩机的活塞为双向运动,因此压缩机两端都装有前后阀板总成,上面均有吸排气阀片,两端缸盖上吸气腔与排气腔各自相通。

图7-13为斜盘式和摇板式压缩机活塞运动

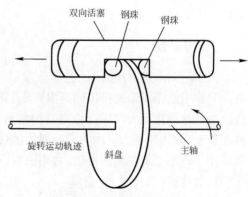

图7-12　斜盘带动活塞双向运动

及活塞位置截面示意图。

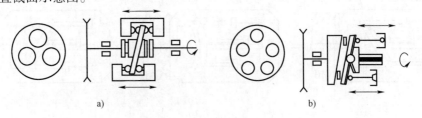

图 7-13 斜盘式、摇板式压缩机活塞运动及截面位置
a) 斜盘式; b) 摇板式

4. 可变排量式压缩机

可变排量式压缩机的原理为：在汽缸后端装有一个波纹管控制阀和导向器（摇板轴），波纹管在吸气腔内感应吸气压力，压缩或膨胀来推动控制阀动作，以控制排气腔与摇板室、吸气腔与摇板室之间的阀门通道。导向器则由经过调节的摇板室内的压力来改变摇板倾斜角度，使活塞行程增加或减少，以实现压缩机排气量在一定范围内无级变化。

当发动机转速降低或车内温度升高时，蒸发器的吸气压力增高，波纹管被压迫，至一定值时，控制阀打开，摇板室的蒸气进入低压腔（吸气室），使摇板室的压力降低，斜板倾角增加，使活塞压缩行程变长，从而增大压缩机的排气量。当车速增加时，车内温度降至低于预定值后，吸气压力也会下降。至某一值时，波纹管膨胀带动控制阀截住阀门，使摇板室内气体不能流出。这样会使摇板室内压力升高，导向器使斜板倾角减小，活塞行程缩短，压缩机排气量亦减小，能耗随之减小。

变排量压缩机无需用膨胀阀调节流量，只需一个减压阻尼元件即可，即用节流孔管与之配套，在汽车空调系统中被称为 VDOT 系统。

5. 压缩机离合器（电磁离合器）

压缩机离合器是用来接通或断开发动机与压缩机之间的动力联系的装置。

当电流通过离合器线圈时，产生较强磁场，吸引离合器前压板克服弹簧力与皮带轮紧密贴合。始终与发动机一起转动的皮带轮带动前压板转动，前压板的轴套与压缩机主轴用键相连，于是驱动压缩机主轴转动，压缩机开始工作。

电流截断，磁场消失，靠弹簧作用，前压板和皮带轮脱开，其轴套也脱离键槽，压缩机主轴停止转动，压缩机亦停止工作。此时皮带轮仍随发动机转动，只是作无负荷的空转。离合器的工作原理及结构见图 7-14。

二、冷凝器

汽车空调系统的冷凝器（包括蒸发器）是一种由管子与铝散热片组合起来的热交换设备。其作用是将压缩机排出的高温高压制冷剂蒸气进行冷却，并使其凝结为液体，凝结时所放出的热量被排至大气中。冷凝器的材料可以是铜、钢、铝，现在以铝质居多。管子做成各种盘管状，散热片是为了增大冷凝器的散热面积，而且可支承盘管。

用于汽车空调中的冷凝器，常用的有以下几种（见图 7-15）：

1. 管片式（管翅式）**冷凝器**

管片式冷凝器的制作工艺简单，它是在圆铜管上涨上 0.2mm 铝片组合而成，是较早采用的一种冷凝器形式,目前一般用在大中型客车的冷气装置上。

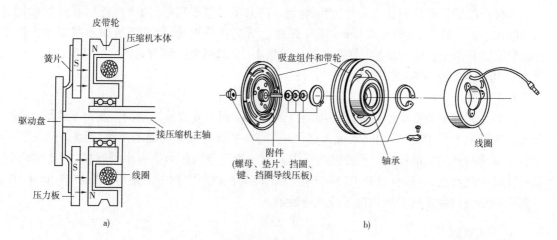

图 7-14 电磁离合器
a) 工作原理图；b) 主要部件

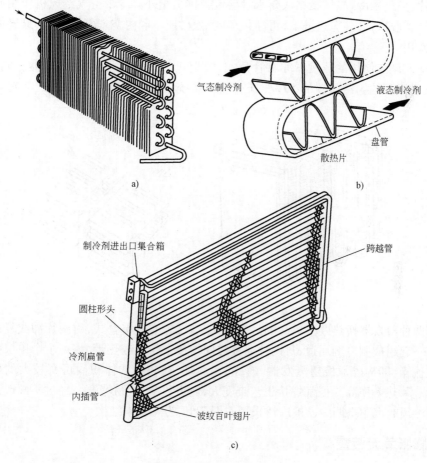

图 7-15 常见冷凝器的结构
a) 管片式；b) 管带式；c) 平流式

2. 管带式冷凝器

这种冷凝器目前普遍使用在小型汽车上。它采用一整根扁形管,弯成蛇形状。管内用隔筋隔成若干个孔道,管外用 0.2mm 铝片焊在上下两管外皮处,铝片折成皱纹状以增大散热面积。这种冷凝器结构紧凑(单管多孔)、质量小(全部铝质)、可靠性高(不用多处弯头焊接),但其管内制冷剂流动阻力要高于管片式。

3. 平流式冷凝器

这种冷凝器是为汽车空调使用新型制冷剂 R134a 而开发投放市场的。制冷剂由输入端接头进入圆柱主管中,再分别同时流入多个扁管,并平行地流至对面的主管,再集中经过跨接管流至冷凝器输出端接头。平流式冷凝器具有制冷剂侧的压力损失小、导热系数高、制冷剂充注量少等特点,更适合具有 R134a 性质的制冷剂在汽车空调中的使用。桑塔纳 2000 时代超人轿车空调系统就是使用的平流式冷凝器。

三、蒸发器

蒸发器是使液态雾状制冷剂在其间蒸发冷却。车内湿热空气通过蒸发器时碰到冰冷管心和散热片,空气骤冷,湿气凝结成露水沿导流管排出车外。冷干空气经风机作用循环于车内,蒸发器空气进口处装有过滤器,可净化车内空气,使车厢内空气舒适宜人,最终体现了汽车空调的作用。

汽车空调系统使用的蒸发器亦有管片式、管带式。其结构、材料与冷凝器相同,只是外观不同,其表面积约为冷凝器的 50%(同一冷气系统中)。图 7-16 为管带式蒸发器外观图(无外壳)。

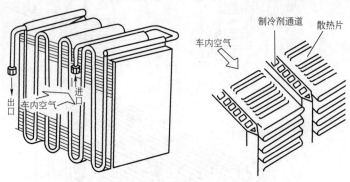

图 7-16 管带式蒸发器外形结构

比前两种蒸发器换热效率更高的是板翅式蒸发器,亦称层叠式,由两片冲成复杂形状的铝板叠在一起组成制冷剂通道,每两片通道之间焊接上蛇形散热带,将一个个单层叠置焊接再焊上集流箱,即构成了板翅蒸发器。它的特点是,在较小的体积内可有较大的导热表面积,结构紧凑,热效率高。但其焊接工艺难度大,通道狭窄,容易堵塞。经过不断改进在使用 R134a 制冷剂的汽车空调中已被广泛采用。图 7-17 为其基本结构。

四、膨胀节流装置

汽车空调系统节流装置的功能是:当高压高温液态制冷剂经过这类小孔径装置后,其流量受到节制而减少。减少流量的制冷剂进入有较大空间的蒸发器后,压力降低,制冷剂雾化成液态微粒,温度随压力同时降低。压力的降低使得制冷剂蒸发膨胀,同时要吸收大量热量。车厢内的空气热量经过蒸发器时被蒸发的制冷剂吸收,从而使车厢降温。

膨胀节流装置较常见的有内、外平衡式膨胀阀,H型膨胀阀,固定孔径的节流孔管。

1. 内平衡热力膨胀阀

图 7-18a) 为内平衡式膨胀阀外形图,其工作原理如图 7-18b) 所示:阀芯受膜片控制上下驱动,使制冷剂通过的孔口大小变化,来调节制冷剂的流量。有 3 个力作用于膜片:蒸发器进口处的制冷剂压力 p_e 作用于膜片下部,弹簧压力 p_s 作用于针阀,两种

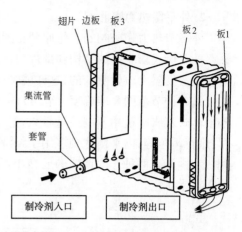

图 7-17 板翅式蒸发器的结构

力均向上,以使阀芯闭合,减少制冷剂流量,而感温包、毛细管里的气体(一般与循环系统制冷剂相同的工质)压力 p_f 作用于膜片上方,向下压迫使阀芯趋于开启,以加大制冷剂流量。当冷气系统刚工作时,感温包贴在蒸发器出口端,由于制冷剂流量偏少,此处过热气体所占蒸发器近出口端的通道加长,温度偏高,感温包内气体受热膨胀,向膜片施压,克服弹簧张力与蒸发压力,使阀芯向大处开启,增加了制冷剂流量,蒸发器冷量增加,使得出口端过热气体所占通道缩短,温度变低,压力下降。感温包随其温度降低,包内气体压力也降低,减小了对膜片的压力。弹簧张力会使阀芯上移,减少了制冷剂流量,制冷量变小。3 种力根据车内负荷从不断变化的不平衡中求得暂时的平衡,使蒸发器趋于最佳工作状态。

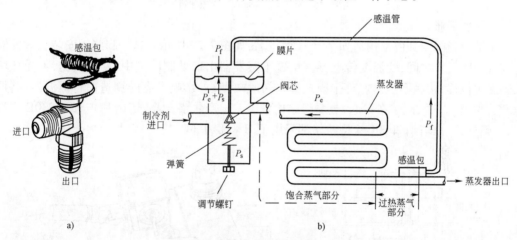

图 7-18 内平衡式膨胀阀
a) 外形;b) 工作原理

当汽车空调停止工作时,感温包与蒸发器压力平衡,弹簧力使阀芯近乎关闭,这样,压缩机重新启动后,就避免了液击现象。而当从蒸发器拆下膨胀阀时,感温包压力大于弹簧张力(已没有蒸发压力作用于膜片下方),阀芯此时是打开的。倘若感温包内气体泄漏,则膨胀阀不论在车上或车下都是关闭的,因为使膜片向下的力(使阀芯打开的力),已不存在。观察阀的关闭情况,是判断其是否损坏(感温包内气体泄漏)的有效方法。

2. 外平衡热力膨胀阀

外平衡热力膨胀阀的工作原理见图7-19。

外平衡式膨胀阀的结构和部件与内平衡式相似,只是向上施于膜片的压力是由一外平衡管从蒸发器出口处引入的,这样就弥补了由蒸发器入口至出口端内部压力损失的影响,可加大阀芯调节范围和准确度,缩小过热气体所占通道空间,从而提高蒸发器的制冷量。这种外平衡式膨胀阀适用于制冷量较大,蒸发器通道较长,压力损失大的制冷系统,如大中型客车、旅行轿车等,内平衡式则多用于经济型轿车、货车、后装车等。膨胀阀的调节螺钉分为外调式和内调式两种。内调式的已在出厂时调整好,不应随意调整。外调式则需有经验的维修人员来调定。

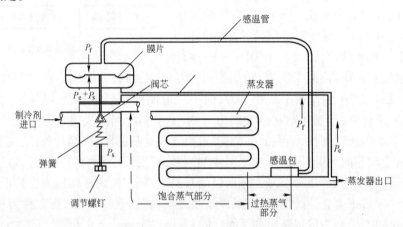

图7-19 外平衡式膨胀阀工作原理图

3. H型膨胀阀

H型膨胀阀因其内部构造如字母H而得名,如图7-20所示。这种膨胀阀安装在蒸发器进气管与回气管之间,使温度传感器直接置于蒸发器出口处制冷剂中,反应快捷,不受环境及感温包位移、接触不实(内、外平衡式膨胀阀的缺点)的影响。有的制造商将恒温器、高低压开关与H型膨胀阀装在一起,更显得结构紧凑。国产北京吉普(切诺基)、奔驰230E型汽车、广州标致、桑塔纳2000GSi型轿车都采用了H型膨胀阀。

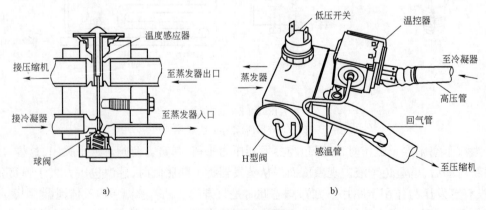

图7-20 H型膨胀阀
a)原理;b)外形

4. 孔管式节流装置

孔管式节流装置是一种阻尼元件,外观为一管形件。制冷剂由进口经过滤器过滤,再经节流孔降低高压制冷剂液体压力,最后经过滤器流入蒸发器。图 7-21 为孔管式节流装置工作原理图。

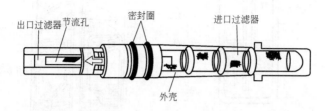

图 7-21　孔管式节流装置工作原理图

由于制冷剂经过此装置时只能节流而不能对制冷剂的流量进行调节,故当蒸发器的温度降到一定值后,可由恒温器来对离合器进行通断的控制,从而调节制冷剂的流通。也有用防霜压力开关对离合器通断进行控制的,这种孔管静态节流与离合器通断控制相结合的形式称为孔管节流系统 CCOT 系统。

这种 CCOT 的制冷系统既节能又可靠,被通用、福特、丰田、大众等汽车公司普遍采用。图 7-22 为孔管节流系统工作原理图,从图中可看出恒温器被压力开关所代替,储液干燥器被取消,增加了气液分离器,在实物中此罐很大。

五、储液干燥器和积累器

1. 储液干燥器

储液干燥器一般都是密封焊死的钢质或铝质压力容器,一般不能拆装,其构造如图

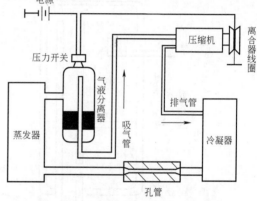

图 7-22　压力开关控制的"CCOT"系统

7-23a)所示。里面放有干燥剂、过滤网。从冷凝器来的高压液态制冷剂从上部进入干燥器中,经过过滤干燥后,从底部(液体制冷剂区域)由引管排出至膨胀阀。观察制冷剂流动情况的镜片正对着流出来的制冷剂。

它的功能是储存液体、吸收水分、过滤脏物、观察制冷剂流动工况。

制冷剂为 R134a 的系统使用的储液干燥器如图 7-23b)所示。

2. 积累器(气液分离器)

气液分离干燥罐是里面装有干燥剂且把气液制冷剂分离开的容器。是与孔管节流方式配套的装置,装在蒸发器出口与压缩机进气管之间。结构原理见图 7-24a),使用 R134a 制冷剂的空调系统中气液分离器如图 7-24b)所示。

系统工作时,制冷剂进入容器中,液态的沉入容器底部,气态的从顶部被吸回压缩机中。容器底部有小孔允许少量液态制冷剂与润滑油进入压缩机,因量小故不会产生液击,润滑油则保证了压缩机的润滑冷却需要。此容器做的较大,因为要容纳较多的气态制冷剂。它要与孔管配套使用,故此系统无膨胀阀,且已具有过滤干燥功能,亦不必有储液干燥器。

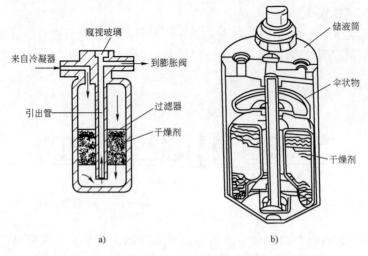

图 7-23 储液干燥器结构
a) 常用储液干燥器；b) 新型储液干燥器

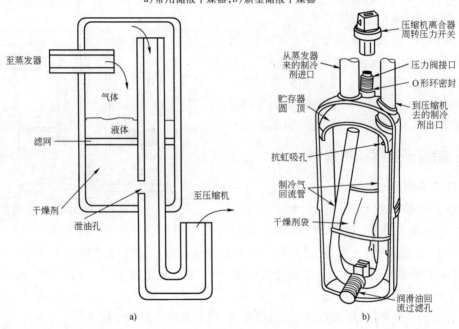

图 7-24 气液分离器
a) 常用气液分离器；b) 新型气液分离器

当压缩机停止工作后,孔管不能关死,孔管两端高低压力平衡迅速,压缩机重新起动时负荷小,起动容易,这是此种系统节能的主要原因,但易有液击产生。而气液分离罐将液态制冷剂储存起来,阻止其回到压缩机内,从而防止了液击。出于对节能的考虑,许多高级轿车都采用这种系统,打开这类车的机盖,一眼便可看到安在回气管上的这个大黑罐。见到这个大黑罐便知道此车空调系统是孔管节流系统。

在奥迪 100、桑塔纳 2000 等车型中,在压缩机出口处管路中装有一不大的金属长筒状小罐,此为消声器,用以降低压缩机的高压噪声,与储液干燥器不是一类器件。

六、温度控制器

温控器是空调系统中控制温度的一种开关元件。感受的温度有蒸发器表面温度、车内温度、大气温度等,一般较多用于感受蒸发器表面温度,从而控制压缩机离合器的通断,是起到调节车内温度与防止蒸发器结霜的电器元件。

1. 压力式温控器

压力式温控器(又称波纹管式温度控制器)的外形如图7-25a)所示,图7-25b)为其原理图。

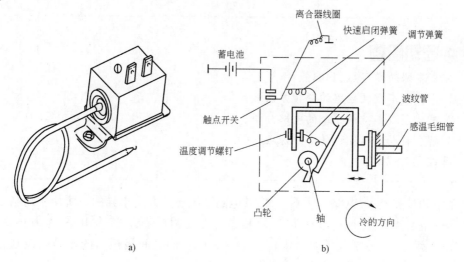

图7-25 压力式温控器
a)外形;b)工作原理

感温毛细管和波纹管连在一起,内有制冷剂作为感温剂。毛细管一般插在蒸发器翅片中感受其温度变化。当温度升高时,毛细管内感温剂温度升高,压力增大,使波纹管伸长,推动带有触点的杠杆移动,最终与来电固定触点闭合,使压缩机工作。

当温度降至一定值时(如0℃),毛细管内感温剂温度下降,压力降低,波纹管收缩,拉动杠杆向右位移,迫使触点开关断开。

快速启闭弹簧的作用是当活动触点处于两触点中间位置时,快速闭合或断开,以避免触点在似断似闭状态下打弧。温度调节以内部的调节螺钉调整温度范围(出厂时已调好),其次可用旋钮人工转动控制凸轮位置来调节温度范围,感温管只是在较小温度范围内调节。旋钮置于不同位置,温控器就会在不同温度范围内通、断。在不同点其通断温差是相同的,该温差范围即是感温管所能控制的温度范围。

2. 热敏电阻式温控器

热敏电阻是一种半导体检测元件,用在温控放大器电路中来控制离合器、电磁阀、冷却风扇等。热敏电阻有正负两种温度特性,一般用于汽车空调的为负温度特性的热敏电阻(即温度升高电阻值下降,温度降低电阻值升高)。

用于控制温度的热敏电阻安装在蒸发器外侧正面,以检测蒸发器吹出的冷风温度。温度越低,热敏电阻阻值越大,阻值的变化影响到放大器输入电压的变化。当其阻值增大到某规定值时,例如与温度为0℃时的对应阻值时,使得在放大器电路中的电压值变化到使输出功率放大管截止,切断了离合器线圈的负载电流(或其他需要控制的装置上),使压缩机停止工作,避免了蒸发器结霜,亦调节了车厢内温度。当车厢内温度上升时,阻值又会下降,引起放大器电压信号的变化,至设定值时,功率管在前几级放大管的控制下,又呈现导通状态,即有电流通过,使压缩机重新起动工作(其他装置亦恢复工作)。

课题四　汽车空调系统控制电路

完成本课题学习后,你应能:
1. 掌握汽车空调电路的分析方法;
2. 握典型汽车空调系统的电路分析;
3. 解全自动汽车空调的工作原理。
建议课时:2课时。

汽车空调种类繁多,电路形式不一,但其电路系统还是大同小异的。所使用的基本元件和电路是由电磁离合器、风扇电动机、发动机怠速自动调整装置、安全电路、压力开关电路、温度控制器、继电器、控制开关等八大部分组成。而它们之间最根本的差异是控制方式不同,即手动、半自动、全自动,直至电脑控制。

汽车空调系统的控制元件,如热力膨胀阀、温控器的结构已在前面做了介绍,现对有关的电路进行分析。

一、汽车空调电路的分析方法

汽车空调系统有压缩机、冷凝器、膨胀阀、蒸发器、鼓风电动机等主要部件。而汽车空调电路的任务便是对上述部件的工况进行调节和控制。

图7-26为普通轿车的空调装置电器线路图。它的电路分析一般按如下程序进行:

1. 电源的控制

这部分包括蓄电池、点火开关、熔断丝、继电器以及鼓风电动机开关、鼓风电动机、电磁离合器等。点火开关接通,只需鼓风电动机开关闭合(在高速、中速、低速三挡中之任一挡时),空调电路便开始正常工作。此时,电磁离合器吸合→压缩机运转→制冷系统进行循环,开始制冷。由于鼓风电动机运转,所以将蒸发器制冷的空气送入车厢内。

2. 压缩机电磁离合器的控制

由于轿车的压缩机是由发动机直接驱动的,所以当电磁离合器吸合后压缩机才会随之运转,作动力输出。而使电磁离合器吸合,必须使它的线圈通电,产生电磁吸力,使动力压板吸合在带轮上,再通过带轮来带动压缩机运转。

作为控制电路而言,一般只要点火开关在接通位置,鼓风电动机开关合上,鼓风电动机电路便被接通;同时,会向一放大电路供给电流,通过该电路将电磁离合器线圈接通而产生吸力。

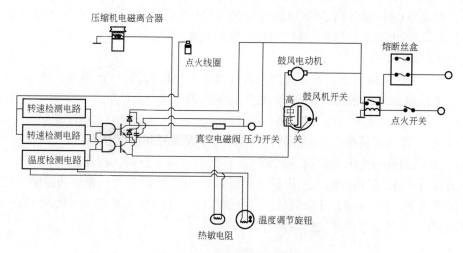

图 7-26　普通轿车空调电路

至于电磁离合器是否通电,是由温度检测电路控制的。因为该电路的传感器是一个热敏电阻,其阻值是随蒸发器的送风温度高低而变化,当温度上升时,电阻下降;温度下降时,电阻上升。电阻值的变化被电路转换成电信号,传至图 7-27 所示的放大电路。

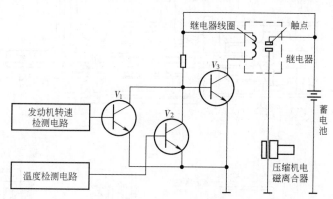

图 7-27　放大电路原理图

当从点火线圈和热敏电阻来的两组信号同时满足某一个设定条件时,放大电路才会向离合器的继电器线圈供电,继电器实际上是一种电磁开关。当在蒸发器表面有霜或冰冻时,热敏电阻值即发生变化;当阻值变化到一定值时,V_2 导通,V_3 截止,继电器线圈不通电,继电器的触点分离,电磁离合器亦分离。

应该说明的是电磁离合器的吸合、分离,不仅受热敏电阻的电信号(温度控制),还受速度控制,即当发动机处在怠速运转状况时,如果转速低于设定的怠速转速,则发动机转速检测电路可自动通过离合器断开空调装置。从图 7-27 可看出,当发动机转速低于规定的怠速值时,发动机转速检测电路送来的电信号将使 V_1 导通,V_3 截止,这使得继电器的线圈不通电,因而触点亦分离,这使得离合器亦分离,压缩机停止运行。不然的话,在低于发动机规定的怠速下接通空调,会使发动机负荷过大,造成发动机熄火或过热。

反之，当发动机怠速转速上升到规定值时，V_1 截止，V_3 导通，继电器线圈中的电流流通，触点闭合，电磁离合器吸合，制冷系统又开始运行。

图 7-27 所示的基本电路，不只对温度、速度、压力进行控制，而且还可对温度进行调节。此时，只需采用温度调节旋钮调节可变电阻，来使热敏电阻阻值变化，就可通过温度检测电路对温度进行调节。

轿车上装用的怠速自动调整装置的主要组件为真空电磁阀，怠速自动调整原理如图 7-28 所示。真空电磁阀由电磁线圈、活动铁芯、压缩线圈组成（见图 7-28a），当空调停开时，空调开关已断开，此时，真空电磁阀不通电，阀呈开启状态，进气歧管的真空度使膜片下腔呈负压状态，克服了膜片弹簧压力，而使膜片下移。这样操纵臂和摇臂脱开，节气门保持怠速原来的开度，所以怠速转速不会升高，如图 7-28b) 所示。但当空调运行时，如图 7-28c) 所示，空调开关接通，电磁线圈通电，真空电磁阀切断真空通路，此时与大气相连的通路开启，膜片在弹簧的作用下，向上移动，此时操纵臂压下摇臂，使节气门开度增大，这样怠速转速相应上升，以满足发动机驱动空调装置的需要。

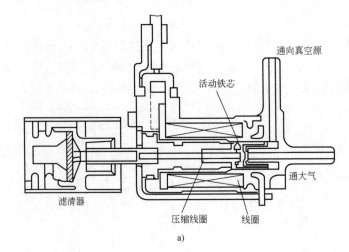

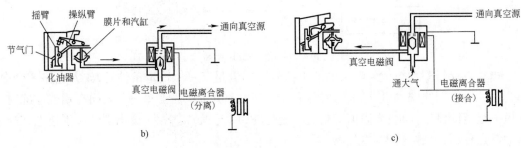

图 7-28 真空电磁阀
a) 组成；b) 电磁离合器分离；c) 电磁离合器接合

3. 空调安全保护控制电路—压力开关电路

这是制冷系统正常安全运行的必备电路。当制冷系统由于某种原因而导致压力升高时，如果没有保护装置，将会引起制冷系统的运行事故。此时，采用压力开关将系统断开，使压缩机停止运行，可以保护压缩机和制冷系统。

在压力开关中,一般采用将此高压导入开关内让开关的触点在机械力的作用下强行分离,从而切断开关电路,使电磁离合器分离,压缩机停止运行。

从上面所述可以看出整个电路系统中,汽车空调电气系统的基本元件和电路主要是以压缩机电磁离合器的开停线路为控制的中心。

二、典型汽车空调系统的电路分析和全自动空调

1. 上海桑塔纳2000GSi型轿车的空调系统电路分析

图 7-29 所示为上海桑塔纳 2000 时代超人的空调电路,它由电源电路、电磁离合器控制电路、鼓风机控制电路和冷凝器风扇电动机控制电路组成。其工作过程如下:

①点火开关处于断开(置 OFF)位置时,减负荷继电器线圈电路切断,触点张开,空调系统不工作。

②点火开关处于起动(置 ST)位置时,减负荷继电器线圈电路切断,触点张开,中断空调系统的工作,以保证发动机起动时,蓄电池维持足够的电能。

③点火开关处于接通(置 ON)位置时,减负荷继电器线圈电路接通,触点闭合,空调继电器中的线圈 J_2 通电,接通鼓风机电路,此时可由鼓风机开关进行调速,使鼓风机按要求的转速运转(不同的转速接入的调速电阻个数不同),进行强制通风、换气或送出暖风。

④当外界气温高于 10℃时,才允许使用空调。当需要制冷系统工作时,接通空调开关 A/C,空调开关指示灯亮,表示空调开关已经接通,此时电流经空调开关 A/C、环境温度开关可接通下列电路:

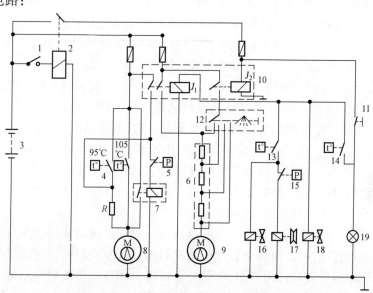

图 7-29 桑塔纳 2000 轿车空调控制电路

1-点火开关;2-减负荷继电器;3-蓄电池;4-冷却液温控开关;5-高压保护开关;6-鼓风机调速电阻;7-冷却风扇继电器;8-冷却风扇电机;9-鼓风机;10-空调继电器;11-空调开关 A/C;12-鼓风机开关;13-蒸发器温控开关;14-环境温度开关;15-低压保护开关;16-怠速提升真空转换阀;17-电磁离合器;18-新鲜空气翻板电磁阀;19-空调开关指示灯

a. 新鲜空气翻板电磁阀电路接通,该阀动作,接通新鲜空气翻板电磁阀的真空通路,使新鲜空气进口关闭,制冷系统进入车内空气内循环。

b. 经蒸发器温控开关、低压保护开关对电磁离合器线圈供电,同时电源还经蒸发器温控开关接通节气门的怠速提升真空转换阀,提高发动机的转速,以满足空调动力源的需要。

c. 对空调继电器中的线圈 J_1 供电,使两对触点同时闭合,其中一对触点接通冷凝器冷却风扇继电器线圈电路;另一对触点接通鼓风机电路。

低压保护开关串联在蒸发器温控开关和电磁离合器之间,当制冷系统因缺少制冷剂而使制冷系统压力过低时,开关断开,压缩机停止工作。

高压保护开关串联在冷却风扇继电器和空调继电器 J_1 的一对触点之间,当制冷系统高压值正常时,触点张开,将电阻 R 串接入冷却风扇电机电路中,使风扇电机低速运转。当制冷系统高压超过规定值时,高压保护开关触点闭合,接通冷却风扇继电器线圈电路,冷却风扇继电器的触点闭合,将电阻 R 短接,使风扇电机高速运转,以增强冷凝器的冷却能力。同时,冷却风扇电机还直接受发动机冷却液温控开关的控制,当不开空调开关 A/C 时,若发动机冷却液温度低于 95℃,则风扇电机不转动;当发动机冷却液温度高于 95℃ 时,冷却风扇电机低速转动;当冷却液温度达到 105℃ 时,风扇电机将高速转动。

空调继电器中的 J_1 触点在空调开关 A/C 接通时即可闭合,使鼓风机低速运转,以防止蒸发器因表面温度过低而结冰。

2. 全自动汽车空调系统

目前,大量进入中国市场的日、美、德等国家的轿车,如凯迪拉克、宝马等轿车都采用全自动汽车空调系统,这种系统对空调的控制可靠、准确,而且控制板也简单。

(1) 全自动汽车空调的工作原理　在全自动空调系统中,有一套计算比较电路,通过对传感器信号和预调信号的处理、计算、比较,输出不同的电信号指挥控制机构的工作,使温度门的位置不断改变,以调节车内空气温度,并使鼓风机的转速随着空调参数的改变而改变。空调风向的控制,各风门的开、关,是用驱动器控制的控制键,其为琴键式。

图 7-30 是全自动汽车空调系统的工作原理。由图可见,全自动汽车空调系统主要由电桥、比较器、真空驱动器等组成。由环境温度传感器、太阳辐射热传感器和调温电阻组成的电桥,与比较器组成一个控制系统。当温度变化时,传感器的热敏电阻值发生变化,引起电桥输出电位 U_A、U_B 变化,电桥处于不平衡状态,比较器 OP_1、OP_2 对电桥输出的电信号进行比较后,比较器 OP_1、OP_2 中的一个给升温或降温真空驱动器输出一个电流值,真空驱动器将它转换成真空信号,控制驱动器的工作,带动控制杆对温度门的开度进行控制,同时对风机转速和热水阀开度进行控制,最后达到恒温。

(2) 电脑控制汽车空调系统简介　电脑控制汽车空调系统是采用微型计算机(CPU)对汽车空调系统进行控制,可以达到全自动控制的目的。这种控制装置可以进行温度自动控制、风量自动控制、运转方式自动控制、换气量自动控制和自动切换回风门等。这种控制装置主要通过采集车外温度、车内温度、风道温度、发动机冷却液温度、蒸发器表面温度、太阳辐射温度等信息以及从操作控制板来的信息。利用微电脑对采集来的信息进行分析与处理后,发出指令对风机转速、空气在车室内的循环方式、温度混合门的开度、压缩机的开或停、各送风口的风向等进行自动控制,以保证车室内达到最佳的舒适性要求。除上述功能外,有的装置还具有故障监测、安全保护和工作状况自动显示的功能。可见,微电脑控制后达到了智能化的程度。

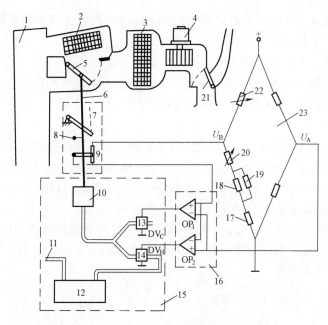

图 7-30　全自动汽车空调系统工作原理图

1-乘室；2-加热器；3-蒸发器；4-鼓风机；5-温度门；6-控制杆；7-鼓风机开关；8-热水阀开关；9-反馈电位器；10-驱动器；11-接发动机进气歧管；12-真空罐；13-降温真空驱动器；14-升温真空驱动器；15-真空控制门；16-比较器；17-环境温度传感器；18-太阳辐射热传感器；19-风道温度传感器；20-车内温度传感器；21-循环风门；22-调温电阻；23-电桥

课题五　汽车空调系统常见故障

 学习目标

完成本课题学习后，你应能：

1. 掌握空调维修工具的使用方法；
2. 能进行汽车空调制冷系统的捡漏、抽真空、制冷剂充注等作业；
3. 了解汽车空调制冷系统故障的检修顺序；
4. 了解汽车空调制冷系统主要部件的检修方法；
5. 了解汽车空调控制系统常见故障的检修方法。

建议课时：2 课时。

一、空调维修的工具和设备

汽车空调故障通过诊断后，需要借助一些专用工具来进行修理。汽车空调在修理过程中，离不开检漏、抽真空、充注制冷剂、加注冷冻润滑油及排出空气等基本操作。维修常用的检测工具有歧管压力计、检漏仪、制冷剂注入阀、真空泵以及其他专用维修工具。

在一定时期内（2010 年左右）两种制冷剂同时在汽车空调领域中存在，R12 与 R134a 这两种制冷剂及其润滑油在性质上有许多不同,不能互溶,因而这两种制冷系统在进行维修、安装、检测时,加注工具不能混用,要分开专用。

1. 歧管压力计

歧管压力计也称压力表组,主要用于检查和判断制冷系统的工作状态和故障情况,由高低压表组成,其上有3个接头分别与3根橡胶软管相接,分别完成制冷系统抽真空、加注制冷剂等操作。

歧管压力计有两个压力表,一个压力表用于检测制冷系统高压侧的压力,另一个压力表用于检测低压侧的压力。低压侧压力表既用于显示压力,也用于显示真空度,真空度读数范围为0~0.101MPa,压力刻度从0开始,量程不小于0.42MPa;高压侧压力表测量的压力范围从0开始,量程不得小于2.11MPa。

图7-31为歧管压力计的结构。工作时高低压接头分别通过软管与压缩机高低压阀相接,中间接头与真空泵或制冷剂罐相接。只能用手拧紧软管与歧管压力计的接头,不可用扳手。否则,会拧坏接头螺纹。

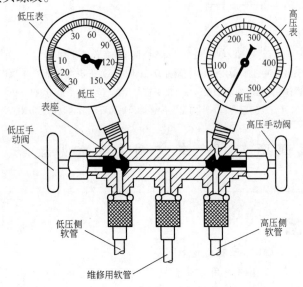

图7-31 歧管压力计结构

2. 检漏设备

拆装或检修汽车空调制冷系统管道、更换零部件之后,需在检修及拆装部位进行制冷剂的泄漏检查。氟利昂检漏设备有卤素检漏灯和电子检漏仪两种。

(1)卤素检漏灯 卤素检漏灯是一种丙烷(或酒精)气燃烧喷灯,利用制冷剂气体进入安装在喷灯的吸入管内,会使喷灯的火焰颜色改变这一特性来判断系统的泄漏部位和泄漏程度。当喷灯的吸入管从系统泄漏处吸入制冷剂时,火焰颜色会发生变化:泄漏量少时,火焰呈浅绿色;泄漏较多时,火焰呈浅蓝色;泄漏很多时,火焰呈紫色。

(2)电子检漏仪 电子检漏仪工作原理:它由一对电极组成,阳极由白金做成,白金被加热器加热,并带正电,在它附近放一阴极,使它带负电。若放在空气中,就会有阳离子射到阴极并产生电流。如果有制冷剂气体流过,回路中的电流就明显增大,根据此信号可检测出制冷系统的泄漏情况。

一般检测 R12 泄漏的电子检漏仪不能检测 R134a 的泄漏情况,检测 R134a 的泄漏情况要用一种专门的检漏仪,如 MHD5000 型 R134a 电子检漏仪,或使用表明可检测 R12 和 R134a 的两用电子检漏仪,如 LHD4000 型、REFCO 型等检漏仪。常用的检漏仪有手握式和箱式两种。

3. 专用成套维修工具

成套维修工具是把汽车制冷系统维修时需要的专用工具组装在一个工具箱内,如图 7-32 所示,汽车空调专用维修工具由歧管压力计、漏气检测仪、制冷剂管固定架、制冷剂管割刀、备用储气瓶、扩口工具、检测阀板、注入软管衬垫、检修衬垫等构成。

4. 真空泵

安装、检修空调制冷系统时,会有一定量的空气进入制冷系统,空气中含有一定量的水蒸气,这会使制冷系统的膨胀阀冰堵、冷凝压力升高、系统零部件发生腐蚀。因此,对制冷系统检查后,在未加入制冷剂之前,应对制冷系统抽真空。而抽真空的彻底与否,将会影响系统正常运转效果。

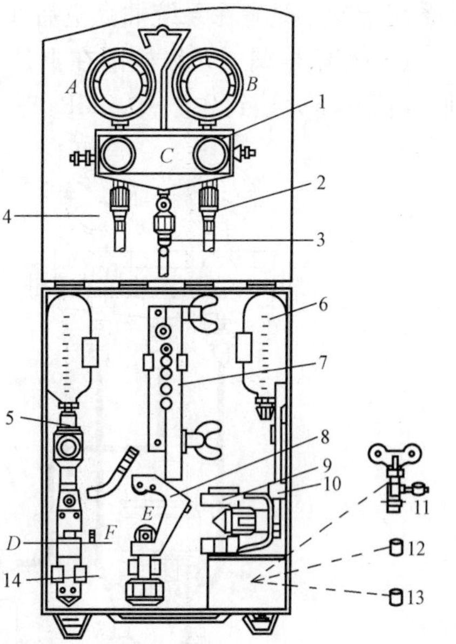

图 7-32 汽车空调专用成套维修工具
1-歧管压力计;2-红色注入软管;3-绿色注入软管;4-蓝色注入管;5-漏气检测仪;6-备用储气瓶;7-制冷剂管固定架;8-制冷剂管割刀;9-扩孔工具;10-检修阀扳手;11-制冷剂罐注入阀;12-注入软管;13-检修阀衬垫;14-工具箱;A-低压表;B-高压表;C-压力表座;D-反应板;E-铰刀;F-刀片

真空泵用于制冷系统抽真空,排除系统内的空气、水分。抽真空并不能将水抽出系统,而是产生真空后降低了水的沸点,水在较低温度下沸腾,以蒸气的形式从系统中抽出。

二、汽车空调维修

当汽车空调制冷系统各组件安装完毕后,或当有故障的制冷系统维修完毕之后,应对制冷系统进行泄漏检查,排除系统内的空气和水蒸气,充注制冷剂和冷冻润滑油。制冷系统工作过程中,应能正确储存制冷剂或从制冷系统中排出制冷剂。

1. 汽车空调制冷系统检漏

汽车空调系统工作条件比较恶劣,其制冷系统一直随汽车工作在振动的工况之下,极易造成部件、管道损坏和接头松动,使制冷剂发生泄漏。

汽车空调制冷系统常用的检漏方法有:压力检漏、真空检漏、充氟检漏和外观检漏。

(1)压力检漏 向制冷系统中充入氮气,然后用肥皂水检漏。若有泄漏,泄漏处会出现肥皂泡。采用压力检漏时,严禁用压缩空气进行检漏,因为压缩空气中含有水分,水分随空气进入后会在膨胀阀处产生冰堵。工业氮气无腐蚀性、无水分,且价格便宜,但充入瓶装高压氮气时,一定要用低压表灌注,见图 7-33a)。

(2)真空检漏 应用真空泵进行,真空度应达到 0.1MPa,保持 24h 内真空度没有显著升高即可。抽真空的目的有 3 个:①是抽出系统中残留的氮气;②是检查系统有无渗漏;③是使系统干燥。只有在系统抽真空后才能加注制冷剂。

（3）充氟检漏　充氟检漏在上述两种方法检漏后即可进行,即向系统充入氟利昂制冷剂,并使其压力达到0.1～0.2MPa时,用卤素灯或检漏仪进行检漏,如图7-33b)所示。

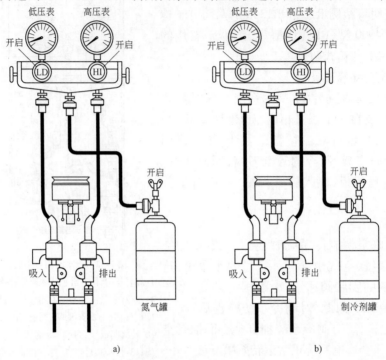

图7-33　制冷系统的检漏
a)加压检漏;b)充氟检漏

（4）油迹污染法检漏　制冷剂与冷冻润滑油能互溶,如因密封不良而使制冷剂泄漏时,便会带出少量的冷冻润滑油,使泄漏处形成油斑,粘上尘土便形成油泥。根据这种现象就能找到泄漏部位,不过只有在泄漏量较大时,这种现象才明显。

（5）染料着色法检漏　将某种颜色的染料加入制冷系统中并随制冷剂一起在管路中循环流动,当系统管路或部件发生泄漏时,加入的染料也随之渗漏出来并粘在泄漏部位使之变色,通过观察制冷系统管路和部件的颜色,就能很容易地发现泄漏部位。

（6）荧光检漏　它是利用荧光检漏剂在紫外/蓝光检漏灯照射下会发出明亮的黄绿光的原理,对各类系统中的流体渗漏进行检测。在使用时,只需将荧光剂按一定比例加入到系统中,系统运作20min后戴上专用眼镜,用检漏灯照射系统的外部,泄漏处将呈黄色荧光。

荧光检漏的优点是定位准确,渗漏点可以直接用眼睛看到,而且使用简单,携带方便,检修成本较低,代表了汽车检漏的发展方向。据了解,TP荧光检漏技术在国外已经有50多年的历史了,得到了包括通用、大众、三菱在内的世界主要汽车制造商的认可和应用。

2. 汽车空调制冷系统抽真空

抽真空是为了排除制冷系统内的空气和水蒸气,它是空调维修中一项极为重要的程序。因为对空调制冷系统进行维修或更换元件时,空气会进入系统,且空气中含有一定量的水蒸气(湿空气)。

抽真空并不能直接把水分抽出制冷系统,而是产生真空后降低了水的沸点,水气化成蒸气后被抽出制冷系统。因此,系统抽真空时,时间越长,系统内残存的水分就越少。为最大限度地将系统内的空气及湿气抽出,必须采用重复抽真空法,即第一次抽真空完毕后,再连续抽30min以上,见图7-34。

抽真空具体方法如图7-34所示。

①把歧管压力计的高、低压软管分别与制冷管路上的高、低压检测接口相连,中间软管与真空泵相连。

②打开歧管压力计的手动高、低压阀,启动真空泵,观察低压表,把系统抽真空至0.1MPa。

③关闭歧管压力计的手动高、低压阀,观察歧管压力计,看真空度是否下降,如果真空度下降,说明系统泄漏,应该查找漏点,维修。如果系统无满泄漏,应该再打开手动高、低压阀,继续抽真空30min以上。

④关闭歧管压力计的手动高、低压阀。

⑤关闭真空泵。先关手动高、低压阀,后关真空泵可以防止空气和水汽进入系统。

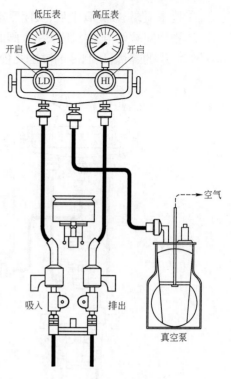

图7-34 空调制冷系统抽真空

3. 汽车空调系统制冷剂的充注

当制冷系统抽真空达到要求,且经检漏确定制冷系统不存在泄漏部位后,即可向制冷系统充注制冷剂。充注前,先确定注入制冷剂的数量,充注量过多或过少,都会影响空调制冷效果。压缩机的铭牌上一般都标有所用的制冷剂的种类及其充量。

充注制冷剂的方法有两种,一种是从压缩机排气阀(高压阀)的旁通孔(多用通道)充注,称为高压侧充注;另一种是从压缩机吸气阀(低压阀)的旁通孔充注,称为低压侧充注。

(1)从高压侧充注制冷剂　从高压侧充注制冷剂如图7-35a所示。

①发动机处于熄火状态,检查泄漏、抽完真空后,关闭手动高、低压阀。

②把中间软管与制冷剂罐注入阀的接头接好,打开制冷剂罐注入阀,拧开歧管压力表中间软管一端的螺母,让气体溢出几秒钟,把空气赶走,然后再拧紧螺母。

③拧开高压侧手动阀,把制冷剂罐倒立,液态制冷剂从高压侧进入制冷回路,此时从储液干燥器观察窗能看到制冷剂的流动。

④当此小型制冷剂罐充注完毕后,关闭高压手阀,再更换另一罐,这时中间软管还要放出空气。直到加入规定量的制冷剂后,关闭制冷剂罐注入阀,关闭歧管压力表的手动高压阀。

⑤起动发动机,打开空调,让鼓风机以高速运转,观察压力表压力是否正常。

⑥达到标准后,拆下歧管压力表。

注意:加注时不能起动发动机,更不能打开手动低压阀,防止产生压缩机液击现象。

(2)从低压侧充注

从低压侧充注制冷剂的方法见图7-35b)所示。

① 检查泄漏、抽完真空后，关闭手动高、低压阀。

② 把中间软管与制冷剂罐注入阀的接头接好，打开制冷剂罐注入阀，拧开歧管压力计中间软管一端的螺母，让制冷剂溢出几秒钟，以清除软管中的空气，然后再拧紧螺母。

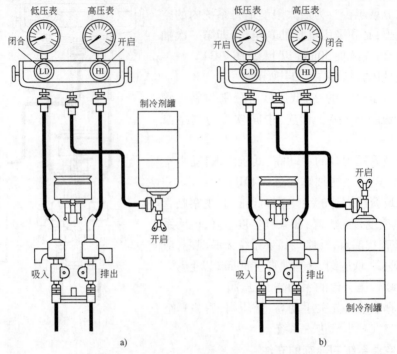

图 7-35　制冷剂的充注

a) 从高压端充注液态制冷剂; b) 从低压端充注气态制冷剂

③ 拧开低压侧手动阀，正立制冷剂罐，让气态制冷剂进入制冷系统，当系统压力达到 0.4MPa 时，关闭手动低压阀。

④ 起动发动机并将其转速调整在 1250~1500r/min，接通空调开关，把风机开关和温度控制开关开至最大。

⑤ 再打开手动低压阀，让气态制冷剂继续流入制冷回路，一直加到规定量。充注完毕后，关闭低压手阀，关闭制冷剂罐注入阀，使发动机停转，关闭空调，静止 1~3min 后，快速拆下歧管压力计两个接头，卸下时动作要快，以免过多制冷剂泄出。

在向制冷系统加入制冷剂时，加入的量过多或不足，都会使制冷效果变差，如何确定制冷剂的加注量符合规定非常重要的，一般有以下两种方法：一是观察储液干燥过滤器的观察窗，确认没有气泡，二是把发动机转速提高到 2000r/min，检查歧管压力表的高、低压表是否达到正常值。

三、汽车空调器制冷系统故障检修

1. 制冷系统常见故障的检修顺序

（1）冷风风量不足　蒸发器是否有堵塞；蒸发器是否有大量结霜；风道是否堵塞；蒸发器壳体是否漏气；鼓风机工作是否正常；鼓风机电阻是否损坏。

(2)冷气不够冷　检查空气系统风口是否全部打开;风扇电机是否有故障或扇叶松动;车厢密封性能或隔热性能是否变差。

检查制冷系统制冷剂量是否符合要求;系统中是否有水分或是空气;冷凝器效果是否变差;膨胀阀是否有冰塞;膨胀阀是否开度过小;系统中是否有脏物,产生脏堵;感温包是否包扎好,安装位置是否正确;贮液干燥器是否堵塞;贮液干燥器易熔塞是否熔化;热敏电阻是否有故障;蒸发器表面是否结霜;压缩机离合器是否打滑;压缩机皮带是否有故障。

(3)蒸发器不制冷　制冷剂充注量是否太少;蒸发器是否严重结霜;膨胀阀是否堵塞;制冷系统是否有堵塞;制冷系统是否有大量空气;制冷系统是否严重泄漏;制冷系统压力是否正常;压缩机皮带是否打滑;电磁离合器工作是否正常。

(4)空调器只有高速行驶时才有冷气　冷凝器是否堵塞;压缩机皮带或离合器有否打滑;压缩机内部零件是否磨损严重。

(5)断续有冷气　电磁离合器是否打滑;膨胀阀是否有冰堵或脏物堵塞;电路连接接触是否不良。

(6)汽车空调器制冷系统压力不正常。

①高压侧压力过高:制冷剂是否太多;制冷系统是否有空气;高压液管是否有堵塞;膨胀阀开度是否过小;冷凝器是否有堵塞;冷凝器风扇是否有故障。

②高压侧压力过低:制冷剂充注量是否不足;系统中是否有脏物;储液干燥器是否有堵塞;膨胀阀是否有故障;制冷系统是否有泄漏;压缩机是否有故障。

③低压侧压力过高:制冷剂充注量是否太多;制冷系统是否有空气;膨胀阀开度是否太大;感温包是否松脱;压缩机是否有故障。

④低压侧压力过低:制冷剂充注量是否不足;系统中是否有水分;系统中是否有脏物;膨胀阀是否有冰塞;制冷系统是否有泄漏;压缩机是否有故障。

2. 空调器制冷系统主要部件的故障检修

(1)压缩机常见故障的检修　空调系统大多数运动部件都在压缩机上,因此,压缩机的检修工作量是最大的。尽管大多数压缩机都能完全修复,但是由于压缩机的零配件购置困难,且装配精度要求又高,所以需用专用装配工具和夹具才能进行检修。目前压缩机的大、中修理均由专门的压缩机修理厂进行,以保证维修质量。

(2)离合器的维修　如果压缩机前面有足够的空间,就可在车上进行离合器的维修,省去把制冷剂从系统中放掉的工序。如果要把压缩机从车上拆下来维修离合器,则把制冷剂从系统中放掉是必不可少的。

下面以 SD-5 摇板式压缩机为例,说明离合器的维修方法。离合器的拆卸步骤如下:

①把前板扳手的 2 个销插进离合器前板的 2 个螺孔中,夹住离合器前板,用 19mm 套筒扳手拆除螺母(见图 7-36)。

②用前板拔取器取下前板。对准拔取器中心、螺栓和压缩机轴,均匀地拧入 3 颗螺钉,顺时针拧动拔取器螺钉,直到前板松开(见图 7-37)。

③用螺丝刀(起子)和槌子轻轻敲出平键。取下垫片。应注意垫片是用来调整驱动盘和摩擦板之间的间隙大小的,所以在安装时将它调整到规定的技术标准。

④用内卡钳取出轴承卡簧。

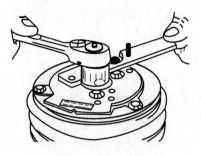

图 7-36　拆除前板螺母

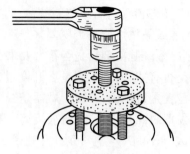

图 7-37　用前板拔取器取下前板

⑤用外卡钳取出前盖卡簧。

⑥拆下皮带盘总成。把颚夹唇端插入卡簧槽，把拔轮器护套放在轴上（见图 7-38），将拔轮器螺钉拧入颚夹，用手拧紧。用 17mm 套筒扳手顺时针方向拧转拔轮器中心螺栓，直至皮带盘松动为止（见图 7-39）。

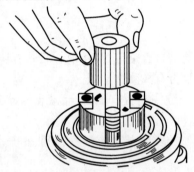

图 7-38　装放拔轮器轴护套

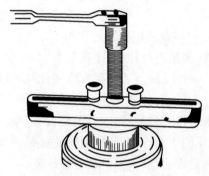

图 7-39　用拔轮器拆下皮带盘

⑦拆下线圈。先卸下在压缩机壳体上的离合器接线，然后用外卡钳卸下线圈卡簧。

如果是因为离合器打滑而发出尖叫声，则应该修理和清洗驱动盘、摩擦板和 V 形带板的摩擦端面，使之不含有油和其他杂质，并按技术规范调整它们之间的间隙。

如果离合器轴承已经损坏，则需用轴承取出爪从主轴上将轴承取出，并换上新轴承。

用万用表检查电磁线圈有无短路现象。若有短路，则应更换。

一般而言，离合器中所有损坏的零件都能修理，重新调整后都可以用。

经检验、维修后的合格部件按以下顺序进行离合器的装配：

①装入线圈，令线圈凸缘与孔相配，以防线圈位移，安装好连线、卡簧。

②将压缩机直立，并用 4 个孔直接支撑压缩机，千万不能钳住机体。将皮带盘总成垂直对准前盖轮壳，轻轻放上，用专用装轴承套件和槌子轻敲皮带盘，使其落入压缩机前盖轮壳（可听到敲打声突变，见图 7-40）。

③用内卡钳装入轴承卡簧。

④用外卡钳装入前盖卡簧。

⑤重新放回前板总成，装入原离合器间隙垫片、平键，敲打轴护器，直到前板碰到间隙垫片为止。

⑥装上六角螺母，拧紧为止。

⑦用厚薄规（塞尺）检查离合器与前板之间间隙，应在 0.4~0.8mm 之间。若间隙不均匀，

在最低处轻轻敲下(见图7-41)。若间隙不合格,则拆下前板,调整垫片厚薄,再重新安装。

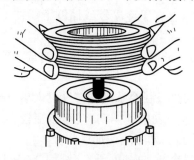 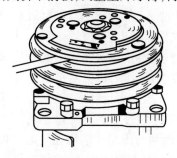

图7-40 安装皮带盘总成　　　　图7-41 用厚薄规(塞尺)检查离合器间隙

3. 制冷管路的常见故障与检修

(1)冰堵　冰堵一般是指空调器制冷系统工作时,水分随制冷剂流至膨胀阀处发生结冰而形成的堵塞现象。

制冷系统产生轻微冰堵故障后,会导致制冷剂流量减少,制冷量下降。当制冷剂中含水量增多时,会将膨胀阀节流孔全部堵死,造成空调器制冷系统低压压力极低,制冷量严重下降,甚至不制冷。

排除空调器制冷系统冰堵故障的方法是:

①放出制冷剂。

②更换干燥过滤器,或者拆卸过滤器,更换其中的干燥剂。

③烘干或用热风直接吹制冷系统内部,使水分蒸发后排出。

④放出压缩机润滑油(又称冷冻油)。

⑤加注新润滑油时,应在火上加热到130℃使油中水分蒸发干净,再沉淀后加注入压缩机底壳。

⑥加注新制冷剂时,在制冷剂钢瓶与加液表阀之间串上一支大规格的干燥过滤器,用以滤除制冷剂中的水分。

(2)脏堵　脏堵一般是指空调制冷系统工作时,脏物随制冷剂流经小截面通道处所形成的堵塞现象。

制冷系统产生脏堵故障后,首先表现为制冷能力下降,甚至不制冷,同时,高压端及低压端的压力均低于正常压力。带有低压保护装置的制冷系统还会使压缩机自动停机。另外,制冷系统中还会出现局部温度下降,偶尔还会出现结霜或结露现象。

排除脏堵故障就必须先判断脏堵的位置。一般说来,易于脏堵的部件大多处于制冷系统的高压侧。例如:过滤器位于冷凝器与储液干燥器之间,电磁阀位于储液干燥器与膨胀阀之间,储液干燥器直角阀在储液干燥器上等。这些部件在正常工作时,其温度都应该比环境温度高,用手触摸时有温热的感觉。当脏堵发生在某一处,该处就形成了局部的节流现象,温度立即迅速下降,用手触摸就会感到有些凉,此时即可判断该处堵塞。找到脏堵位置后,其排除可按下列步骤进行。

①放出制冷系统中的制冷剂。

②拆下制冷系统脏堵的部件进行清洗或更换。

③脏堵严重时,要将制冷系统全部拆卸,进行分段清洗。

(3) 空气混入　空气是一种不容易凝结的物质。当空气混入制冷系统后,会随制冷气蒸气一起被压缩机吸入而排到冷凝器或储液干燥器中,存在于冷凝器或储液干燥器上部。制冷系统中有空气后表现为:

①汽车空调产冷量下降,使吹出的冷风温度降不下来。排气压力和排气温度都大于正常的压力和温度,吸气压力也会高于正常值。

②压缩机排气压力表指针出现摆动。值得一提的是,制冷系统有空气混入后,压力表指针摆幅大、摆动频率缓慢。而排气量不均匀也能使压力表指针摆动,但其摆幅较小,摆动频率较快(即指针摆动与压缩机活塞往复运动频率相同)。两者应该加以区分。

空气混入制冷系统后,因空气的相对密度小于制冷剂,总是处于冷凝器或储液干燥器上部,与压缩机润滑油蒸气、制冷剂蒸气三者混合故分离比较困难,因此排放空气时不能操之过急。

4. 冷凝器、蒸发器的常见故障与检修

冷凝器和蒸发器都是换热元件,常见故障有盘管泄漏、翅片变形及积灰过多、蒸发器表面结冰(霜)等。对于泄漏的冷凝器和蒸发器,必须按原有的型号、规格予以更换;对于翅片变形的冷凝器和蒸发器,应小心地用梳翅工具将其整形;对于积灰过多的冷凝器和蒸发器,可用高压气体吹洗;对于蒸发器表面结霜,则要对制冷系统、控制系统进行全面检修。

5. 过滤器的常见故障与检修

由于受制冷系统中水分、杂质的影响,会使过滤器产生堵塞现象,故发现干燥过滤器进出口温差变大时,可以确认其内部堵塞。

当制冷系统内含有水分时,水分将与制冷剂发生化学变化,生成酸而腐蚀金属,产生油泥。制冷剂不能吸收的水分还会在膨胀阀处产生"冰塞",直接影响制冷量。

当制冷系统内含有杂质时,很容易在干燥过滤器的滤网产生堵塞。这时,需对过滤网进行清洗,并且更换干燥剂。

系统中有制冷剂泄漏时,也应更换干燥过滤器。

四、汽车空调器控制系统常见故障的检修

控制系统主要有以下几个方面的故障:风量控制不良,主要包括送风电机不转,送风量不改变;温度控制不良,主要包括温度不降低,不升高或降低升高缓慢等;进气控制不良,总是车外空气进来,或总是车内空气循环,两者不能按控制方式来改变;通风控制不良,拨动功能选择键后,送出来的空调风不是键上所要求的风。

1. 风量控制系统故障的检修顺序

(1) 送风机不运行　检查点火电源电路;空调控制电路;继电器控制电路;风机电路;传感器电路;微电脑控制器。

(2) 风量不足　检查风机电机电路;风机叶片变形、损坏;风机电机故障。

(3) 送风机无控制　检查点火电源电路;功率晶体管电路;继电器控制电路;采暖主继电器电路;送风机电机电路;传感器电路;微电脑控制器。

(4) 无进风控制　检查进气门位置传感器电路;进气门伺服电机电路;微电脑控制器。

2. 温度控制系统故障的检修顺序

(1) 无冷风送出　制冷剂泄漏;传动皮带折断或张力不够;用表阀检查制冷系统;压力开

关电路;压缩机控制电路;压缩机传感器电路;空气混合风门位置传感器电路;空气混合伺服电机电路;车内温度传感器电路;环境温度传感器电路;蒸发器温度传感器电路;点火电源电路;空调器控制电源电路;风机电机电路;微电脑控制器。

(2)无暖风送出　热水阀故障;水温传感器电路;空气混合风门位置传感器电路;空气混合伺服电机电路;点火电源电路;空调控制电源电路;采暖继电器电路;风机电机电路;车内温度传感器电路;环境温度传感器电路;微电脑控制器。

(3)无温度控制,只有冷气或暖气　车内温度传感器电路;环境温度传感器电路;空气混合风门位置传感器电路;空气混合伺服电机电路;微电脑控制器。

(4)输出空气温度比规定值偏高或偏低,或者响应缓慢　制冷量是否合适;传动皮带张力;检查制冷系统;冷凝器风机电路;热水阀;风机电机电路;车内温度传感器电路;环境温度传感器电路;蒸发器温度传感器电路;水温传感器电路;空气混合风门位置传感器电路;空气混合伺服电机电路;进风门位置传感器电路;进风门伺服电机电路;加热器;微电脑控制器。

3. 控制电路主要元件常见故障的检修

关闭发动机将急速手动开关置于手动位置,闭合冷气开关再进行检查。

(1)蒸发器风机是否动作　动作为正常,若不动作应顺序检查风机继电器故障;风机本身故障;风机选择开关故障。

(2)电磁离合器是否动作　不动作:总熔断器未熔断时,可能是高压压力继电器故障;温控器故障;急速控制电路故障;分路供电直流继电器断路;分路供电直流继电器接触不良。总熔断器熔断时,检查导线绝缘层是否破损;电磁离合器线圈是否短路;其他电器元件是否短路。

电磁离合器动作频繁:电磁离合器是否打滑;电磁离合器线圈接头接触不良。

单元八
汽车总线路

导线及各种配电设备将汽车上各电器联系在一起,并使汽车电气设备形成一个系统。了解和掌握汽车电气设备间的相互联系,熟悉汽车的全车电路,对电气设备正确使用和维修,特别是故障诊断与排除具有十分重要的意义。

课题一 汽车线路常用部件及选用

 学习目标

完成本课题学习后,你应能:
1. 掌握汽车线路常用部件的规格、型号;
2. 掌握汽车电器配件的选用原则。
建议课时:**2 课时**。

一、汽车导线、线束及插接器

1. 导线

汽车电系的连接导线有低压和高压导线两种。它们均由铜质多丝软线外包绝缘层构成。

(1)低压导线的截面选择 低压导线的截面主要是根据用电设备的工作电流选择的,但对于功率很小的电器,仅以工作电流的大小选择导线,其截面积将太小,机械强度差,因此,汽车电系中所用的导线截面积不得小于 $0.5mm^2$。

由于起动机是短时间工作的,连接蓄电池与起动机的导线不以工作电流大小来选定,而受工作时的电压降限制。为了保证起动机功率的发挥,要求在线路上每 100A 的电流所产生的电压降不超过 $0.1 \sim 0.15V$。因此,该导线截面特别大。蓄电池的搭铁线一般采用铜丝编织成的扁形软导线,不带绝缘层。

12V 电系汽车主要线路导线截面积推荐值见表 8-1,常见汽车导线截面积见表 8-2。

(2)导线颜色与标注 为便于区分汽车线路,其导线绝缘层采用不同颜色。有些导线采用单一颜色,有些则在主色基础上加两条轴向辅助色。

在电路图中,导线的颜色多用英文字母表示(也有一些国产汽车用汉字标出)。若导线为单色,则只用一个字母;若另有辅色,则用两个字母表示。其中前一个字母表示其主色,后一个字母表示辅色。各种颜色的代号见表8-3。

12V电系低压导线的推荐规格　　　　　　　　　　　　　　　　　　　　　表8-1

导线的使用部位	标称截面(mm^2)
后灯、顶灯、指示灯、仪表灯、牌照灯、燃油表、刮水器等电路	0.5
转向灯、制动灯、停车灯、分电器等电路	0.8
前照灯、电喇叭(3A以下)电路	1.0
前照灯、电喇叭((3A以上)电路	1.5
其他5A以上的电路	1.5~4.0
电源电路	4~25
起动电路	16~95
柴油机汽车电热塞电路	4~6

常见汽车导线截面积　　　　　　　　　　　　　　　　　　　　　　　　　表8-2

区间	解放 CA1090	东风 EQ1090	上海桑塔纳	日产 TKL-20	五十铃 NHR、NKR
发电机—电流表—起动机	4.0	4.0	2.5×2	5~8	5~8
磁场电路	0.8	1.0	0.5	1.25	
预热器主电路			2.5	15	5
点火开关—起动继电器	0.8	1.0			0.5
点火开关—起动机			4.0	5.0	
起动继电器—起动机	2.5	1.5			3
仪表电路	0.8	0.5~1.0	0.5	0.5	0.5
点火线圈初级电路	1.0	0.8	1.5		
远光灯电路	2.5	1.0	1.5	0.85	1.25
近光灯电路	1.5	1.0	1.5	0.85	0.85
转向灯/报警灯	1.0		1.0~1.5	0.5,0.85	0.85,0.5
喇叭主电路	1.0	1.0	1.5	0.85(气)	0.5
喇叭继电器开关	0.8	0.8	1.0		0.3
刮水电动机	1.5	1.0	1.0	0.85	0.85
暖风电动机	1.0	1.0	1.5	1.25	2.0
搭铁线	1.0,1.5	1.0	0.5~1.6	0.85~15	0.5~30

导线颜色的代号　　　　　　　　　　　　　　　　　　　　　　　　　　　表8-3

导线颜色	红	白	蓝	绿	黄	棕	紫	灰	黑	橙
代号	R	W	BL	G	Y	Br	V	Gr	B	O

导线颜色的选用程序,应符合表8-4的规定。

导线颜色的选用程序 表8-4

选用程序	1	2	3	4	5	6	选用程序	1	2	3	4	5	6
导线颜色	B W R G	BW WR RW GW	BY WB RB GR	BR WRL RY GY	WY RG YBL	WG RBL GBL	导线颜色	Y Br BL Gr	YR BrW BLW GrR	YB BrR BLR GrY	YG BrY BLY GrBL	BrB BLG GB GrB	YW BLO GrB

部分进口轿车的导线颜色代码见表8-5。

部分进口轿车的导线颜色代码 表8-5

导线颜色	字母代码	数字代码	导线颜色	字母代码	数字代码
棕	BRN	1	深蓝	DK BLU	11
棕褐	TAN	2	粉红	LT RED	12
黑	BLK	3	浅蓝	LT BLU	13
监	BLU	4	深绿	DK GRN	14
绿	GRN	5	浅绿	LT GRN	15
白	WHT	6	灰	GRY	16
黄	YEL	7	紫	PPL	17
红	RED	8	全红		18
橙	ORN	9	全灰		19
深红	DKRED	10	透明	GLR	20

在电气线路图中对导线的标注,一般将其标称截面积和线色同时标出,如1.5Y表示其标称截面积为1.5mm^2,单色(黄色),而1.0GY表示标称截面积为1.0mm^2,双色导线,主色为绿色,辅色为黄色。

有些汽车导线端部还用彩色塑料套管作为区分标志,如RW/Y表示红底白色条纹导线,端部套有黄色塑料管;L/R表示蓝色导线端部套有红色套管。

(3)高压导线 高压导线是点火系中承担高压电输送任务的,其工作电压一般在15kV左右,而工作电流很小,故其截面积较小(一般为1.5mm^2),但绝缘层很厚,其绝缘材料有全塑料与橡皮之分。

按线心的不同,国产高压导线分为铜心线和阻尼线两种。高压阻尼线能抑制点火系对无线电设备的干扰,且效果较好。

2. 线束

为了使汽车全车繁多的导线不凌乱,方便安装和保护导线的绝缘层不被损坏,一般都将同路的各导线用棉纱编织或用聚氯乙烯塑料带包扎成束,称为线束。近年来国外汽车为了检修导线方便,将导线包裹在用塑料制成开口的软管中,检修时将开口撬开即可。

一般汽车线束都分成几部分,再通过插接器来完成电路连接。发动机前置的汽车常分成发动机罩下线束、仪表板转向盘开关线束、底盘后车灯线束等。

有些轿车电路将复杂的电路分解成许多小的线束,再用插接件与中央接线盒连接。

已制成的线束在安装时应注意以下几点:

(1)线束应用卡簧或绊钉固定,以免松动磨损;

(2)线束不可拉得太紧,尤其在拐弯处更需注意,在绕过锐角或穿过洞口时,应用橡皮、毛毡类的垫子或护套保护,以防磨损线束;

(3)各接头必须连接紧固,接头间接触良好。

3. 插接器

为便于接线,汽车线束中各导线端头均焊有接线卡,并在导线与接线卡连接处套以绝缘管,经常拆卸的接线卡一般取开口式,而拆卸机会少的接线卡则常采用闭口式。

现代汽车上,均使用插接器,这有利于汽车的制造,更有利于维修。

插接器由插头与插座两部分构成,按使用场合的实际需要,其脚数不等,插接脚有平端与针状之分。图8-1为两种不同形式的四脚插接器实物及符号。

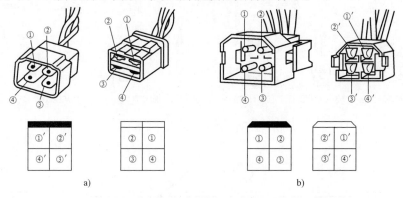

图 8-1 一般用途的插接器
a)平端四脚插接器;b)针状四脚插接器

插接器接合时,应先将其导向槽重叠在一起,使插头和插孔对准且稍用力插入,这样就可以十分牢固地连接在一起。

为了防止汽车行驶过程中插接器脱开,所有插接器均采用闭锁装置,如图8-2所示。当要拆下插接器时,应先压下闭锁,然后再将其拉开。不压下闭锁时,绝不可用力猛拉导线,以防拉坏闭锁或导线。汽车常用不同形式的插接器,如图8-3所示。

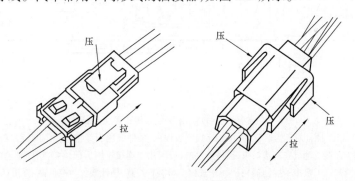

图 8-2 插接器的闭锁装置

有些轿车插接器集中安装在中央线路板背面,桑塔纳系列轿车中央线路板的背面如图8-4所示。主要线束的插件代号有 A、B、C、D、E、G、H、K、M、N、P、R。查找时只要根据电路图中导线与中央线路板区域中下框线交点处的代号,就能了解其导线在线束中第几个插头上。例如 D_{23} 表示 D 插接器上第23孔上的导线。

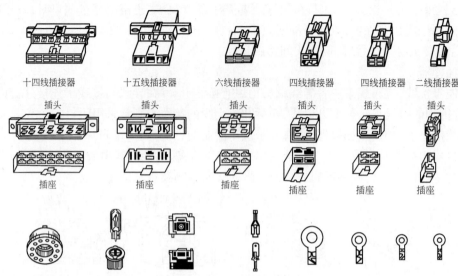

图8-3 汽车常用不同形式的插接器

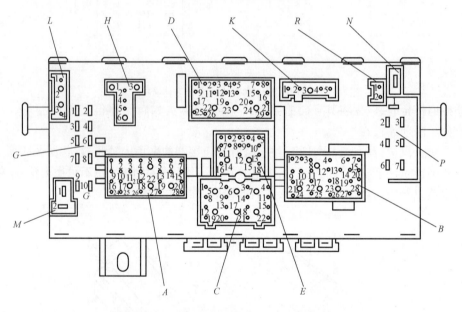

图8-4 桑塔纳系列轿车中央线路板背面插接器布置

A-用于连接仪表板线板线束,插件颜色为蓝色;B-用于连接仪表板束,插件颜色为红色;C-用于连接发动机室左边线束,插件颜色为黄色;D-用于连接发动机室右边线束,插件颜色白色;E-用于连接车辆后部线束,插件颜色为黑色;G-用于连接单个插头(主要用于冷却液不足指示控制器);H-用于连接空调装置线路,插件颜色为棕色;K-空位;L-用于连接双音喇叭线路,插件颜色为灰色;M-空位;N-单个插头(主要用于进气歧管预热器的加热电阻的电源);P-单个插头(主要用于蓄电池火线与中央线路板"30"的连接,中央线路板"30"与点火开关"30"接线柱连接);R-空位

由于文字、技术标准等差异,插接器在电路的图形符号及标注方法各有不同。解放系列、东风系列的汽车将插接器标注在线束图中,而有关线束的分组情况及线束的走向,在线束图的说明书中都有详细说明。当线路检修时,只有通过线束图才可找到插接器及导线的

位置。而大众系列的轿车,插接器直接标注在电路原理图上,文字标注 $T_{29/6}$ 表示为插接器插头代码,29 表示 T 为 29 脚插头,6 表示该导线在插接器中的位置,而关于插接器的位置,一般在电路图的说明书中都有详细介绍。

二、汽车常见开关、继电器及保险装置

1. 开关

开关用来控制汽车电路中各种用电设备。它一般安装在驾驶员手足易于达到的范围。按操作方式可分为手操纵和脚踏式两种;按其结构原理可分为机械开关和电磁开关;按其用途分为点火开关、起动开关、电源开关以及灯光开关和小型直流电动机开关等 5 种。

(1)电源总开关 电源总开关是用来接通或切断蓄电池电路的,其形式有闸刀式和电磁式两种,其中电磁式使用较少。

闸刀式电源总开关如图 8-5 所示,一般用于蓄电池搭铁线的控制。它安装在驾驶员便于操作,但又不易误操作的部位,使用时只需将操作手柄向下按至图中虚线所示位置,汽车电源即被接通。向上扳起手柄,则电源断开(图中实线位置)。

(2)点火开关 点火开关主要用来接通和切断点火电路,同时还用以控制起动机、发电机励磁、收录机、空调、刮水器、点烟器、转向盘锁止、仪表、信号灯、进气预热和其他电气设备电路。常用的锁式点火开关配有主钥匙、副钥匙及钥匙编码标签,主钥匙与汽油箱锁盖、汽车门锁、行李舱锁通用;副钥匙仅与门锁通用;钥匙编码标签是在钥匙丢失后向厂家索配的依据。

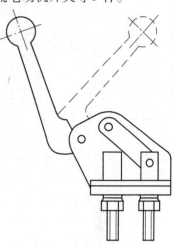

图 8-5 闸刀式电源总开关

①点火开关的形式:常见点火开关的挡位布置与适用条件见表 8-6 所示。桑塔纳、奥迪轿车点火开关挡位及接线柱的通断情况见表 8-7 和表 8-8。

常见点火开关的挡位布置与适用条件　　表 8-6

名 称	接线柱个数	挡位	挡 位 布 置 通断				适 用 条 件
			接线柱 1 (B,AM,电源)	接线柱 2 (IG,点火)	接线柱 3 (AC,C,附件)	接线柱 4 (ST,起动)	
点火开关	2	0	—	—			仅点火电路需上锁控制
		I	○——○				
点火连其他开关	3	I	○——○	○			除控制点火电路外,还需控制如收音机、点烟器、刮水器等附件的电路
		0	○——○	—	—		
		II	○——○	○	○		
点火连起动开关	3	0	—	—		—	除控制点火电路外,还需控制起动电机电路
		I	○——○	○			
		II	○——○	○		○	
点火、起动连其他开关	4	III	○——○	○	○		除控制点火电路及起动机外,还需控制如收音机、点烟器、刮水器等附件的电路
		0	—	—	—	—	
		I	○——○	○	○		
		II	○——○	○	○	○	

桑塔纳轿车挡位及接线的通断情况 表 8-7

挡位	接线柱通断					接通电路
	30	P	15	X	50	
Lock(0)	○					
Ⅰ	○—○					接通停车灯电路
Ⅱ	○—	—	○	○		点火、仪表、励磁、进气、预热雨刮、空调、自动、阻风
Ⅲ	○—	—	○	○	○	起动、点火、仪表、励磁、进气、预热、自动、阻风、废气循环、截止阀等

奥迪轿车挡位及接线的通断情况 表 8-8

档位	接线柱通断						接通电路
	30	P	75	15	50	86	
0	○—	—	—	—	—	○	蜂鸣器
Ⅰ	○—	—	○			○	组合开关,中间继电器,蜂鸣器等电路
Ⅱ	○—	—	○	○		○	点火、进气预热、机油报警、急速、电磁阀、组合开关
Ⅲ	○—	—	○	○	○		起动、点火、进气预热、急速、电磁阀、蜂鸣器等

②点火开关的使用与检修:要锁住转向盘,必须使车辆处于直线行驶状态(居中位置),旋转钥匙至"LOCK"位置后再将钥匙拔出,转向器即被锁止。

汽车行驶中,不允许点火开关转至"LOCK"位置。

点火开关各挡位接触要良好,一般用万用表欧姆挡测量各挡位的导通情况,若不导通或有电阻,说明有断路或接触不良,应予更换。如导通情况不符合规定应调换其上的导线。

(3)组合开关 为了保证行车安全,操作方便,在汽车电气系统整体结构设计中,多将转向开关,危险报警开关,小灯与前照灯开关、变光开关、刮水器开关、洗涤器开关、喇叭开关等组装在一起,又称为组合开关。

JK322A 型组合开关见图 8-6,开关的挡位及工作情况见表 8-9。

JK322A 型组合开关挡位及工作情况 表 8-9

开关名称	挡位	导线颜色															
		绿/黑	绿/白	绿/黄	绿/蓝	绿/红	绿/橙	绿	黄	红	白	红/蓝	红/绿	红/白	白/黑	蓝	蓝/黑	蓝/橙	蓝/红	黑	蓝	绿/红
转向灯开关	左	○	○		○	○												
	OFF				○	○												
	右		○	○														
危险报警开关	拉出	○	○	○		○	○											
灯光开关	OFF																	
	Ⅰ							○		○								
	Ⅱ							○	○									
变光开关	向上											○	○	○				
	中间												○	○				
	向下												○		○			

续上表

开关名称	档位	导线颜色																				
		绿/黑	绿/白	绿/黄	绿/蓝	绿/红	绿/橙	绿	黄	红	白	红/蓝	红/绿	红/白	红/黑	蓝	蓝/黑	蓝/橙	蓝/红	黑	蓝	绿/红
雨刮开关	OFF																○	○				
	LO															○	○					
	HI																	○	○			
洗涤开关																				○	○	
喇叭按钮																						○

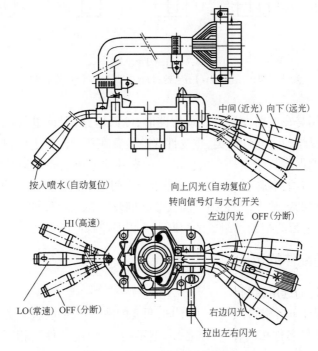

图 8-6　JK322A 型组合开关的挡位

2. 继电器

继电器有功能型和电路控制型两类。如闪光继电器、刮水器间歇继电器属功能继电器。电路控制继电器在汽车上常见的有前照灯继电器、雾灯继电器、起动继电器、喇叭继电器、减荷继电器等,其作用是通过开关的小电流控制继电器,继电器触点闭合后大电流直接供给用电器,保护开关触点不被烧蚀。

继电器按结构原理区分时,主要有电磁继电器、干簧继电器、双金属继电器以及电子继电器;继电器按触点状态分为常开型、常闭型和开闭混合型;按与电路连接方式分为接柱式和插接式。前照灯继电器,见图 8-7。

汽车电路控制继电器大部分采用电磁继电器,主要有线圈、铁芯、磁轭、活动触点臂、触点等组成。

不同车型选装的继电器个数不同,例如,桑塔纳轿车系列都装用减荷继电器,其任务是为大容量电器提供第三电源,以减轻点火开关负载,延长其使用寿命。当发动机运转点火开关处于Ⅰ挡时,减荷继电器线圈由点火开关控制。当点火开关处于"0"挡时,减荷继电器线圈断电,触点打开,切断了有关用电设备的电源电路。

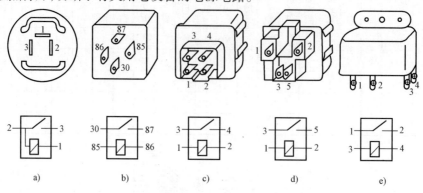

图8-7 前照灯继电器

a)丰田型;b)通用型;c)五十铃;d)日产型;e)CA1091、CA1092

3. 保险装置

保险装置的作用是在电路发生过载或短路时,断开电路,保证电气设备及线路的安全。保险装置可分为重复性与一次性两类,重复性保险装置在新型汽车上已很少采用。

现代汽车使用的保险装置多是一次性的。一次性保险指的是快速熔断片、熔断丝及熔丝(片)管等。使用一次性保险装置,当电路中电流超过熔丝的熔断电流值时,即自行熔化断开电路。欲恢复电路的正常工作,必须重新安装熔断丝。在绝大多数汽车上,熔断丝都集中安装,由不同的额定电流的熔断丝组成的熔断器盒以及集保险与配线一体的中央线路板。

三、汽车电器配件的选用

1. 汽车电器配件的选用原则

(1)汽车电器配件车名相同,尽管车型不同,只要配件件号相同,就能确定通用互换关系。

(2)汽车电器配件名称相同、尽管车名、车型不同,只要配件件号相同,就能确定通用互换关系。

(3)汽车电器配件名称相同,尽管生产厂家、车型、车名及发动机型号不同,只要配件电脑图号相同,就能确定通用互换关系。

(4)发动机配件名称相同,尽管车型、车名及生产厂家不同,但只要发动机通用互换,就能确定这些配件的通用互换关系。

2. 汽车电器配件选用注意事项

(1)蓄电池的选用　应根据车型的要求选用类型、额定电压、容量。

(2)硅整流发电机的选用　应以汽车用电设备所需用的电压、满载的电流来选用发电机的空载电压和功率(或电流)。

(3)硅整流发电机调节器的选用　应与所选用的发电机电压、功率、搭铁极性相匹配。

(4)起动机的选用　应首先确定起动机的功率、电压、起动机与发动机曲轴的传动比以及蓄电池的容量。

(5)点火线圈的选用　其性能参数必须与工作电压、点火形式和发动机车型相配套。闭磁路点火线圈的选用,应与分电器的结构和发动机类型相配套。

(6)分电器的选用　除型号、规格与发动机相配套,还应注意安装形式。

(7)火花塞的选用　应根据其热特性或依据发动机燃烧温度来选择,且同一台发动机不允许混用不同型号的火花塞。

(8)指示仪表的选用　注意指示仪表的类型、指示的标度、额定电压及传感器的类型与型号。

(9)照明信号装置选用　注意灯泡的工作电压、功率。

课题二　典型汽车线路图的识读及全车线路

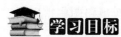

完成本课题学习后,你应能:
1. 掌握一般汽车电路的表示方法;
2. 掌握汽车的电路图形符号;
3. 掌握汽车电路图的一般识读方法。
建议课时:4 课时。

在汽车上,将电源系、起动系、点火系、照明系、信号、仪表及辅助电器等按照它们各自的工作特性及相互间的内在联系,用导线连接起来,构成一个整体,我们通常将其称为汽车电气设备总线路。

一、汽车电路的表示方法

汽车电路常见的有接线图、线路图、电路原理图、线束图等4种表示方法。

接线图是一种专门用来标记接线与连接器的实际位置、色码、线型等信息的指示图,专门用于检修时查寻线束走向、线路故障及线路复原时使用,并不论及所接连电器的工作原理及型号。虽然接线图中的导线以接近于线束的形式从相应的连接点引出,便于维修时按线按色查找线路故障,但却不便于进行电路分析。由于许多车型中所附的电气线路图为接线图,因此掌握接线图的读法和分析方法,对进口汽车电路中线路故障的查寻会有很大帮助。接线图可以是整车电路的接线图,也可以是各系统的接线图。

线路图是传统汽车电路的表示方法,由于汽车电器的实际位置及外形与图中所示方位相符,且较为直观,因此便于循线跟踪地查找导线的分支和节点,国内现仍有不少厂家沿用。但由于线路图线束密集、纵横交错,故图的可读性及电路分析过程相对较为复杂。

电路原理图则是包含所有电器元件在内的、表明其工作原理的参考图。它可以是各系统的电路原理图(此时多为详图),也可以是整车电路原理图(此时多为简图,电器则用简明图形符号表示)。原理图与线路图有所不同,它是将线路图高度简化后得到的,故图面清晰、电路简单明了、通俗易懂,更好地反映了各个电路系统的组成及电路原理,对分析系统的电路工作原理及电路故障诊断十分方便。

线束图主要用来说明哪些电气设备的导线汇合在一起组成线束,从何处进行连接,对实车布置和电气设备安装提供方便。

二、汽车电路图形符号

汽车上用电设备数量较多,用各电器元件的结构图来表示汽车电路非常复杂。因此,通常用符号表示各电器元件,并用导线将电器元件按照一定的规律连接起来,形成汽车的电路图。

汽车电路中常用的图形符号有电路图形符号和仪表、开关、指示灯标志图形符号。

1. 电路图形符号

不同厂家生产的汽车电路的电路图形符号也不相同。长沙汽车电器研究所推荐使用的汽车电路图形符号,简明扼要,含义准确,比较标准和规范,目前在汽车电路图中得到了广泛的应用。其图形符号及含义,见表8-10。

汽车电路图形符号及含义　　　　　　表8-10

名　称	图形符号	名　称	图形符号
插座的一个极	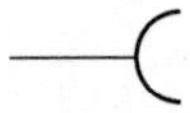	动断(常闭)触点	
插头的一个极			
插头和插座		先断后合的触点	
多极插头和插座(示出的为三极)			
		中间断开的双向触点	或
接通的连接片			
断开的连接片	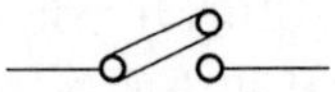	双向动合触点	
边界线			
屏蔽(护罩)(可画成任何方便的形状)		双动断触点	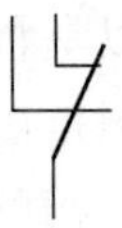
屏蔽导线	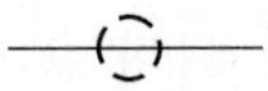		
端子		单动断双动合触点	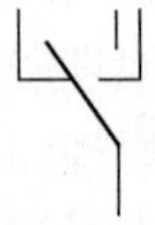
可拆卸的端子			

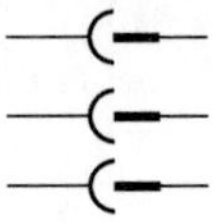

续上表

名　称	图形符号	名　称	图形符号
导线的连接		双动断单动合触点	
导线的分支连接		天线电动机	
导线的交叉连接		直流伺服电动机	
一般情况下手动控制		直流发电机	
拉拔操作		定子绕组为星形连接的交流发电机	
旋转操作		定子绕组为三角形连接的交流发电机	
动合(常开)触点		外接电压调节器与交流发电机	
整体式交流发电机		转速传感器	
蓄电池		电喇叭	
蓄电池传感器		扬声器	
两个绕组电磁铁		蜂鸣器	
		报警器、电警笛	
制动灯传感器		元件、装置、功能元件(填上适当符号或代号,表示元件、装置或功能)	
尾灯传感器			
制动器摩擦片传感器		信号发生器	
燃油滤清器积水传感器		脉冲发生器	
三丝灯泡		闪光器	
		霍尔信号发生器	

续上表

名　称	图形符号	名　称	图形符号
电路滑环与电刷		磁感应信号发生器	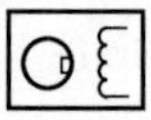
自记车速里程表	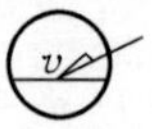	分电器(图示为4缸)	
带电钟自记车速里程表	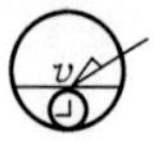	火花塞	
带电钟的车速里程表		电压调节器	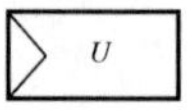
门窗电动机（垂直驱动）		转速调节器	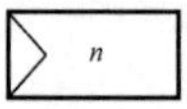
座椅安全带装置		温度调节器	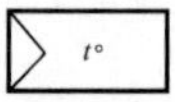
电子门锁（中央集控门锁）	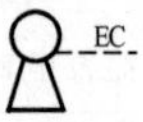	直流电动机	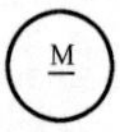
不同方向绕组电磁铁	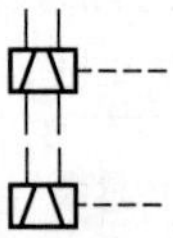	串励直流电动机	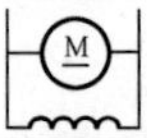
		并励直流电动机	
永磁直流电动机		触点常开的继电器	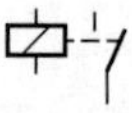
起动机（带电磁开关）		触点常闭的继电器	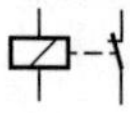
燃油泵电动机、洗涤电动机		温度补偿器	
晶体管电动燃油泵		电磁阀一般符号	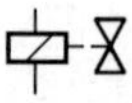
加热定时器		常开电磁阀	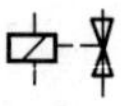
点火电子组件		常闭电磁阀	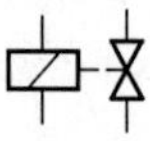
空调鼓风电动机（室内用、可调风量与风向）		空调压缩机的电磁离合器	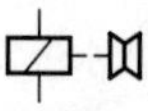
刮水电动机		用电动机操纵的怠速调整装置	
易熔线		过电压保护装置	

续上表

名　　称	图形符号	名　　称	图形符号
电路断电器		过电流保护装置	$I>$
钥匙开关（全部定位）		加热器（除霜器）	
		空气调节器	
多挡开关：点火、起动开关，瞬时位置为2能自动返回到1（即2挡不能定位）		汽车仪表稳压器	U const
		点烟器	
节流阀开关		热继电器	
压敏电阻器		间歇刮水继电器	
热敏电阻器		防盗刮水继电器	
仪表照明调光电阻		收音机	
光敏电阻		油压表	OP
加热元件、电热塞		转速表	n'
内部通信联络及音响系统		温度表	$t°$
速度传感器		燃油表	Q
空气压力传感器		车速里程表	v
制动压力传感器		指示仪表（星号按规定字母或符号代入）	*
传感器的一般符号（星号按规定字母或符号写入）		电压表	V
照明灯、信号灯、仪表灯、指示灯		电流表	A
双丝灯		电压电流表	A/V

续上表

名　称	图形符号	名　称	图形符号
荧光灯		温度表传感器	t
组合灯		空气温度传感器	t_A
		水温传感器	t_W
预热指示器		燃油表传感器	Q
电钟		油压表传感器	$O\text{il}$
数字式电钟		空气质量传感器	m
		空气流量传感器	AF
收放机		氧传感器	λ
点火线圈		爆震传感器	K

2. 仪表、开关、指示灯标志图形符号

仪表、开关、指示灯通常使用标志图形的符号来表示其功能,见表8-11。

仪表、开关、指示灯标志图形符号　　　　　表8-11

名称	符号	名称	符号	名称	符号	名称	符号
喇叭		危险信号		发动机舱盖		高低挡选择	
电源总开关		驻车制动		行李舱罩		下坡缓行器	
灯总开关		制动器故障		前窗刮水		轮间差速器	
远光		空滤器堵塞		间歇刮水		轴间差速器	
近光		机滤器堵塞		前窗洗涤器		起动	
前照灯水平操纵		电池充电		前窗洗涤刮水器		暖风	
远照灯		无铅汽油		后窗刮水		冷气	

续上表

名称	符号	名称	符号	名称	符号	名称	符号
前雾灯		汽(柴)油		后窗洗涤		风扇	
后雾灯		冷却水温		后窗洗涤刮水		腿部出风口	
后照灯		机油温度		前照灯清洗器		右出风口	
示廓灯		机油压力		阻风门		左出风口	
车厢灯		安全带		手油门		右左出风口	
顶灯		点烟器		百叶窗		全部出风口	
停车灯		门开警报		起动预热		坐垫暖风	
转向灯		驾驶锁止		熄火		前后除霜	

注：红色表示危险　　　　暖风用红色
　　黄色表示注意　　　　冷气用蓝色
　　绿色表示安全　　　　行驶灯光用蓝色

三、汽车电路图的读图要点

1. 认真读2～3遍图注

对照图注熟悉元器件的名称、位置、在全车电路中的数量、接线多少，哪些是常见元器件、哪些是新颖、独特、复杂的元器件。只要认真去做，就可以初步了解一大半电路特点，同时也能较快地发现整车电路的重点与难点。

2. 牢记回路原则

任何一个完整的电路要完成其特定的功能都是由电源、开关、用电器、导线等组成。电流必定是从电源正极出发，经过熔断器、开关和导线到达用电器，再经导线（或搭铁）回到同一电源的负极，才能构成回路。

3. 注意电路的搭铁极性

前已述及，因为汽车电路采用单线制，用电设备及发电机和蓄电池各自必有一极搭铁，现在国际和国内都统一为电源负极搭铁。

4. 抓住汽车电路的几条主干线

因为汽车电路有单线制、电器相互并联、负极搭铁这样一个共性，加上某些电器开关在电路中的控制作用，一般可以分成几条主干线，在每条主干线上都接有相应的支路熔断器及支路用电器。抓住这几条主干线，对于查找电路，常有事半功倍的效果。

5. 注意开关在电路中的作用

开关是控制电路通断的关键,简单的开关只有两根导线接入,复杂的开关往往汇集着许多导线,分析汽车电路时应注意以下问题:

蓄电池(或发电机)电流是通过什么路径到达这个开关的,中间是否经过别的开关和熔断器,火线接在开关的哪个接线柱上。

开关是手动还是机械联动的,开关共有几个挡位,开关内部有几个同时或分别动作的触刀,在每一挡中,各接通哪些电器,关断哪些电器。

6. 要善于化整为零

整车电路错综复杂,往往无从下手,但只要掌握了汽车电路的单线制、各电路负载相互并联,电源也相互并联的特点,再按照电源系、起动预热系、点火系、照明系、信号系、仪表系的接线特点,一步一步扩大,一层一层深入,就能把整车电路化整为零。

7. 善于归纳整理、触类旁通

如果弄通了 1~2 种或 3~4 种汽车电路,就可以通过这个例子掌握汽车电路的某些共性规律,以这些共性为指导,再去了解不同型号汽车的电路,又会发现某些共性,同时发现它们相互之间的差异。

四、电路图识读的一般方法

各种汽车的线路图一般都由其制造厂提供,大部分国产汽车电气总线路的特点是,在图的画法上很注意各电器在车上的实际位置。例如图的左边一般表示汽车的前部,为了尽可能接近实际情况,图中的电器不用电路符号,而是用该电器的外形轮廓或特征表示。不但如此,在图上还注意汽车上线束中同路的导线尽量画在一起。这样,汽车电气总线路图就较忠实地再现了其实际情况。

要识读上述类型的总线路图,应先搞清楚该车型上有关电器的接线柱数目、安装位置及与之相关联的电器名称等基本情况。然后在图下边的图标说明中找到所要了解的电器,按图上的编号找到该电器在图上的位置,沿与其相连的实线(即实际线路中的导线)找出其走向及与其相联系的开关、保险、其他电器及电源等。具体方法可以沿着工作电流的流动方向,由电源开始向用电设备检查,也可以逆着电流的方向,由用电设备查向电源,尤其查寻一些不太熟悉的电路,后者比前者更方便。

也可以采用"部分电路分析法",即先将复杂的总线路按功能或要求目标分成几个简单的部分电路,然后对各部分进行作用、特点、原理等方面的分析,搞清各部分电路的情况,最后将各个部分电路综合起来,总线路的工作原理也就清楚了。

尽管汽车总线路比较复杂,但按电器的用途和电路的组成,一般可将总线路分为电源系、起动系、点火系、照明系、信号系、仪表和警报系等独立电系。下面以解放 CA1092 型汽车为例,分别叙述如下。

1. 电源系电路

解放 CA1092 型汽车的电源系电路如图 8-8 所示。其特点是:

(1)外搭铁式硅整流发电机,中性点电压控制充电指示灯,充电指示灯熄灭时,表明发电机已正常工作。

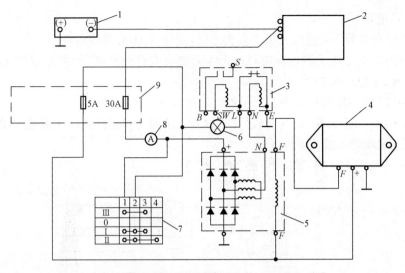

图 8-8 解放 CA1092 型汽车电源系电路

1-蓄电池;2-起动机;3-组合继电器;4-晶体管调节器;5-硅整流发电机;6-充电指示灯;7-点火开关;8-电流表;9-熔断丝盒

（2）配用外搭铁式晶体管电压调节器,采用 5A 快速熔断片,保护发电机励磁电路和晶体管电压调节器,由点火开关控制发电机励磁电路。

（3）蓄电池的充、放电电流由电流表指示,采用 30A 快速熔断片,主要用来保护发电机和充电线路。

（4）当发电机中速以上运转时,发电机向蓄电池充电并向外电路用电设备供电,而在停车、起动或发动机怠速时,由蓄电池向外电路用电设备供电。

2. 起动系电路

CA1092 型汽车的起动系电路如图 8-9 所示,其特点是:

（1）起动机的电磁开关由组合继电器中的起动继电器控制;

（2）起动继电器由点火开关第Ⅱ挡（起动挡）控制;

（3）组合继电器中的保护继电器,具有自动保护起动电路作用。

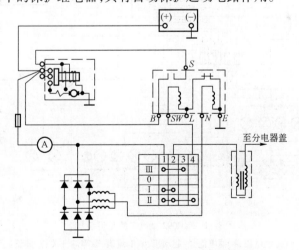

图 8-9 解放 CA1092 型汽车起动系电路

3. 点火系电路

CA1092型汽车采用磁感应式电子点火系统(见图8-10),其特点是:

(1)6TS2107电子点火器具有控制点火线圈初级电路的通断,恒能控制停车断电保护、低速推迟点火,过电压保护等;

(2)JDQ172为二接线柱开磁路无附加电阻的高能点火线圈;

(3)采用了突出型火花塞,具有较好的热特性,采用具有感性的高压阻尼线,能较好地抑制点火系对无线电的干扰。

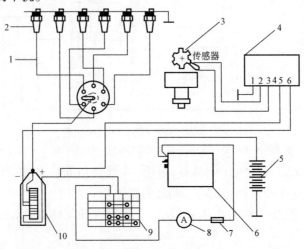

图8-10 CA1092型汽车点火系电路

1-高压导线;2-火花塞;3-磁感应分电器;4-电子点火器;5-蓄电池;6-起动机;7-熔断丝;8-电流表;9-点火开关;10-点火线圈

4. 照明系电路

CA1092型汽车的照明系电路见图8-11,其特点是:

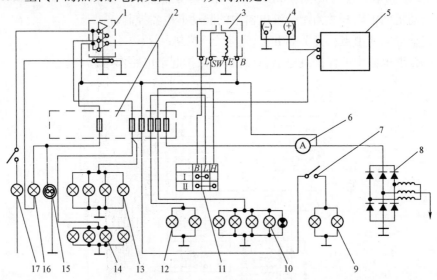

图8-11 CA1092型汽车的照明系电路

1-车灯开关;2-熔断丝盒;3-灯光继电器;4-蓄电池;5-起动机;6-电流表;7-雾灯开关;8-硅整流发电机;9-雾灯;10-前照灯远光灯;11-变光开关;12-前照灯近光灯;13-示宽灯;14-仪表灯;15-工作灯插座;16-顶灯;17-工作灯(发动机舱盖下灯)

(1)前照灯采用四灯制非对称配光形式;
(2)前照灯、示宽灯、仪表灯、顶灯等均通过车灯开关控制;
(3)前照灯由车灯开关通过灯光继电器控制,若该继电器损坏,不能直接用车灯开关控制前照灯,否则,会因其触点承载能力太小而烧坏开关。前照灯远、近光的变换通过变光开关实现。

5. 信号系电路

CAl092 型汽车的信号系电路见图 8-12,其特点是:
(1)当由蓄电池供电时,包括喇叭在内的所有信号装置的工作电流均通过电流表;
(2)闪光继电器为电容式,转向与危险报警共用;
(3)倒车时,倒车灯开关使倒车灯与倒车蜂鸣器同时工作;
(4)电喇叭为双音盆形,受继电器控制。

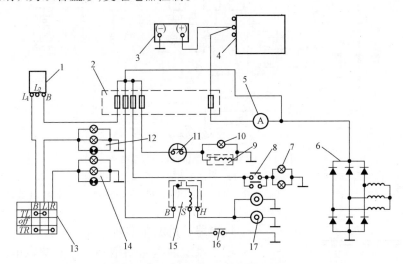

图 8-12 解放 CAl092 型汽车信号系电路

1-闪光继电器;2-熔断丝盒;3-蓄电池;4-起动机;5-电流表;6-硅整流发电机;7-制动灯;8-制动开关;9-倒车蜂鸣器;10-倒车灯;11-倒车开关;12-左转向信号灯;13-转向灯开关;14-右转向信号灯;15-喇叭继电器;16-喇叭按钮;17-电喇叭

6. 仪表和警报系电路

CAl092 型汽车的仪表和警报系电路见图 8-13,其特点是:
(1)水温表及燃油表由仪表电源稳压器供电;
(2)发动机未起动,点火开关在 ON 挡位置时,充电指示灯、驻车制动报警灯、气压过低报警灯、机油压力过低报警灯均应亮。发动机工作后,充电指示灯和机油压力报警灯应熄灭;当储气筒气压达到 0.4MPa 以上时,气压报警灯熄灭;
(3)所有警报信号灯集中设在仪表板总成的左侧,以便观察,各警报信号灯的位置及符号如图 8-14 所示。

五、纵向排列式电路图的识读

当汽车上的电气设备较多时,由于图线多而乱,识读起来就比较困难。为此,当前国际上汽车电路图流行一种"纵向排列式画法",即总线路采用纵向排列,不走折(极个别地方除外),图上不出现导线交叉。对某一条线路来说,从头到尾不超过所在篇幅纵向的3/4,某一部分电路局限在总线路横向的一个区域内。这样对电气设备繁多的汽车电路,提供了一种简洁明了的读图方法。上海桑塔纳轿车的总线路图就采用了这种画法(图8-15是其总线路的一部分),下面对该车总线路的特点和读图方法作一介绍。

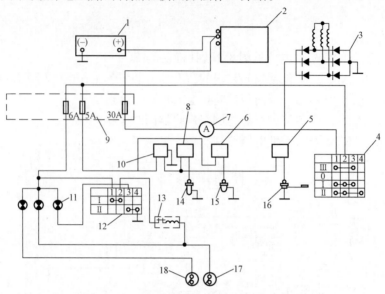

图8-13 CAl092型汽车仪表和警报系电路

1-蓄电池;2-起动机;3-发电机;4-点火开关;5-燃油表;6-机油压力表;7-电流表;8-水温表;9-熔断丝盒;10-仪表用稳压器;11-驻车制动指示灯;12-停车开关;13-警报蜂鸣器;14-水温传感器;15-油压传感器;16-燃油传感器;17-气压警报开关;18-油压警报开关

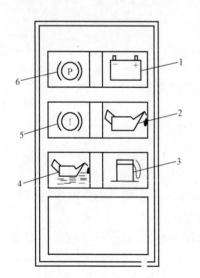

图8-14 解放CA1092型汽车的警报信号灯
1-电源指示灯;2-油压警报灯;3-燃油量警报灯;4-机油滤清器堵塞警报灯;5-气压警报灯;6-驻车制动(停车)警报灯

1. 电路采用纵向排列

同一系统的电路归纳到一起。基本电路就有条理地从左到右,按电源、起动机、点火装置、指示灯和仪表、照明设备、雾灯、报警闪光装置、信号灯、刮水器和洗涤器、双音喇叭的顺序编排。

2. 采用断线带号法解决交叉问题

在线路的断开处标上要连接的线路号,例如在断线处标黄底方框内有128其线路图下端标号为147,只要在线路图下端找到标号为128,则其上部断线处必标有147,说明在两标号(即128与147)为断线连接处。通过以上4个数字,上、下段电路就有机地联在一起了。

3. 在表示线路走向的同时,还表达了线路结构的情况

(1)汽车整个电气系统以中央电器装置(继电器、熔断器插座板)为中心。中央电器装置的正面插继电器和熔断器,在图纸的灰色部分里,画有汽车上的各种继电器,在这些继电器的右侧都有一个黄底小圆圈,其内标数字表示该继电器插在中央电器装置正面板上的位置。例如小圆圈里标数字2,表示该继电器插在板上的第2号位置上。

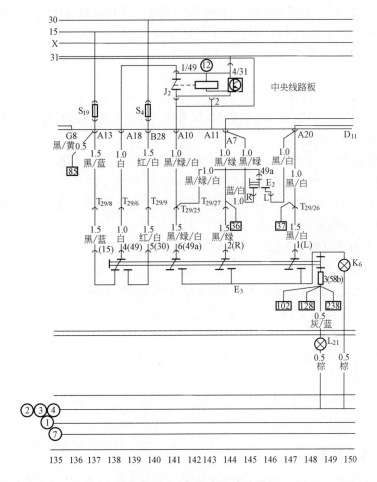

图8-15 "纵向排列式画法"电路

(2)以分数形式标明继电器插脚与中央电器装置插孔的配合。例如,第2号继电器有4个插脚,在图纸上标有1/85、2/30、3/87、6/86,其中分子上的1、2、3、6是指板上第2号位置上的4个插孔;分母85、30、87、86是指继电器上的四个插脚。分子与分母对应,且工艺上已保证它们不会插错。

(3)中央电器装置上的插头与线束插座有对应的字母标记。中央电器装置的背面是各种形式的组合插头,每一组合插头都有一个英文字母作为它的代号,并分别和各线束上的组合式插座插接。几根主要线束各自只有一只组合式插座,在同一线束里的所有导线在同一英文字母下被编成从1开始的不同序号。

4. 导线颜色采用直观表达法

在总线路图上,车上的导线用什么颜色,线路图上就印什么颜色一看便知。该车导线颜色也有一定规律:红色大多为控制火线,棕色为搭铁线,白黄色线用来控制灯,蓝线大多用于指示灯或传感器,全绿、红黑或绿黑多用于脉冲式的用电器。

5. 电路图中使用了一些统一符号

(1)电路图上部灰色区域内的四根导线分别标以 30、15、X、31,其中:

30——常火线,即点火开关断开后,能够向与其连接的用电设备供电;

15——接小容量电器的火线,在点火开关闭合时,由点火开关直接将其接通带电;

X——接大容量电器的火线,在点火开关处于点火位置,通过中间继电器将其接通带电;

31——中央线路板内搭铁线。

(2)搭铁线也分三路:标有①为搭铁线;标有②、③、④为中央线路板搭铁线;标有⑦的为尾灯线束搭铁线。

(3)J_2 为继电器(电子控制),表示该继电器位于中央线路板上第 12 位。

(4)S 代表熔丝,下脚标号代表该熔断器在中央线路板上的位置。如 S_{19} 表示该熔断器处于中央线路板第 19 位,熔丝的容量可通过它的颜色判断:紫色为 3A,红色为 10A,蓝色为 15A,黄色为 20A,绿色为 30A。

(5)A_{13} 为中央线路板接头说明,该蓝/黑导线连接位于中央线路板 A 线束第 13 位插头上。以此类推,B_{28} 即在 B 线束第 28 位插头上。导线上标有的数字表示导线的截面积,如 1.5、1.0、2.5 分别表示该导线截面积为 1.5mm²、1.0mm²、2.5mm²。

(6)$T_{29/8}$ 表示连接插头,即 29 孔插头的第 8 位。以此类推,$T_{29/6}$ 表示 29 孔插头的第 6 位。

(7)导线尾部标号表示该导线连接的开关接线柱号,如 15 表示开关 E3 的 15 接线柱。

(8)K_6 表示报警闪光装置指示灯。

(9)方框内 102、128、238 表示该断开导线与线路图下端第 102、128、238 编号上方的导线连接。

六、全车线路分析

为进一步掌握纵向排列式电路,现以上海桑塔纳轿车电路为例,分析有关系统的工作过程、线路连接、电气设备的布置及线束分布。

上海桑塔纳系列轿车全车电路如图 8-16a)~k)所示。电气线路中央线路板上的熔断丝和零部件以及在电路中的位置见表 8-12 和表 8-13。

中央线路板上的熔断丝　　　　表 8-12

熔断丝编号	熔断丝名称	额定电流(A)	熔断丝编号	熔断丝名称	额定电流(A)
1	散热器风扇	30	5	燃油泵	15
2	制动灯	10	6	前雾灯	15
3	点烟器、收音机、钟,、车内灯、中央集控门锁	15	7	尾灯和停车灯(左)	10
4	危险报警闪光灯	15	8	尾灯和停车灯(右)	10

续上表

熔断丝编号	熔断丝名称	额定电流(A)	熔断丝编号	熔断丝名称	额定电流(A)
9	前照灯远光(右)	10	19	转向灯	10
10	前照灯远光(左)	10	20	牌照灯、杂物箱照明灯	10
11	前风窗刮水器及清洗装置	15	21	前照灯近光(左)	10
12	电动摇窗机	15	22	前照灯近光(右)	10
13	后风窗加热器	20	23	后雾灯	10
14	鼓风机(空调)	20	24	空调	30
15	倒车灯、车速传感器	10	25	自动天线	10
16	双音喇叭	15	26	电动后视镜	3
17	进气预热器温控开关、急速截止电磁阀	10	27	ECU	10
18	驻车制动、阻风门指示灯	15			

注：熔断丝 23～27 为桑塔纳 2000GSi 型轿车的编号，插在中央线路板的旁边。

电气线路图中零部件名称及在电路中的位置   表8-13

符号	零部件名称	在电气线路图中的位置	符号	零部件名称	在电气线路图中的位置
①	蓄电池搭铁线		F_{11}	后车门接触开关(右)	65
②③④	中央线路板搭铁线		F_{18}	热敏开关	
⑤	发动机室左线束搭铁		F_{22}	油压开关(30kPa)	53
⑥	阅读灯搭铁线		F_{23}	空调高压开关	229
⑦	尾灯线束搭铁线		F_{34}	制动液不足指示开关	55
30	常火线		F_{35}	进气预热温控开关	19
15	小容量电器用火线		F_{38}	空调室温开关	240
X	大容量电器用火线		F_{66}	冷却液不足指示灯开关	56
31	央央线路板内搭铁线		F_{69}	发动机室照明灯开关	107
A	蓄电池	5	F_{70}	杂物箱照明灯开关	104
B	起动机	7	F_{73}	空调压缩机开关	242
C	发电机	2	G	燃油表传感器	52
C_1	发电机电压调节器	21	G_1	燃油表	46
D	点火开关	23	G_2	冷却液温度传感器	51

续上表

符号	零部件名称	在电气线路图中的位置	符号	零部件名称	在电气线路图中的位置
E_1	灯光开关	92	H_1	高低音喇叭	251、252
E_2	转向灯开关	143	J_2	转向灯继电器	139
E_3	危险报警闪光开关	142	J_4	双音喇叭继电器	246
E_4	变光和转向灯开关	112	J_5	雾灯继电器	124
E_9	空调风速开关	234	J_6	稳压器	48
E_{15}	后风窗加热器开关	131	J_{26}	空调减负继电器	229
E_{19}	停车灯开关	25	J_{31}	前风窗刮水器及清洗装置继电器	169
E_{20}	仪表板照明灯调节器	102	J_{32}	空调继电器	234
E_{22}	前风窗刮水器开关	172	J_{51}	电动摇窗机自动继电器	188
E_{23}	雾灯开关	125	J_{52}	电动摇窗机延时继电器	190
E_{30}	空调开关	237	J_{53}	中央集控锁控制器(左前)	215
E_{33}	空调风量开关	242	J_{59}	X-接触继电器	91
E_{39}	电动摇窗机安全开关	208	J_{81}	进气歧管预热继电器	18
E_{40}	电动摇窗机开关(左前)	200	J_{114}	油压检查控制器	33
E_{41}	电动摇窗机开关(右前)	195	J_{120}	冷却液不足指示控制器	
E_{52}	电动摇窗机开关(左后)	205	J_{121}	内部照明继电器	59
E_{53}	电动摇窗机开关(左后)	205	K_1	前照灯远光指示灯	42
E_{54}	电动摇窗机开关(右后)	212	K_2	充电指示灯	31
E_{55}	电动摇窗机开关(右后)	212	K_3	油压指示灯	31
E_{56}	后阅读灯开关(右)	66	K_5	转向指示灯(右)	36
E_{59}	遮阳灯开关	64	K_6	危险报警闪光灯指示灯	150
F	制动灯开关	155	K_7	驻车制动指示灯	38
F_1	油压开关(180kPa)	54	K_{10}	后风窗加热指示灯	41
F_2	前车门接触开关(左)	59	K_{17}	雾灯指示灯	127
F_3	前车门接触开关(右)	58	K_{28}	冷却液温度指示灯	47
F_4	倒车灯开关	161	K_{48}	空调开关照明灯	237
F_5	行李舱照明灯开关	57	K_{49}	阻风门指示灯	39
F_9	驻车制动指示灯开关	56	K_{50}	冷却液液位指示灯	43
F_{10}	后车门接触开关(左)	68	K_{51}	燃油不足指示灯	46
G_3	冷却液温度表	48	L_1	前照灯双丝灯泡(左)	116、118
G_5	转速表	35	L_2	前照灯双丝灯泡(右)	117、119
G_6	车速表	34	L_8	时钟照明灯	92
G_7	车速传感器	159	L_9	灯光开关照明灯泡	103
G_{40}	霍尔传感器	11	L_{10}	仪表板照明灯	93～99
H	双音喇叭开关	246	L_{20}	后雾灯灯泡	122

续上表

符号	零部件名称	在电气线路图中的位置	符号	零部件名称	在电气线路图中的位置
L_{21}	暖风开关照明灯	148	S_1、S_2		226、155
L_{22}	前雾灯灯泡(左)	120	S_3、S_4		57、138
L_{23}	前雾灯灯泡(右)	121	S_6、S_7		120、96
L_{28}	点烟器照明灯	89	S_8、S_9		98、117
L_{39}	后风窗加热器开关照明灯	129	S_{10}、S_{11}		116、166
L_{40}	雾灯开关照明灯	128	S_{12}、S_{13}	见表8-12	181、131
L_{53}	电动摇窗机开关照明灯	196、200、206、209、212	S_{14}、S_{15}		242、161
			S_{16}、S_{17}		251、21
M	电动后视镜开关	181	S_{18}、S_{19}		244、136
M_1	停车灯灯泡(左)	111	S_{20}		106
M_2	尾灯灯泡(右)	109	S_{21}、S_{22}		119、118
M_3	停车灯灯泡(右)	108	S_{23}	空调熔丝30(A)	230
M_4	尾灯灯泡(左)	110	S_{27}	后雾灯熔丝	123
M_5	转向灯(前左)	152	S_{37}	电动摇窗机热保护器	188
M_6	转向灯(后左)	151	S_{38}	电动后视镜熔丝(3A)	181
M_7	转向灯(前右)	154	S_{39}	电动天线熔丝	87
M_8	转向灯(后右)	153	U_1	点烟器	88
M_9	制动灯(左)	157	V	前风窗刮水器电机	164
M_{10}	制动灯(右)	156	V_2	鼓风机电机	232
M_{16}	倒车灯(左)	163	V_5	前风窗清洗泵	177
M_{17}	倒车灯(右)	161	V_7	散热器风窗	226
M_{20}	空调控制装置指示灯	239	V_{14}	电动摇窗机电动机(左前)	200
N	点火线圈	15	V_{15}	电动摇窗机电动机(右前)	195
N_3	急速截止电磁阀	21	V_{26}	电动摇窗机电动机(左后)	205
N_{16}	空调升速电磁阀		V_{27}	电动摇窗机电动机(右后)	212
N_{23}	鼓风机换挡电阻	232	V_{30}	中央集控锁电动机(右前)	218
N_{25}	电磁离合器	242	V_{31}	中央集控锁电动机(右后)	220
N_{47}	晶体管点火开关装置	11	V_{32}	中央集控锁电动机(左后)	222
N_{51}	进气预热器	18	V_{33}	电动后视镜电机(右)	179
N_{62}	进气门电磁阀	241	V_{34}	电动后视镜电机(左)	183
O	分电器	15	V_{44}	电动天线	87
P	火花塞插头	13~17	W	车内前部照明灯	63
Q	火花塞	13~17	W_3	行李舱内照明灯	57
R	收放机	83	W_4	遮阳灯	64
R_2、R_3	扬声器	81、74	W_5	后阅读灯(右)	66
R_4、R_5	扬声器	83、75	W_6	后阅读灯(左)	69
			X	牌照照明灯	105
			Y_2	电子钟	71
			Z_1	后风窗加热器	134

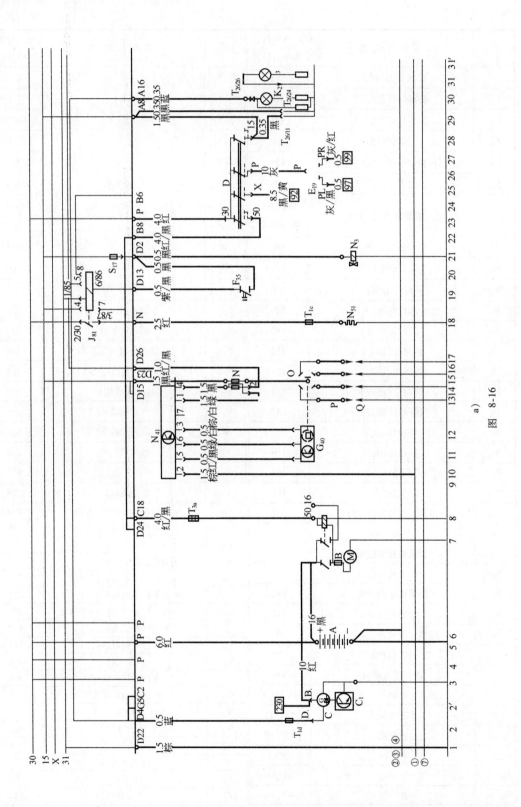

图 8-16

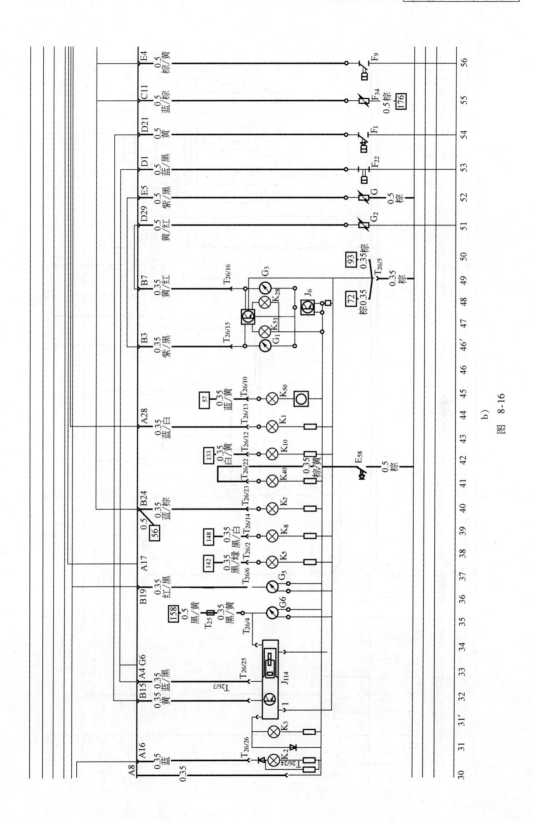

图 8-16

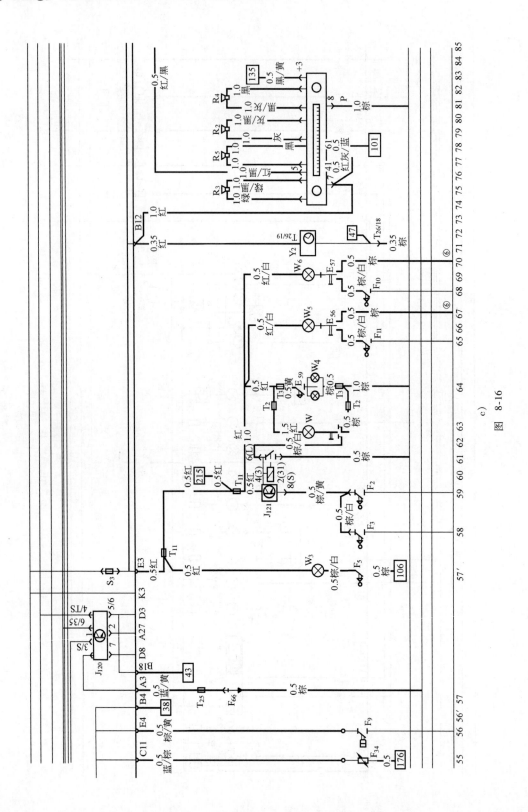

图 8-16 c)

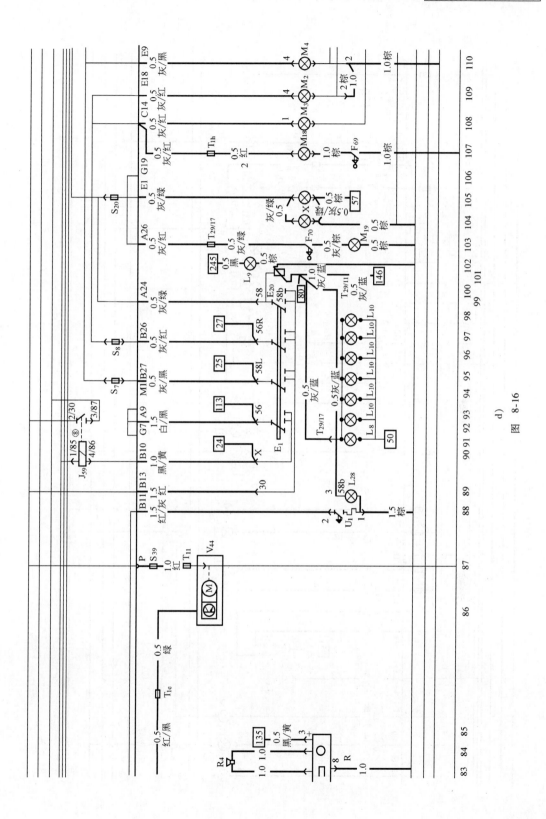

图 8-16

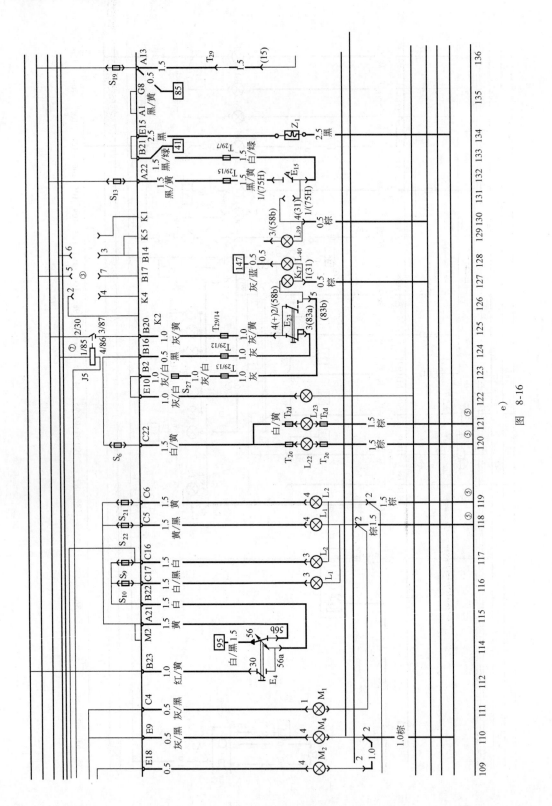

图 8-16

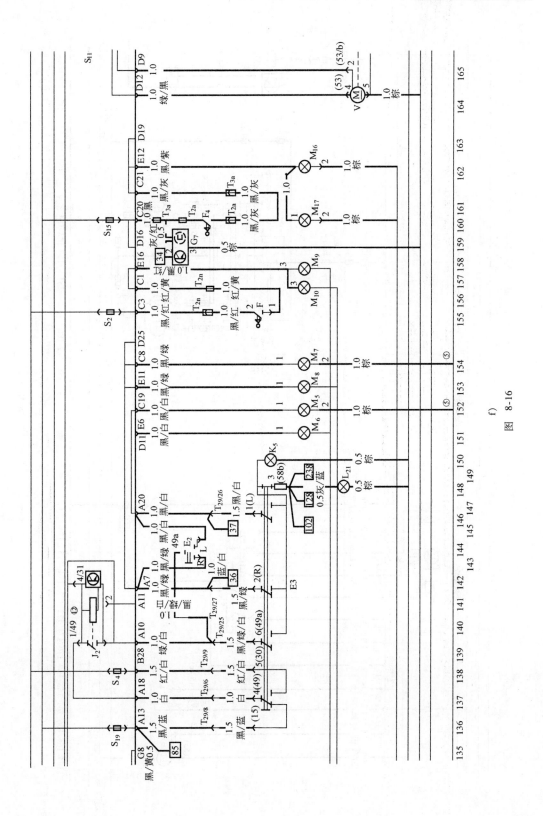

图 8-16 f)

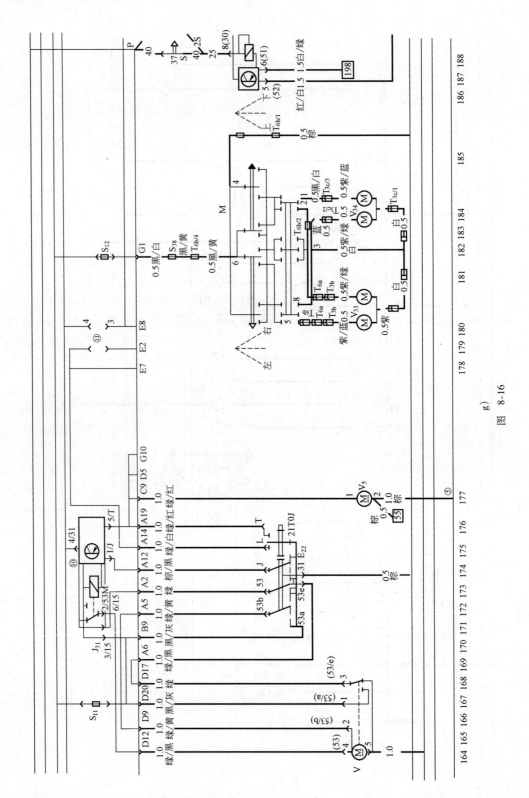

图 8-16

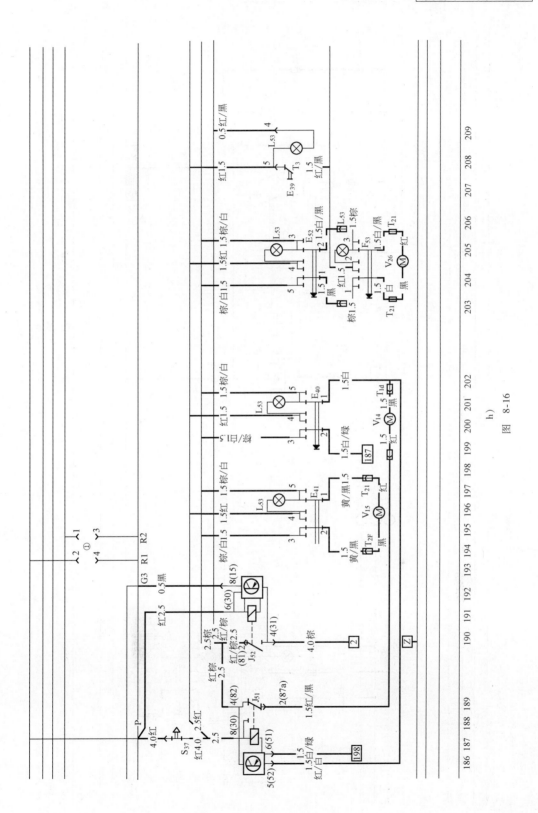

图 8-16

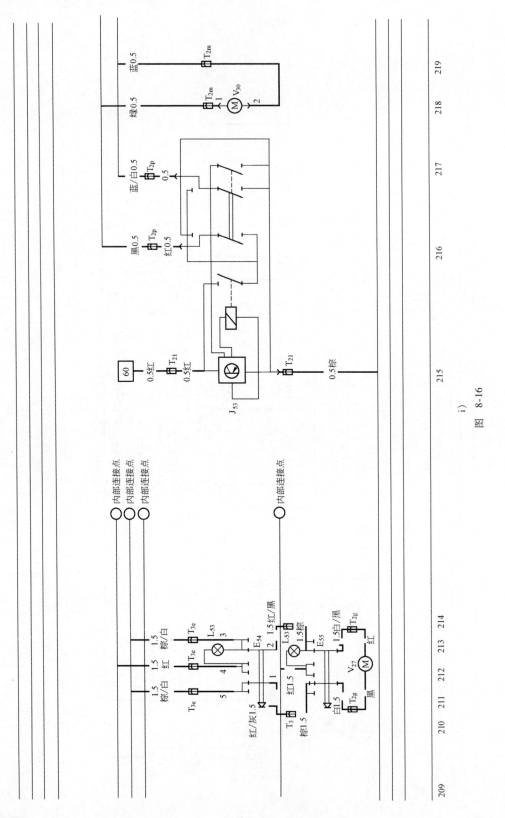

图 8-16

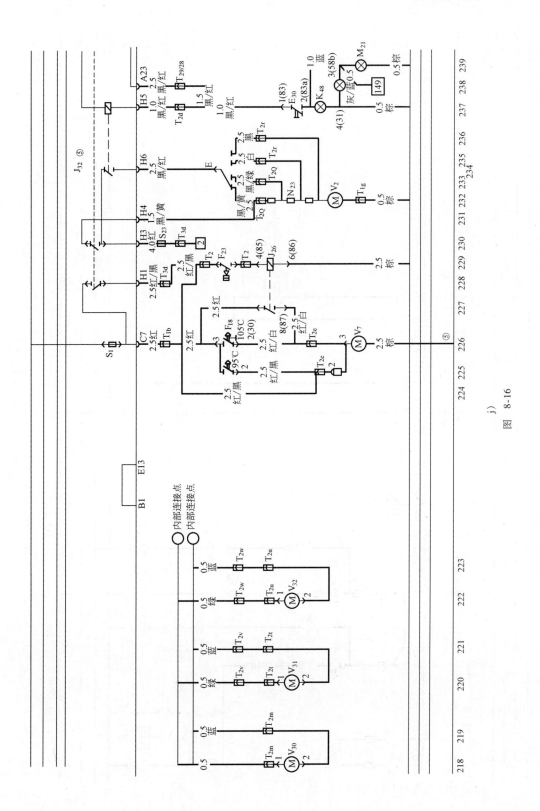

图 8-16

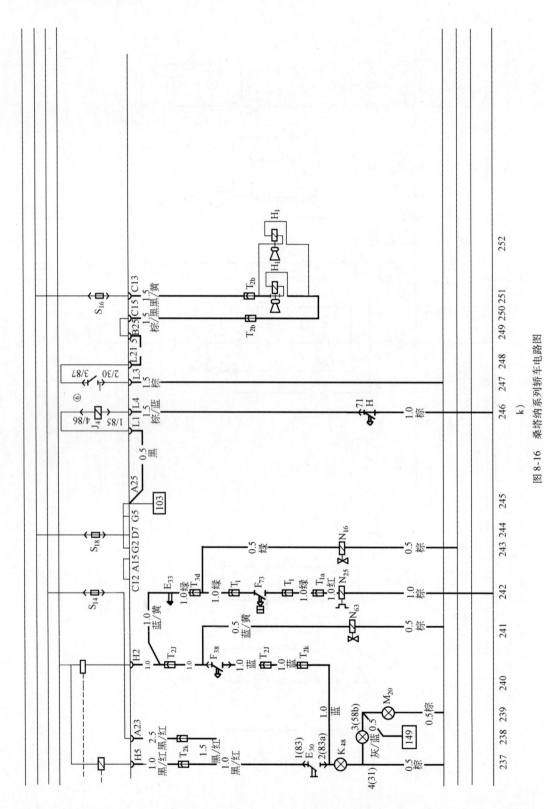

图 8-16 桑塔纳系列轿车电路图
k)

(一)系统的工作原理及线路连接

1. 电源系电路

上海桑塔纳轿车的电源,由负极搭铁的 12V 蓄电池(容量为 54A·h)与内装电子电压调节器的硅整流发电机并联组成。如图 8-17 所示,当点火开关 D 置于 1 挡,发电机转速低于 1200r/min 时,蓄电池担负着向用电设备供电的任务,同时向发电机提供励磁电流,其电路为:蓄电池正极→红色导线→中央线路板单端子插座 P 端子→中央线路板内部线路→红色导线→中央线路板单端子插座 P→点火开关 30 端子→点火开关 15 端子→黑色导线→组合仪表盘下方 26 端子连接器的 11 端子→电阻 R_2 和充电指示灯 K_2→二极管→中央线路板 A_{16} 端子→中央线路板内部线路→中央线路板 D_4 端子→单端子连接器 T_{1d}(蓄电池旁边)→交流发电机 D_+ 端子→发电机的磁场绕组→电子调节器功率管→搭铁→蓄电池负极;在发电机转速达到或高于 1200r/min 时,发电机电压高于蓄电池电动势时,用电设备由发电机供电,同时向蓄电池充电,充电指示灯熄灭,指示发电机工作状态良好。

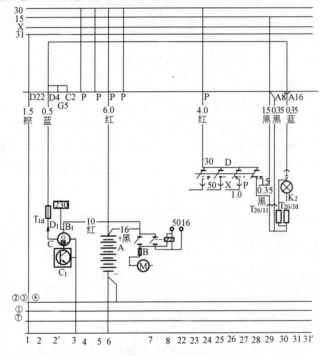

图 8-17 桑塔纳系列轿车电源系电路

2. 起动系电路

直流串励式电动机(功率为 950W)由点火开关的起动挡直接控制。如图 8-18 所示,当点火开关置于起动挡时,接通起动机电磁开关内的吸拉和保持线圈,其电路为:蓄电池正极→红色导线→中央线路板单端子插座 P 端子→中央线路板内部线路→中央线路板单端子插座 P 端子→红色导线→点火开关 30 端子→点火开关 50 端子→红黑双色导线→中央线路板 B_8 端子→中央线路板内部线路→中央线路板 C_{18} 端子→起动机 50 端子→进入电磁开关→搭铁→蓄电池负极;产生电磁力接通起动机主电路,其主电路为:蓄电池正极→黑色蓄电池接线→起动机接线柱→电磁开关接触盘→起动机→搭铁→蓄电池负极。

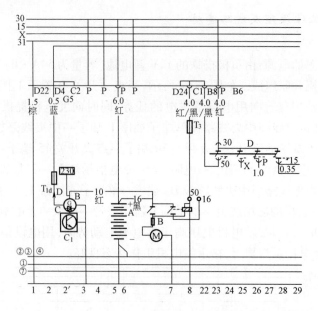

图 8-18　桑塔纳系列轿车起动系电路

3. 点火系电路

将点火开关置于 1 挡,点火系的初级电路接通(见图 8-19),其电路为:电源正极→红色导线→中央线路板单端子插座 P 端子→中央线路板内部线路→中央线路板单端子插座 P 端子→红色导线→点火开关 30 端子→点火开关 15 端子→黑色导线→中央线路板 A_8 端子→中央线路板内部电路→中央线路板 D_{23} 端子→点火线圈初级绕组→电子点火器 N_{41}→搭铁→电源负极。

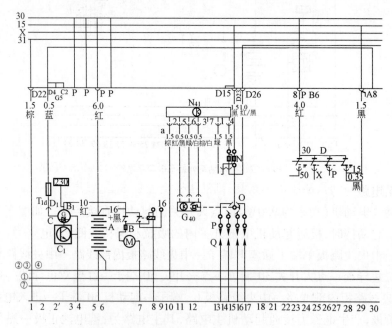

图 8-19　桑塔纳系列轿车点火系电路

4. 仪表及进气预热电路

点火系工作的同时,仪表和指示灯电路也同时工作,如图 8-20 所示。

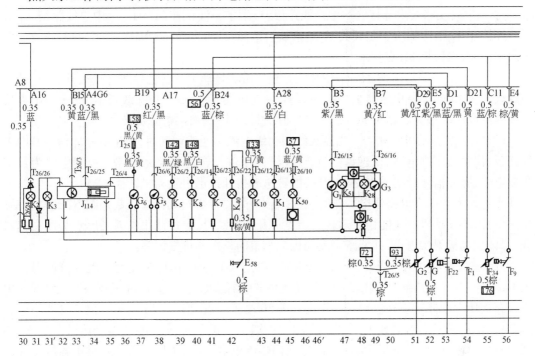

图 8-20　桑塔纳系列轿车仪表和指示灯电路

(1) 润滑系低压传感器电路　当发动机润滑系统的润滑油压力低于 30kPa 时,低压传感器闭合,其电路为：电源正极→红色电缆→点火开关 30 端子→点火开关 15 端子→黑色导线→油压检查控制器 J_{114} 的 15 端子→油压检查控制器 J_{114}→黄色导线→中央线路板 B_{15} 端子→中央电路板内部电路→中央线路板 D_{21} 端子→黄色导线→低压传感器 F_1（低压油压开关）触点→低压传感器 F_1 外壳→搭铁→电源负极。当油压高于 30kPa 时,低压传感器触点断开。

(2) 润滑系高压传感器电路　当发动机润滑系统的油压低于 180kPa 时,高压传感器触点断开；当油压高于 180kPa 时,高压传感器触点闭合。高压传感器电路为：电源正极→红色电缆→点火开关 30 端子→点火开关 15 端子→黑色导线→油压检查控制器 J_{114} 的 15 端子→油压检查控制器 J_{114}→蓝/黑色导线→中央线路板 A_4 端子→中央线路板 D_1 端子→蓝/黑导线→高压传感器 F_{22}（高压油压开关）触点→高压传感器壳体→搭铁→电源负极。若当发动机转速高于 2150r/min 时,油压仍不正常,则油压检查控制器 J_{114} 发出蜂鸣报警声。

(3) 油压指示灯电路　电源正极→点火开关 30 端子→点火开关 15 端子→黑色导线→(仪表盘 26 端子黑色插座 11 端子)→降压电阻→油压指示灯 K_3→油压检查控制器 J_{114} 的 A 端子→油压检查器控制内部电路→油压检查控制器 J_{114} 的一端子→(仪表盘 26 端子黑色插座 5 端子)→棕色导线→搭铁→电源负极。

(4) 水温表电路　电源正极→中央线路板单端子插座 P→红色导线→点火开关 30 端子→点火开关 15 端子→稳压器 J_6→水温表 G_3→连接器 $T_{26/16}$→中央接线板 B_7 端子→中央接线板内部电路→中央接线板 D_{29} 端子→水温表传感器 G_2→搭铁→电源负极。

(5)冷却液位报警指示电路 电源正极→中央线路板单端子插座 P→红色导线→点火开关 30 端子→点火开关 15 端子→稳压器 J_6→液位报警灯 K_{28}→连接器 $T_{26/16}$→中央线路板 B_7 端子→中央线路板内部接线→中央线路板 D_{29} 端子→液位控制器 J_{120}→中央线路板 A_3 端子→连接器 T_{25}→冷却液不足开关 F_{66}→搭铁→电源负极;当冷却液温度超过 124℃或液位低于限定值时,报警灯 K_{28} 点亮。

(6)燃油表电路 电源正极→中央线路板单端子插座 P→红色导线→点火开关 30 端子→点火开关 15 端子→稳压器 J_6→燃油表 G_1→连接器 $T_{26/15}$→中央接线板 B_3 端子→中央接线板内部电路→中央线路板 E_5 端子→燃油传感器 G→搭铁→电源负极。

(7)电子式发动机转速表 当点火线圈初级电流接通或切断时,产生的脉冲信号经中央线路板、仪表盘印刷电路、仪表盘白色 26 端子插座进入转速表控制电路。控制电路为数字集成电路,脉冲信号经集成电路处理后,由转速表指针指示出发动机转速。

当点火系与仪表电路通电工作时,通过点火开关、熔断丝 S_{17}、怠速截止阀 N_3 通电,打开怠速量孔,使发动机怠速能稳定运转。当点火开关切断时,怠速截止阀 N_3 断电,关闭怠速量孔,保证发动机很快熄火,并能减少发动机燃烧室的积炭和排气污染。

(8)进气预热电路 当发动机的出水温度低于 65℃时,安装在发动机出水管的温控开关 F_{35} 闭合,进气预热继电器 J_{81} 工作,进气预热继电器线圈电路为:电源正极→红色导线→中央线路板单端子插座→红色导线→点火开关 30 端子→点火开关 15 端子→黑色导线→中央线路板 A_8 端子→熔断器 S_{17}→中央线路板 D_2 端子→黑色导线→进气预热热敏开关 F_{18}→紫/黑色导线→中央线路板 D_{13} 端子→进气预热继电器 86 端子→进气预热继电器励磁线圈→进气预热继电器 85 端子→中央线路板 D_{22} 端子→搭铁→电源负极。位于进气管内的进气预热器 N_{51} 通电加热混合气,其电路为:电源正极→中央线路板单端子插座 P→进气预热继电器 30 端子→进气预热继电器触点→进气预热继电器 87 端子→中央线路板单端子插座 N→红色导线→连接器 T_{1C}→进气预热加热电阻→搭铁→电源负极。在发动机出水温度高于设定温度时,温控开关 F_{35} 自动断开,进气预热器 N_{51} 断电停止工作。

5. 照明系电路

(1)前照灯 前照灯 L_1、L_2 受车灯开关 E_1 和转向组合手柄开关中的变光与超车灯开关 E_4 控制。如图 8-21 所示,当向上抬起组合开关手柄时,E_4 中的变光与超车灯开关触点接通,30 号线电源经熔断器 S_9、S_{10} 直接接通左前照灯 L_1、右前照灯 L_2 的远光灯丝电路。与此同时,电源还从熔断器 S_9 向仪表盘上的远光灯指示灯 K_1 提供电源,使左右远光灯与远光指示灯同时发亮。反复抬起与放松组合开关手柄,左右远光灯与远光指示灯同时闪烁,向前方汽车发出超车信号。

当车灯开关 E_1 拨到第二挡(位置 3)时,30 号线电源经点火开关 D 第二掷车灯 E_1 第一掷加到变光开关与超车灯开关 E_4 上,当向上拨动一下组合开关手柄时,可依次接通左、右前照灯的近光灯丝电路(经熔断器 S_{21}、S_{22})或远光灯丝电路(经熔断器 S_9、S_{10}),当左前照灯 L_1 右前照灯 L_2 的远光灯发亮时,仪表盘上的远光指示灯 K_1 同时发亮。

(2)雾灯 雾灯开关受车灯开关 E_1 和雾灯开关 E_{23} 控制。如图 8-16e)所示,当车灯开关 E_1 处于档位 2 或 3 时,30 号线电源将经过车灯开关 E_1 第四掷加到雾灯继电器 J_5 的线圈上,雾灯继电器触点吸闭,X 号线电源经雾灯继电器 J_5 的触点加到雾灯开关 E_{23} 上的电源端子上。当雾灯开关拨到位置 2 时，前雾灯 L_{22}、L_{23} 灯丝电路接通，电源经雾灯开关的第一挡、熔断器 S_6 加到前雾灯 L_{22}、L_{23} 上；当雾灯开关拨到位置 3 时，前雾灯 L_{22}、L_{23} 仍然亮，此时雾灯开关的第二挡后雾灯电路接通，电源经熔断 S_{27} 加到后雾灯 L_{20} 上，前后雾灯均发亮。与此同时，安装在雾灯开关内的雾灯指示灯 K_{17} 电路也接通，前后雾灯和雾灯指示灯同时发亮。

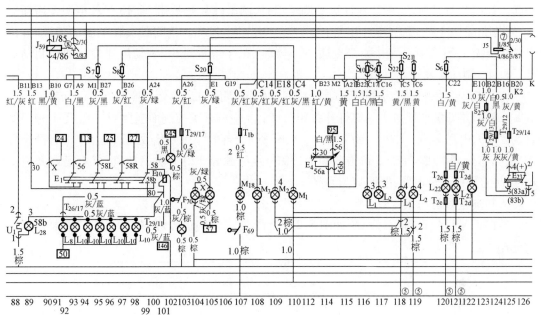

图 8-21　桑塔纳系列轿车照明系电路

（3）小灯、尾灯与停车灯　小灯与尾灯兼作停车灯使用，当汽车停驶时，用作停车灯；当汽车行驶时，用作小灯和尾灯。如图 8-16d）、e）所示，小灯 M_1、M_3 和尾灯 M_2、M_4 受点火开关 D（四挡第三位）、车灯开关 E_1（四挡第三位）和停车灯开关 E_{19} 控制。①作停车灯用。当汽车停驶时，点火开关断开（位于 1 位置），30 号线电源通过点火开关的第三挡加到停车灯开关上。当停车灯开关 E_{19} 处于位置 2（空位）时，小灯与尾灯电源切断。停车灯开关 E_{19} 在转向灯组合手柄开关内，当停车灯开关 E_{19} 处于位置 1（手柄向下拨动时），前左小灯 M_1 和左尾灯 M_4 电路接通；当停车灯开关 E_{19} 处于位置 3（手柄向上拨动）时，前右小灯 M_3 和右尾灯 M_2 电路接通，此时小灯与尾灯均用作停车灯。②作小灯与尾灯用。当汽车行驶时，点火开关处于 2 位置，停车灯电源被切断，此时小灯和尾灯受车灯开关 E_1 控制。车灯开关的 1 位为空位，小灯和尾灯均不亮。当车灯开关处于 2 或 3 位时，30 号线电源通过车灯开关 E_1 的第二挡经熔断器 S_7 加到前左小灯 M_1 和左尾灯 M_4、通过车灯开关 E_1 的第三挡经熔断器 S_8 加到前右小灯 M_3 和右尾灯 M_2，此时两只小灯和两只尾灯分别起小灯和尾灯的作用。

（4）行李舱照明灯　行李舱照明灯 W_3 由 30 号线电源经熔断器 S_3 供电，且受行李舱照明灯开关 F_5 控制。

（5）顶灯　顶灯 W 由 30 号线电源经熔断器 S_3 供电，并分别受到顶灯开关和 4 个并联的门控开关 F_2、F_3、F_{10}、F_{11} 控制。如图 8-16c）所示，当任何一扇门打开时，相应的门控开关就会闭合,顶灯就会发亮,只有在四扇门都关闭状态时,顶灯才会熄灭。

(6)牌照灯　牌照灯有两只,受车灯开关控制。当车灯开关 E_1 处于2位或3位时,30号线电源经车灯开关第四挡、熔断器 S_{20}、线束插头 T_{1V} 加到牌照灯 X 上,两只牌照灯 X 发亮,如图8-16d)所示。

(7)倒车灯与制动灯　倒车灯和制动灯分为左、右两只,与后转向信号灯、尾灯等组合在一起。如图8-16f)所示,当变速杆拨到倒车档时,倒车灯开关 F_4 接通,15号线电源经熔断器 S_{15}、倒车灯开关 F_4 加到倒车灯开关上,倒车灯 M_{16}、M_{17} 发亮。当驾驶员踩下制动踏板时,位于踏板支架上部的制动灯开关 F 接通,30号线电源经熔断器 S_2、制动灯开关 F 加到制动灯 M_9、M_{10} 上,制动灯发亮。

(8)其他照明灯　仪表盘照明灯 L_{10} 两只,时钟照明灯 L_8、点烟器照明灯 L_{28}、烟灰缸照明灯 L_{41}、除霜器开关照明灯 L_{39}、雾灯开关照明灯 L_{40}、空调开关控制面板照明灯 L_{21} 等七种照明灯均受车灯开关控制。如图8-16c)、d)、f)、k)所示,当车灯开关 E_1 处于1位时,七种照明灯熄灭;当车灯开关 E_1 处于2位或3位时,30号线电源经车灯开关第四挡、仪表盘调光电阻 E_{20} 接通七种照明灯电路,照明灯均发亮。

6. 转向信号灯与报警灯

转向信号灯与报警信号系统如图8-22所示,四只转向信号灯 M_5、M_6、M_7、M_8 兼作报警灯使用。

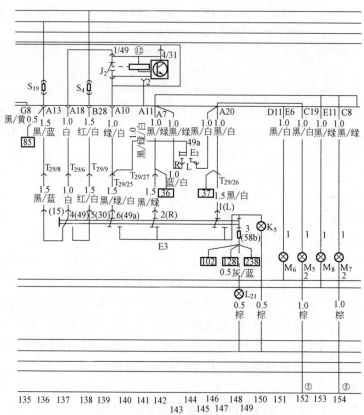

图8-22　桑塔纳系列轿车转向信号与报警电路

转向时,点火开关 D 接通,其电路为:电源正极→中央线路板单端子插座 P 端子→中央线路板内部线路→中央线路板单端子插座 P 端子→点火开关 30 端子→点火开关 15 端子→黑色导线→中央线路板插座 A_8 端子→中央线路板内部线路→熔丝 S_{19}→中央线路板 A_{13} 端子→报警开关 E_3 的 15 端子→E_3 的 49 端子→中央线路板 A_{18} 端子→中央线路板内部线路→转向继电器 49 端子→中央线路板 A_{10} 端子→$T_{29/25}$→转向开关 E_2 的 49a 端子。

当右转向时,转向开关 R 端子→$T_{29/27}$→中央线路板插座 A_7 端子→中央线路板内部线路→中央线路板插座 C_8、E_{11} 端子→前右转向灯 M_7、后右转向灯 M_8→搭铁→电源负极。

当左转向时,转向开关 E_2 的 L 端子→插接器 $T_{29/29}$→中央线路板 A_{20} 端子→中央线路板内部线路→中央线路板插座 C_{19}、E_6 端子→前左转向灯 M_5、后左转向灯 M_6→搭铁→电源负极。

在转向的同时,转向继电器 J_2 的接线柱 49a 端子→中央线路板内部线路→中央线路板插座 A_{17} 端子→转向指示灯 K_5,转向指示灯闪亮。

当报警时,电源 30 端子→熔断器 S_4→中央线路板 B_{28} 端子→仪表板插座 $T_{29/9}$→报警开关 E_3 的 30 端子→报警开关 E_3 的 49、R、L 端子同时接通,所有转向灯同时闪亮,报警指示灯 K_6 闪亮。

(二)桑塔纳 2000GLS 型轿车电气设备布置(图 8-23)

桑塔纳系列轿车各种线束布置,见图 8-24a)~e)。

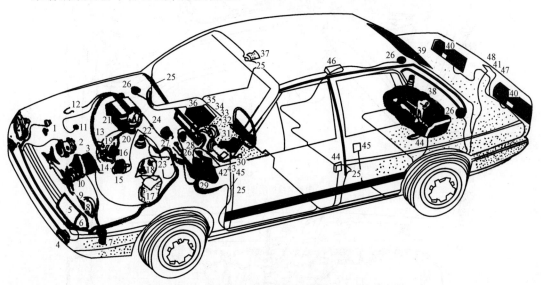

图 8-23 桑塔纳 2000GLS 型轿车电气设备布置

1-双音喇叭;2-空调压缩机;3-交流发电机;4-雾灯;5-前照灯;6-转向指示灯;7-空调储液干燥器;8-中间继电器;9-电动风扇双速热敏开关;10-风扇电动机;11-进气电预热器;12-化油器怠速截止电磁阀;13-热敏开关;14-机油油压开关;15-起动机;16-火花塞;17-风窗清洗液电动泵;18-冷却液液面传感器;19-分电器;20-点火线圈;21-蓄电池;22-制动液液面传感器;23-倒车灯开关;24-空调、暖风用鼓风机;25-车门接触开关;26-扬声器;27-点火控制器;28-风窗刮水器电动机;29-中央接线盒;30-前照灯变光开关;31-组合开关;32-空调及风量旋钮;33-雾灯开关;34-后窗电加热器开关;35-危急报警灯开关;36-收放机;37-顶灯;38-油箱油面传感器;39-后窗电加热器;40-组合后灯;41-牌照灯;42-电动天线;43-电动后视镜;44-中央集控门锁;45-电动摇窗机;46-顶灯;47-后盖集控锁;48-行李舱灯

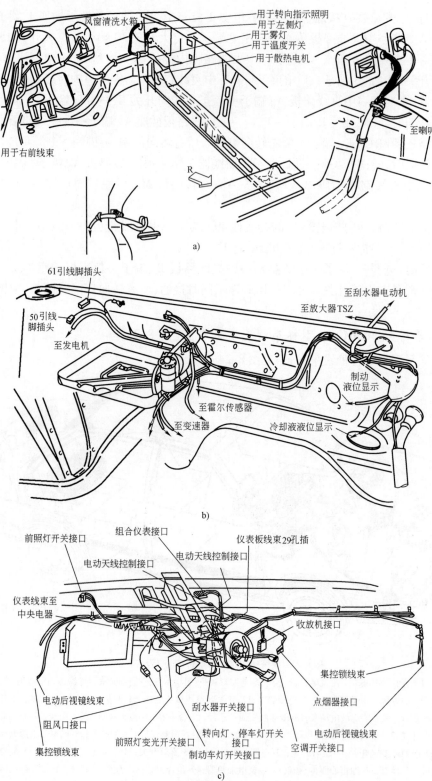

图 8-24

单元八 汽车总线路

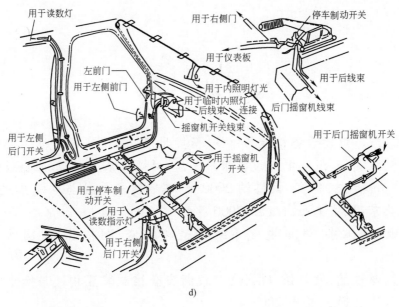

d)

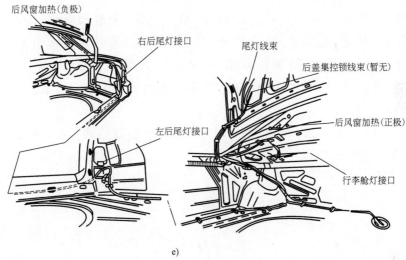

e)

图 8-24 各种线束布置
a) 发动机室左侧线束布置；b) 发动机室线束布置；c) 仪表板线束布置；d) 车内线束布置；e) 车后部线束布置

参考文献

[1] 周建平.汽车电器设备构造与维修[M].北京:人民交通出版社,2002.

[2] 边焕鹤,张美娟.汽车电器设备维修手册[M].北京:机械工业出版社,1997.

[3] 张立新,陈天民,林武.桑塔纳2000/桑塔纳轿车电控与电气系统检修图解[M].北京:机械工业出版社.2000.

[4] 赵学敏,王玉东.汽车电气系统构造与维修[M].北京:国防工业出版社,2003.

[5] 姜立彪,赵桂范,段新强.现代汽车最新安全控制装置构造与检修实物[M].北京:人民交通出版社,2003.

[6] 吴基安.汽车电子控制技术自学读本[M].北京:金盾出版社,2003.

[7] 吴社强,吴政清,姜斯平.汽车构造[M].上海:上海科学技术出版社,2002.

[8] 申荣卫.汽车电子技术[M].北京:机械工业出版社,2003.

[9] 李东江,张大成.桑塔纳2000系列轿车结构与维修[M].北京:机械工业出版社,2003.

[10] 汪立亮,张建军.上海帕B5轿车电系故障检测与维修[M].北京:人民交通出版社,2002.